# 基于连带责任的供应商集群内机会主义行为治理研究

## 萨林斯的互惠理论视角

—— 胡琴芳 著 ——

Research on Governance of
Opportunistic Behaviors in Cluster of Suppliers
Based on Joint Liability

from the Perspective of Sahlins' Reciprocity Theory

知识产权出版社

全国百佳图书出版单位

图书在版编目（CIP）数据

基于连带责任的供应商集群内机会主义行为治理研究：萨林斯的互惠理论视角/胡琴芳著. —北京：知识产权出版社，2017.9
ISBN 978-7-5130-5110-1

Ⅰ.①基… Ⅱ.①胡… Ⅲ.①供应链管理—研究 Ⅳ.①F252.1

中国版本图书馆 CIP 数据核字（2017）第 217937 号

**内容提要**

本书在供应链合作关系情境下研究核心企业针对供应商集群所实施的连带责任治理的作用及其核心作用机制，并在此基础上探讨供应商之间的不同互惠关系对连带责任治理效果的不同影响。本书引入萨林斯的互惠理论，探究了供应商之间的慷慨互惠关系、等价互惠关系与消极互惠关系分别对连带责任影响机会主义行为这一过程所产生的不同调节作用。

责任编辑：高志方        责任校对：谷 洋
责任出版：孙婷婷

**基于连带责任的供应商集群内机会主义行为治理研究**
萨林斯的互惠理论视角

胡琴芳 著

| | |
|---|---|
| 出版发行：知识产权出版社有限责任公司 | 网　址：http://www.ipph.cn |
| 社　址：北京市海淀区气象路 50 号院 | 邮　编：100081 |
| 责编电话：010-82000860 转 8512 | 责编邮箱：gaozhifang@cnipr.com |
| 发行电话：010-82000860 转 8101/8102 | 发行传真：010-82000893/82005070/82000270 |
| 印　刷：虎彩印艺股份有限公司 | 经　销：各大网上书店、新华书店及相关专业书店 |
| 开　本：720mm×1000mm　1/16 | 印　张：13.25 |
| 版　次：2017 年 9 月第 1 版 | 印　次：2017 年 9 月第 1 次印刷 |
| 字　数：230 千字 | 定　价：45.00 元 |
| ISBN 978-7-5130-5110-1 | |

本书由教育部人文社会科学研究青年基金项目"基于连带责任的供应商集群内机会主义行为治理研究：萨林斯的互惠理论视角"（批准号16YJC630036）、国家自然科学基金青年科学基金项目"连带责任治理对供应商集群内机会主义行为的影响机制研究"（批准号71702053）资助

# 前　言

随着供应链管理重要性的日益凸显，核心企业与聚集在同一地理区域的供应商集群合作的情况越来越普遍。但是，由于供应商与核心企业的目标不一致以及信息不对称，其固有的机会主义倾向在同级供应商数量增加的情况下变得愈加严重，直接影响核心企业对产品质量的控制。对此，已有部分企业尝试将小额贷款领域盛行的连带责任治理引入对供应商集群的管理实践当中。但是，理论研究领域对这一现象尚缺乏应有的关注。核心企业实施的连带责任治理能否有效抑制供应商集群内的机会主义行为？其核心作用机制是什么？同时，集群内的供应商长期聚居在同一地区，彼此之间形成了错综复杂、特征各异的互惠关系。那么，供应商之间的不同互惠关系又会如何影响连带责任治理实施的有效性？这些都是亟待解答的研究问题。鉴于此，本书在供应链合作关系情境下研究核心企业针对供应商集群所实施的连带责任治理的作用及其核心作用机制，并在此基础上探讨供应商之间的不同互惠关系对连带责任治理效果的不同影响。

本书共包括绪论、研究的相关理论、文献综述、探索性案例研究、实证研究、研究结论、研究展望七大部分内容。

第一章是绪论。这一章首先从现实背景与理论背景两个方面入手，阐述了本书所要开展的主要研究问题；然后，分析了本书研究主题所具有的理论意义与现实意义；接着，详细介绍了本书的研究目的与研究对象；最后，阐述了本书的主要研究方法以及具体内容安排。

第二章是研究的相关理论。这一章共分为四小部分，具体包括网络治理理论、委托代理理论、社会交换理论和萨林斯的互惠理论。在第一部分，主要是对现有关于网络治理的定义、前提条件、核心作用机制以及相对于单边治理与双边治理的独特优势等几个方面的研究进行了总结与述评，然后分析了网络治理理论对本研究的启示。在第二部分，主要是回顾和梳理了关于委托代理理论的产生与发展、委托代理理论的主要内容、委托代理理论在营销领域中的应用等方面的现有研究成果，在此基础上阐明了委托代理理论对本研究的启示。第三部分介绍了社会交换理论的相关研究文献，主要是对该领域主要代表性学者的观点进行了总结与评析，并阐明了社会交换理论对本研究的启示。第四部分对本研究应用的主要理论——萨林斯的互惠理论进行了介绍与述评，具体围绕慷慨互惠、等价互惠与消极互惠这三种互惠关系的概念、内容与特点进行，并在此基础上简要介绍了目前相关研究领域对这一理论的应用与评价，并阐明了萨林斯的互惠理论对本研究的意义。

第三章是文献综述。这一章主要是对与本研究相关的三个主要研究议题的国内外研究动态进行了总结与述评，共分为三个部分，包括企业集群研究综述、连带责任治理研究综述和机会主义行为研究综述。在企业集群研究综述部分，主要是对企业集群的界定、企业集群治理、企业集群的竞争力和企业集群的风险这几个方面的文献进行梳理和述评。在连带责任治理研究综述，主要是对连带责任治理的定义、前因、结果及其作用机制等几个方面的文献进行综述，由此发现目前关于连带责任治理的研究集中在小额贷款领域，尚未有文献对供应链合作关系情境下的连带责任治理进行探究。在机会主义行为研究综述部分，主要是对企业间机会主义行为的定义、种类、产生前因、破坏性影响及其关键情境因素的已有研究进行了归纳与述评，由此发现现有文献的不足之处在于它们大多以二元关系为研究情境，而鲜有文献从社会网络的视角对机会主义行为的相关问题进行探究。

第四章是探索性案例研究。这一章首先对案例研究的目的进行了充分阐述，然后介绍了案例研究的基本设计，具体包括研究方法、目标案例选择、目标案例背景介绍、资料收集方法和资料分析等内容；接着，在此基础上对本书研究模型中的连带责任、横向监督、慷慨互惠、等价互惠、消极互惠和机会主义行为等关键变量进行了构建；最后，提出了关于供应商之间的连带责任与其机会主义行为、供应商之间的连带责任与其横向监督、横向监督的中介作用、供应商之间不同互惠关系的影响等问题的初始研究命题。

第五章是实证研究。这一章是本书的重点，主要围绕概念模型与研究假设、研究设计与方法、数据分析与假设检验等内容进行了分析与探讨。具体而言，在概念模型与研究假设部分，主要是在文献综述的基础上提出了整体的概念模型，并通过理论推导，提出了关于供应商之间的连带责任与其机会主义行为之间的关系、供应商之间的横向监督在其中的中介作用、供应商之间的不同互惠关系在其中的调节作用等相关研究假设。在研究设计与方法部分，具体介绍了问卷设计原则与过程、变量的操作性定义与测量、调查对象与数据收集等内容。在数据分析与假设检验部分，主要是在介绍样本与数据概况的基础上，对数据进行相关分析、共同方法偏差检验、共线性检验、信度与效度分析、整体模型适配度检验等基础性统计分析工作，最后重点进行中介作用分析、调节作用分析以及有中介的调节作用分析，从实证的角度对本书的概念模型以及相关研究假设进行了检验。

第六章是研究结论。这一章共有三个部分，包括主要结论、理论贡献和实践意义。首先，主要结论部分系统性地概括和总结了本研究通过理论分析与实证检验得到的研究结论。研究表明，供应商之间的连带责任能够通过横向监督对其机会主义行为产生有效的抑制作用，同时，供应商之间的不同互惠关系对连带责任与机会主义行为之间的关系、连带责任与横向监督之间的关系、连带责任通过横向监督对机会主义行为产生的抑制作用起着不同的调节作用。理论贡献部分主要剖析了本研究结论对连带责任治理研究、网络治理研究和互惠理论研究的贡献。实践意义部分则重点探讨了本研究结论对核心企业在供应商管理实践中的几点意义，包括：启发核心企业在供应链合作关系治理模式上的创新；利用非正式网络中的横向影响因素来实现对集群内供应商机会主义行为的有效抑制；在具体实施连带责任治理时必须考虑供应商小组内部成员之间的关系。

第七章是研究展望。作为本书的最后一章，这一章主要是针对本研究存在的局限性，提出未来有价值的研究方向，具体包括连带责任治理的分类研究、不同类型的连带责任治理与供应商机会主义行为之间的中介机制研究、连带责任治理组合对供应商机会主义行为的交互作用研究和连带责任治理组合的交互作用的边界条件研究等。此外，还初步探讨了未来研究拟实现的研究目标、拟解决的关键科学问题以及拟采取的研究设计与方法等。

本书的创新点主要体现在以下几个方面：

第一，本书基于供应链合作关系情境探讨了核心企业对供应商集群实施的连带责任治理的作用，研究发现供应商之间的连带责任能够有效抑制他们的机会主义行为，证实了连带责任治理在供应商集群管理中的可行性和有效性。但是，现有关于连带责任治理的文献仍然集中在小额贷款领域，囿于分析连带责任治理如何减轻或克服借款人的逆向选择与道德风险等问题。虽然近年来连带责任治理被越来越多的企业借鉴用于管理与之合作的上游供应商集群的实践当中，但相关理论研究领域对这一现象的关注却处于滞后状态。因此，本书是对连带责任治理研究在供应链合作关系情境中的一次有力推进。

第二，本书从网络治理理论视角揭示了连带责任治理中基于非正式网络关系形成的核心作用机制——横向监督，检验了连带责任治理是一种切合供应商集群情境的网络治理模式的观点。现有关于网络治理的文献偏重于分析核心企业对焦点合作伙伴所嵌入社会网络的影响的消极应对，仅是将核心企业与焦点合作伙伴的垂直二元关系置于网络关系情境当中以探讨具体的治理措施，其本质并没有脱离将二元关系作为研究焦点的窠臼，更遑论提出具有可操作性的网络治理模式。因此，本研究以供应商小组为分析单位对连带责任治理进行探讨，是基于核心企业的立场对具体可行的网络治理模式的一次探索性实证研究。同时，虽然已有少数研究提出，网络治理模式并非千篇一律，而是具有不同的特征，并因不同的社会机制导致不一样的治理效果，但尚未有文献对此进行深入探讨与实证检验，以明确具体网络治理模式与不同社会机制之间的匹配关系。因此，本书通过实证分析发现横向监督在连带责任与机会主义行为之间的关系中具有完全中介作用，是连带责任治理的核心作用机制，该结论实现了连带责任治理模式与横向监督这一社会机制之间的关系对接，实质上是对网络治理理论研究的深化。

第三，本书引入萨林斯的互惠理论，探究了供应商之间的慷慨互惠关系、等价互惠关系与消极互惠关系分别对连带责任影响机会主义行为这一过程所产生的不同调节作用。虽然已有一些研究认为，萨林斯的互惠理论体现了"差序"的思想，与我国以"差序格局"为主要特点的社会关系以及儒家"爱有等差"的传统观念相吻合，因而对我国的交换关系现象具有较强的解释力，但目前对这一理论的应用仅限于我国组织内交换关系情境，主要用于探讨员工与员工之间、员工与组织之间的交换关系问题。因此，本书将三种互惠关系纳入概念模型，作为供应商之间连带责任的有效性的关键影响因素进行分析，这是对萨林斯的互惠理论在我国供应链合作关系情境中的首次应用。此外，已有基于组织内交换关系情境的研究发现等价互惠与慷慨互惠的作用具有一致性，但本书的实证结果却显示，等价互惠的调节作用与消极互惠的调节作用不仅方向相同，而且强度相当。这说明供应商作为独立的经济主体，在经济交换与社会交换并存的等价互惠关系中会更偏重经济交换带来的经济利益，而非社会交换背后的情感与规范因素。因此，本研究对萨林斯的互惠理论的应用，深入地揭示了我国组织间交换关系遵循"在商言商"这一潜规则的内在经济特性，也为我国组织内与组织间交换关系的不同表征找到了一个更具解释力的理论视角。

# 目  录

第一章  绪论 ·················································· 1

　第一节  研究背景／1

　第二节  研究意义／4

　第三节  研究目的与对象／7

　第四节  研究方法和基本框架／8

　本章小结／12


第二章  研究的相关理论 ···································· 13

　第一节  网络治理理论／13

　第二节  委托代理理论／18

　第三节  社会交换理论／26

　第四节  萨林斯的互惠理论／35

　本章小结／43


第三章  文献综述 ·········································· 44

　第一节  企业集群研究综述／44

　第二节  连带责任治理研究综述／49

　第三节  机会主义行为研究综述／56

　本章小结／60


第四章  探索性案例研究 ···································· 62

　第一节  案例研究目的／62

　第二节  案例研究设计／63

　第三节  研究变量构建／83

　第四节  初始研究命题的提出／86

本章小结 / 91

**第五章　实证研究** ···················································· 92
　　第一节　概念模型与研究假设 / 92
　　第二节　研究设计与方法 / 106
　　第三节　数据分析与假设检验 / 115
　　本章小结 / 145

**第六章　研究结论** ···················································· 149
　　第一节　主要结论 / 149
　　第二节　理论贡献 / 153
　　第三节　实践意义 / 156
　　本章小结 / 159

**第七章　研究展望** ···················································· 160
　　第一节　研究局限 / 160
　　第二节　未来研究方向 / 162
　　本章小结 / 165

**参考文献** ···························································· 166

**附录一** ······························································ 192

**附录二** ······························································ 195

**后　记** ······························································ 198

►第一章

# 绪　论

......................................

## 第一节　研究背景

随着供应链管理重要性的日益凸显，核心企业与聚集在同一地理区域的供应商集群合作的情况越来越普遍，如中粮集团与五常水稻供应商集群、八马集团与安溪毛茶供应商集群等的合作关系。根据委托代理理论，作为独立的经济主体，集群内的供应商都是追求一己私利的"理性人"，致使机会主义行为无法避免（Bergen等，1992）。研究者们一致认为，机会主义行为是指一方蓄意通过信息误导、歪曲、争执、粉饰或扰乱等方式，以牺牲另一方的利益为代价来谋求己方利益的行为（Wang & Yang，2013）；其产生条件是双方之间的目标不一致和信息不对称（Bergen等，1992）。因此，在供应链合作关系中，集群内供应商为追求自身利益最大化，常常会利用核心企业的信息劣势违背明确的合同规定或隐性的关系规范，使其潜在利益受损。对此，核心企业可采取的治理方式首先是根据其先前基于渠道权力制定的合同规定，诉诸正式的制裁手段。但是，由于供应商集群中的成员规模小且数量多，这意味着单个供应商占有的资源十分有限，核心企业若使用正式的制裁手段，所获收益会大大低于所花费的制裁费用。所以，当某个供应商采取机会主义行为时，核心企业的理性选择是放弃对该供应商的制裁，致使核心企业所拥有的渠道权力在供应商集群内失去效力，最终无法有效解决供应商机会主义行为猖獗的问题（张闯，2006）。其次，核心企业还可基于与供应商之间的关系准则，通过共同规划、共同解决问题、双边调整与适应等具体手段对他们进行治理（Heide，1994）。但是，这需要核心企业与数量众多、位置分散的供应商们进行更频繁地互动，致使治理成本高而效率低，因而也无法在供应商集群内有效实施。而在实践中，供应商作为供应链的源头，在供应链管理中扮演着非常重要的角色，其机会主义行为一旦控制不力，就会直接影响核心企业的产品质量（Noordewier 等，1990；Kumar 等，2011），甚至造成严重的产品伤害事故。例如，在 2008 年发生的"三聚氰胺"事件中，奶农偷偷将化工原料三聚氰胺添加到原奶中以增加奶粉的氮元素含量，导致问题奶粉流入市场后对食用儿童的身体造成极大伤害，社会影响非常恶劣。鉴于此，核心企业到底应采取何种治理模式来实现对供应商集群内机会主义行为的有效抑制，已成为当前实践领域和理论研究领域共同关注的重要课题。

以往关于供应链合作关系治理模式的研究大多围绕 Heide（1994）提出的单边治理和双边治理展开。前者指核心企业通过权力或地位优势促使合作伙伴采取有利于其目标实现的活动（Jaworski，1988）；后者指核心企业与合作伙伴基于信任和社会认同创造灵活性、信息分享和团结等共同行为期望的过程（Yang 等，2012）。尽管诸多研究表明，这两种治理模式可以对合作伙伴产生规范、约束或激励作用，在一定程度上抑制其机会主义行为，但它们都聚焦于核心企业与合作伙伴之间的二元关系，没有考虑多个合作伙伴并存的情况（Heide 等，2007；Ghosh & John，2009；Kashyap 等，2012；Yang 等，2012）。近年来有研究者提出，为了充分把握企业间二元关系的本质，应关注其所处的社会网络情境（Wathne & Heide，2004；Vinhas 等，2012）。因此，越来越多关于供应链合作关系治理的文献力倡网络治理。例如，Crisan 等（2011）通过对供应链治理实践与供应链绩效之间关系的研究，明确提出网络治理是一种非常重要的治理模式。这为社会网络情境下的供应商集群治理研究提供了一个很好的理论视角。但是，现有相关文献大多仅是探讨社会网络情境中某些因素对核心企业与焦点合作伙伴之间关系的影响（Antia & Frazier，2001；Caniëls & Gelderman，2007；Vinhas 等，2012），没有脱离以二元关系为研究焦点的窠臼，更遑论提出具体可行的网络治理模式。实际上，供应商集群处于一个较为狭窄的地域内，相对稳定和封闭的环境决定了供应商之间产生并维持着错综复杂的社会关系，相互影响彼此的决策与行为。因此，若要探索针对供应商集群内机会主义行为的有效治理模式，核心企业不能囿于关注自身与各个供应商之间的垂直关系，更要考虑如何主动利用供应商之间的横向网络关系的影响来对它们进行治理。

鉴于此，本研究拟在供应链合作关系情境下探讨由核心企业主动发起的异于单边治理和双边治理的网络治理模式——连带责任治理。该治理模式最初由孟加拉国的格莱珉银行于 1983 年在小额贷款领域实施以治理借款人的逆向选择和败德行为问题（Hermes & Lensink，2007），近年来被我国部分企业引入到供应商集群领域用于治理集群内供应商的机会主义行为。例如，八马茶业、华虹茶业对福建安溪县的毛茶供应商集群采取"联作制"（即连带责任治理）以确保农残标准符合出口市场的严格规定；中粮集团对黑龙江五常市的水稻供应商集群实施连带责任制以保证优质稻米资源，解决食品安全问题。但是，理论研究领域对这一现象尚缺乏应有的关注。核心企业实施的连带责任治理能否有效抑制供应商集群内的机会主义行为？其作用机制是什么？这是亟待解答的研究问题。同时，集群内的供应商们长期聚居在同一地理区域，频繁地互动使它们彼此之间形成了错综复杂、特征各异的互惠关系。根据马歇尔·萨林斯（Marshall Sahlins，后文简称萨林斯）（2009）的观点，互惠关系可根据回馈的时限性、回馈的等价性以及利益性质等三个维度的不同特征划分为慷慨互惠（Generalized Reciprocity）、等价互惠（Balanced Reciprocity）和消极互惠（Negative Reciprocity）三种类型。那么，在实施连带责任治理的情况下，供应商之间的不同互惠关系又会如何影响连带责任治理的有效性？这是另一个亟须深入探究的研究问题。

鉴于上述研究背景与存在的问题，本研究拟在供应链合作关系情境下研究核心企业针对供应商集群所实施的连带责任治理的作用及其核心作用机制，并在此基础上探讨供应商之间的不同互惠关系对连带责任治理效果的不同影响。本研究的主要内容安排如下：首先是绪论部分，然后对现有关于网络治理理论、委托代理理论、社会交换理论、萨林斯的互惠理论等的文献，以及关于企业集群、连带责任治理、机会主义行为等研究议题的文献进行梳理和述评；接着进行探索性案例研究，具体包括案例研究的目的、案例研究设计、研究变量构建，以及在此基础上提出本研究的初始研究命题；再者，提出关于连带责任治理的概念模型，并基于相关理论提出关于连带责任与机会主义行为之间的关系、横向监督在其中的中介作用以及供应商的不同互惠关系在其中的调节作用的相关假设，然后基于 82 个供应商小组的有效样本对研究假设进行实证检验。最后，讨论本研究的主要结论、理论贡献与实践意义，并根据本研究存在的局限提出未来研究方向。

# 第二节　研究意义

## 一、研究的理论意义

本研究的理论意义主要体现在以下几个方面：

第一，在小额贷款领域盛行的连带责任治理近年来被我国的中粮集团、八马茶业、华虹茶业等企业引入到对上游供应商集群的管理实践当中，可理论研究者们对这一现象尚缺乏应有的关注，现有关于连带责任治理的研究仍聚焦在小额贷款问题上（Hossain，1988；Stiglitz，1990；Wenner，1995；Ahlin & Townsend，2007；Hermes & Lensink，2007；Giné & Karlan，2009；Pasupuleti，2010）。因此，本研究首次在供应链合作关系情境中探讨连带责任治理的作用及其核心作用机制，并在此基础上探讨供应商之间的不同互惠关系对连带责任治理效果的不同影响，以此来证实连带责任治理模式在上游供应商集群管理中的可行性和有效性，这是对连带责任治理研究在供应链合作关系情境中的一次有力推进。

第二，在供应链合作关系治理研究领域，网络治理的重要性日益受到研究者们的关注（Heide，1994；Wilkinson，2001；Crisan 等，2011），但现有文献偏向于分析核心企业对合作伙伴所嵌入社会网络的影响的消极应对（Antia & Frazier，2001；Caniëls & Gelderman，2007；Vinhas 等，2012），而非探讨核心企业如何主动利用合作伙伴之间的横向网络关系对其机会主义行为进行治理，即没有提出具有可操作性的网络治理模式。因此，本研究对核心企业主动"组织"（Heide，1994）的以供应商小组为治理单位的连带责任治理模式进行探讨，主要是对其治理效果及其作用机制进行理论探析与实证检验，这是关于具体可行的网络治理模式的一次探索性实证研究。

第三，Provan 和 Kenis（2008）明确提出，网络治理模式研究应以网络关系为分析单位。但在供应链合作关系治理研究领域中，现有相关文献仅是将核心企业与焦点合作伙伴的垂直二元关系置于网络关系情境当中，以此为背景来研究核心企业的治理措施（Antia & Frazier，2001；Caniëls & Gelderman，2007；Vinhas 等，2012），其本质并没有脱离将二元关系作为研究焦点的窠曰。本研究以供应商小组为分析单位对连带责任治理进行探讨，弥补了以横向网络关系为研究焦点的研究缺口。

第四，Jones 等（1997）认为限制进入、集体监督与制裁、文化氛围、声誉等非正式的社会机制是网络治理的治理手段，独立或交互地在不同网络情境中发挥着关键作用。但鲜有文献对此进行实证检验，以及进一步探寻不同社会机制与具体网络情境的匹配关系。本研究通过实证研究对横向监督在连带责任、不同互惠关系与机会主义行为的关系中的中介作用进行分析，不仅从实证的角度呼应了 Jones 等（1997）提出的观点，而且实现了横向监督这一社会机制与基于连带责任关系形成的特定网络情境的关系对接，实质上是对网络治理理论的一次推进与深化。

第五，已有关于萨林斯（2009）的互惠理论的应用研究集中在组织内研究领域，主要用于探讨员工与组织之间的关系（Sparrowe & Liden，1997；Wu 等，2006；李双燕、万迪昉，2008）。本研究则将该理论与我国的供应商集群情境结合起来，据此将供应商之间复杂的社会关系分为慷慨互惠、等价互惠和消极互惠三类，并探究它们在连带责任影响机会主义行为这一过程中的不同调节作用。这是萨林斯（2009）的互惠理论在我国组织间关系情境中的首次应用，是对该理论的应用范围的尝试性拓展。

## 二、研究的现实意义

在现实意义方面，本研究的研究结论能够在上游供应商集群治理方面为核心企业提供几点重要启示。

首先，核心企业应尝试在供应商集群治理模式上进行创新。目前，与供应商集群合作时，核心企业一般是实行与每个供应商一一签订合作合同或是着力于与当地供应商构建良好关系等方法对它们进行管理，但数量多、规模小、分布零散的供应商总是无法避免地伺机采取机会主义行为。例如，2008年，国家质检局抽检了一百多家从事婴幼儿奶粉制造与加工的厂家，结果发现，有 22 家婴幼儿奶粉生产厂家的多批次产品存在问题，都不同程度地含有非法添加物三聚氰胺，甚至连三鹿、伊利、蒙牛、南山、雅士利等多个知名乳品企业都名列其中。这个事件直接导致国产奶粉爆发全行业危机，而究其根源则在于奶粉供应商为降低成本、牟求私利而导致的无序竞争。又如，2011 年，济源双汇食品有限公司涉嫌"瘦肉精"事件。据调查，其原因在于上游提供生猪的养猪场在违反合同的情况下采购了使用"瘦肉精"这一违禁动物药品饲养的有毒猪肉，使之流入企业，败坏企业的产品质量。这些产品问题事件表明，传统的合同或关系等治理方式并不能有效抑制上游供应商的机会主义行为，并导致相当恶劣的结果，严重影响消费者对相关企业与产品的信任，以及妨碍相关行业的健康发展。因此，根据本研究通过实证研究得到的结论，核心企业应尝试对上游的供应商集群实行连带责任治理模式，通过使集群内供应商对机会主义行为共同承担违约惩罚的方式而使其机会主义行为得到有效抑制，以从供应链的源头控制住对核心企业的产品质量管理带来不良影响的因素（Noordewier 等，1990；Kumar 等，2011）。

其次，核心企业可利用非正式网络中的横向影响因素来实现对集群内供应商机会主义行为的有效抑制。核心企业应该认识到，若仅仅依靠自身的渠道权力对供应商进行直接监督，不仅由于供应商数量多、分布零散且规模较小而导致监督成本颇高，而且容易引起供应商的反感甚至集体性抵制。而在集群内，供应商成员之间的社会联系紧密，信息交流频繁，随着时间而形成了一个比较稳定的非正式社会网络，其独特优势在于这种非正式社会网络内部存在非正式的社会机制（Jones 等，1997）。正如本研究的研究结论所示，在连带责任治理模式中起关键作用的是非正式的横向监督活动；与核心企业的直接监督相较而言，供应商之间的横向监督不仅能够减少核心企业的监督成本，而且由于供应商相互之间更加了解，能够获得纯粹靠核心企业监督所无法获取的隐性信息，从而比核心企业的直接监督更易实施，实施效果也更好。据此，核心企业可采取措施鼓励集群内供应商积极采取以下几个方面的横向监督行为，具体包括：第一，供应商成员平时多留意彼此的行为表现；第二，一旦发现某供应商成员有采取违约行为的倾向或正在实施违约行为，其他供应商成员可当场纠正或制止；第三，当发现某供应商成员正在实施违约行为时，其他供应商成员可向本组组长或直接向核心企业的具体负责人汇报；第四，定期或不定期地聚众讨论本组内每个供应商成员在遵守企业合同方面的具体表现，互相交换所掌握的相关信息。

最后，核心企业在具体实施连带责任治理时必须考虑供应商小组内部成员之间的关系特征。在集群内，供应商们长期处于一个较为狭窄和封闭的地理空间内，日常交往频繁，逐渐形成了慷慨互惠、等价互惠和消极互惠等不同的交换关系。本研究表明，供应商集群内的等价互惠关系和消极互惠关系都会强化连带责任与横向监督之间的关系、连带责任与机会主义行为之间的关系，实际上对连带责任治理的效果起着强化作用；而慷慨互惠关系则会弱化连带责任与横向监督之间的关系、连带责任与机会主义行为之间的关系，实际上削弱了连带责任治理的效果。因此，核心企业在具体实施连带责任治理时，应着眼于供应商之间不同的互惠关系特点来制定合适的小组成员准入制度，具体可围绕以下几项工作进行：第一，在连带责任具体落实之前，由核心企业选派内部负责人深入当地了解集群内供应商之间的各种关系，也可与供应商集群所在地的相关人员合作，利用他熟知当地情况的优势来获取关于供应商之间关系的信息；第二，在供应商自愿组成连带责任小组的基础上，从家族、年龄、生产规模、地理位置等多个方面合理控制同一个小组的供应商成员的构成，尽量降低供应商成员之间的同质性程度；第三，尤其值得注意的是，要尽可能排除具有直系亲属关系的供应商成员加入同一个连带责任小组，以免显著削弱连带责任治理的有效性（Ahlin & Townsend, 2007）。

## 第三节　研究目的与对象

### 一、研究目的

本研究首先基于网络治理理论、委托代理理论和社会交换理论，在供应链合作关系情境下探讨核心企业实施的连带责任治理模式在抑制供应商集群内机会主义行为上的作用及其核心作用机制，并在此基础上引入萨林斯（2009）的互惠理论，深入分析集群内供应商之间的不同互惠关系（即慷慨互惠、等价互惠、消极互惠）对连带责任治理之有效性所产生的不同影响。

本研究的研究目的主要包括以下几个方面：第一，探讨供应商之间的连带责任对他们的机会主义行为的影响，以证实核心企业实施的连带责任治理能否有效抑制上游供应商集群内屡禁不止的机会主义行为；第二，探究连带责任治理的有效性之所以能够产生的根本原因，即打开连带责任治理的"黑箱"，以深入了解其核心作用机制；第三，探讨供应商之间存在的三种不同的互惠关系，即慷慨互惠、等价互惠、消极互惠，在供应商之间的连带责任影响其机会主义行为这一过程中会产生什么样的影响，从而为核心企业在控制供应商小组成员的关系构成方面提供强而有力的理论指导和依据。

## 二、研究对象

由上文可知，本研究主要是探讨在连带责任小组内供应商成员之间的连带责任如何影响他们的机会主义行为，以及二者之间的关系如何受到供应商成员之间的不同互惠关系的影响。因此，本研究的研究对象是供应商成员之间的横向网络关系，具体地讲，就是每一个连带责任小组内多个供应商成员之间的经济交换关系和社会交换关系；其中，经济交换关系是指连带责任小组内供应商成员之间的连带责任关系，社会交换关系是指连带责任小组内供应商成员之间的慷慨互惠关系、等价互惠关系或消极互惠关系。

本研究的调研对象是福建省两家茶叶生产经营企业及其毛茶供应商集群。调研对象既具有符合检验本研究的概念模型的情境特点，又在我国的供应商集群中具有一定的代表性。这是因为，两家企业与上游供应商之间采取的是典型的"核心企业+供应商集群"合作经营模式，其毛茶供应商都集中在安溪县的乡镇地区，与我国其他地区的供应商集群一样，这些地区至今仍保留着显著的"世代聚居"特性，是一个相对封闭和稳定的"熟人社会"（费孝通、刘豪兴，1985）。因此，毛茶供应商之间地理位置毗邻，社会关系密切，而这与连带责任治理模式实施所需要的条件正好相吻合（Hermes & Lensink，2007）。更为重要的是，两家企业分别自 2006 年和 2009 年起就已经开始尝试对上游毛茶供应商集群实施连带责任治理模式，并取得了初步成效，积累了丰富的实施经验。这无疑为研究供应商集群情境中连带责任治理模式的实施效果及其内在作用机理提供了非常理想的样本资料。

# 第四节 研究方法和基本框架

## 一、研究方法

本研究以网络治理理论、委托代理理论、社会交换理论和萨林斯的互惠理论为理论基础，对企业集群、连带责任治理和机会主义行为等研究议题的现有文献进行了梳理和评述，在此基础上进行了探索性案例研究，构建了研究变量，提出了初始的研究命题；然后进行了实证研究。具体而言，在核心企业对上游供应商集群实施连带责任治理的供应链合作关系情境中，以两家茶叶生产经营企业及其供应商集群作为调研对象，在选用已有成熟量表的基础上结合预调查和深度访谈等方式对本研究主要变量的测量进行修改和提炼，以设计出便于调查对象正确理解与回答的调查问卷。根据调查数据，采用实证研究的方法对本研究的概念模型和具体研究假设进行检验。概言之，本研究主要采取了以下几种研究方法。

（一）规范理论研究法

规范理论研究方法的采用主要是为了回答"应该是什么"的问题，为本文研究问题的提出以及理论分析提供理论基础。规范理论研究方法在本研究中的应用主要体现在三个方面：第一，对网络治理理论、委托代理理论、社会交换理论和萨林斯的互惠理论等理论进行系统性的介绍与阐述，并对连带责任治理和机会主义行为等研究议题的已有相关文献进行详细的梳理与总结，以掌握已有研究成果并发现其存在的不足，在此基础上提出本研究的总体研究思路。第二，根据现有研究文献，对连带责任治理、横向监督、机会主义行为以及组织间的不同互惠关系进行了界定，并在此基础上对连带责任治理抑制机会主义行为的路径以及不同互惠关系在其中的调节作用进行理论推断，最终确立了关于连带责任治理的概念模型。

（二）深度访谈法

从2013年2月持续到2013年5月，在福建省相关管理部门的支持和该区域内相关企业的协助下，我们对福建省安溪县两家专门经营茶叶业务的茶企的负责人及其供应商代表进行了半结构化的深度访谈。以被访谈者的反馈为基础，得以进一步确认和澄明了具体的研究问题，使本研究的概念模型以及研究假设得到了初步支持，并使调查问卷得到了进一步的完善，确保本研究的量表具有良好的信度和效度，以及主要变量测量语句的逻辑与措辞等符合调查对象的实际文化水平和用语习惯。

（三）探索性案例研究法

本研究采取探索性案例研究方法对连带责任治理相关问题进行研究，在明确案例研究目的的基础上，对案例研究进行了设计，主要是选择福建HH茶业有限公司、BM茶业股份有限公司以及与两家公司合作的供应商集群作为案例研究对象，采取二手资料、现场观察、深度访谈等方法获取了相关资料，然后按照开放性编码、主轴性编码、选择性编码的步骤进行资料分析，发现和提炼文本资料中包含的概念、范畴以及范畴之间的关系，形成完整的故事线。在这些工作的基础上，对研究变量进行构建，并提出初始的研究命题，为后续的实证研究提供坚实基础。

（四）实证研究法

本研究采用 SPSS 22.0 和 AMOS 18.0 作为数据分析软件。首先，对各变量的均值、标准差及两两变量之间的相关性进行描述性统计分析；然后，采用标记变量法对共同方法偏差问题进行了检验；接着，对关键变量的共线性问题进行检验；再次，对测量量表的信度、效度以及整体模型适配度进行检验，以确保相关指标都达到合格标准；最后，按照 Preacher 等（2007）和 Hayes（2008）提出的多元回归方法和 Bootstrap 程序对研究假设进行检验。

## 二、本书基本框架

本书共包括七大部分，具体内容安排如图 1-1 所示。其中，第一大部分是绪论部分，主要阐明了本研究的研究背景、研究意义、研究目的与对象、研究方法和论文整体框架。第二大部分是研究的相关理论部分，主要是对网络治理理论、委托代理理论、社会交换理论和萨林斯的互惠理论等理论基础进行了较为系统的介绍。第三大部分是文献综述部分，主要是对关于企业集群、连带责任治理和机会主义行为等议题的现有研究文献进行了较为详尽的梳理，并做出了简要述评。第四大部分是探索性案例研究部分，主要是探讨案例研究的目的、案例研究设计、研究变量构建，并在此基础上提出本研究的初始研究命题。第五大部分是实证研究部分，首先提出本研究的概念模型，并阐述本论文的主要研究假设，以及逻辑推论各个变量之间的关系；然后，介绍了本研究的研究方法与操作步骤，不仅对主要的研究变量进行了明确的界定和测量，而且较详细地介绍了调研对象的选择及数据收集的过程；最后是进行数据分析和假设检验，主要是对变量及其相互之间的关系进行了描述性统计分析，并进行了整体模型的验证性因子分析和共同方法偏差检验，在此基础上使用多元回归方法和 Bootstrap 程序对所有研究假设进行了实证检验。第六大部分是研究结论部分，主要是对实证研究的结果进行总结，并将之与已有文献进行对话，在此基础上讨论了本研究的理论贡献与实践意义。第七大部分是研究展望部分，主要是分析了本研究存在的局限性和未来有价值的研究方向。

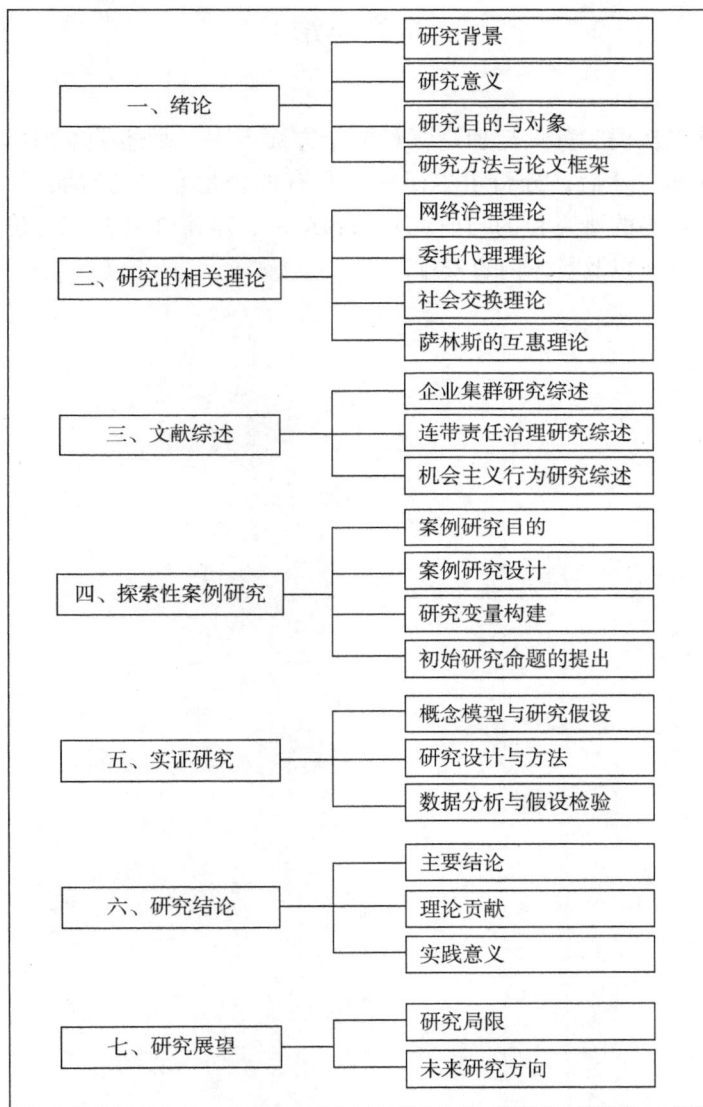

| | |
|---|---|
| 一、绪论 | 研究背景 |
| | 研究意义 |
| | 研究目的与对象 |
| | 研究方法与论文框架 |
| 二、研究的相关理论 | 网络治理理论 |
| | 委托代理理论 |
| | 社会交换理论 |
| | 萨林斯的互惠理论 |
| 三、文献综述 | 企业集群研究综述 |
| | 连带责任治理研究综述 |
| | 机会主义行为研究综述 |
| 四、探索性案例研究 | 案例研究目的 |
| | 案例研究设计 |
| | 研究变量构建 |
| | 初始研究命题的提出 |
| 五、实证研究 | 概念模型与研究假设 |
| | 研究设计与方法 |
| | 数据分析与假设检验 |
| 六、研究结论 | 主要结论 |
| | 理论贡献 |
| | 实践意义 |
| 七、研究展望 | 研究局限 |
| | 未来研究方向 |

图 1-1　本书基本框架

# 本章小结

　　本章首先从现实背景与理论背景两个方面入手，阐述了本书所要开展的主要研究问题；然后，分析了本研究所具有的理论意义与现实意义；接着，详细介绍了本书的研究目的与研究对象；最后，本章在此基础上确定了本书的主要研究方法以及具体内容安排。

► 第二章

# 研究的相关理论

## 第一节　网络治理理论

近年来，关于网络治理理论的研究非常丰富（如 Caniëls & Gelderman，2007；Chua 等，2012；Crisan 等，2011；Gu 等，2010；Vinhas 等，2012；Wathne & Heide，2004）。但是，由本书的研究定位所致，下面仅对网络治理的概念、特点及其作用机制等方面的相关文献进行回顾，以期在文献评述中阐明对本项目研究方向的启发。

### 一、网络治理的概念

自 20 世纪 80 年代起，研究者们开始对供应链领域中的网络现象进行关注，如"准企业"（Eccles，1981）、"柔性专业化"（Piore & Sabel，1984）、"组织网络""企业间网络"（Uzzi，1996，1997）、"网络组织形式"（Powell，2003）等。虽然名称不同，但这些现象都存在共同的本质特征，即以非正式社会制度为特点的企业间协调，这是与企业内科层结构以及企业间正式合同关系不同的地方。这种企业间协调就是一种"网络治理"（Network Governance）（Jones 等，1997）。不少研究者对网络治理的定义进行界定，他们主要围绕两个关键概念进行：一个是交换和关系中的互动模式；另一个是独立主体之间的资源流动。强调第一个关键概念的研究者们一般将研究焦点放在横向的或水平的交换模式（Powell，2003）、相互依赖的长期性循环交换（Larson，1992）、非正式的企业间协作（Kreiner & Schultz，1993）以及双向沟通（Powell，2003）等关键要素上。强调第二个关键概念的研究者们则将聚焦点定位于由合法的独立主体构成的非科层组织集群之间的资源流动（Miles & Snow，1986，1992；Alter & Hage，1993），以及互动主体的独立性。总的来说，这些研究者所使用的术语各不相同，都只是说明了网络治理的部分内涵，而没有体现其整体性（Jones 等，1997）。因此，在综合前人已有研究的基础上，Jones 等（1997）给出了网络治理的完整定义，即：在由多个合作伙伴构成的具有选择性、持久性和结构性的集合中，企业依靠社会性因素而不是法律性因素形成与各个合作伙伴之间关于产品和服务的交易合约，以适应环境变化，并对交易进行调整和保护。这正是本研究采取的关于网络治理的定义。

根据 Jones 等（1997）的观点，网络治理的出现与发展需要四个必要条件，具体包括：第一，稳定供应下的需求不确定。需求的不确定程度提高，会使企业的垂直一体化面临折旧或季节性的风险增加，因而企业更倾向于采取外包或转包的方式来提高应对外部环境的灵活度。第二，人力专用资产的高度定制化交换。由于定制化交换会导致不同成员之间的相互依赖性，从而增加了它们之间对协调的需要；而且，高度定制化与需求不确定同时存在时，还会强化成员在行为上的不确定性，需要通过非正式的社会制度进行约束。第三，时间压力下的复杂任务。任务复杂性是指完成某一产品或服务的提供需要进行大量不同的专门化的投入，这使成员之间在行为上相互依赖；而在时间压力并存的情况下，任务复杂性会使一系列交换之间的协调难以实现。第四，网络内成员之间的频繁交换。频繁地交换促进成员之间隐性知识的转移，并通过深化它们之间的持续互动实现"干中学"。需要指出的是，这四个交换条件中的任何一个都无法单独导致网络治理的出现，只有在共同存在时才会使网络治理作为一种优于市场和科层的组织形式出现并发展（Jones 等，1997）。

## 二、网络治理的特点

网络治理在供应链合作关系治理方面具有独特优势，与 Heide（1994）提出的单边治理和双边治理这两种供应链关系治理模式有着本质的不同，具体体现在治理情境、治理基础、治理手段和治理效果等方面（见表 2-1）。其中，单边治理是指核心企业通过权力或地位优势促使合作伙伴采取有利于其目标实现的活动（Jaworski，1988）；双边治理指核心企业与合作伙伴基于信任和社会认同创造灵活性、信息分享和团结等共同行为期望的过程（Yang 等，2012）。尽管诸多研究表明，这两种治理模式可以对合作伙伴产生规范、约束或激励作用，在一定程度上抑制其机会主义行为，它们的研究情境却有一个本质的共同点，即以核心企业与供应链合作伙伴的二元关系为研究对象

（Heide 等，2007；Ghosh & John，2009；Kashyap 等，2012；Yang 等，2012）。这表明两种治理模式都暗含了一个理论预设——当多个合作伙伴并存时，它们之间是相互独立、没有关联的，核心企业与之仅是二元关系的简单集合（Kirsch，2004）。已有不少研究者明确指出，二元关系研究的一个基础假设是其他关系条件保持不变，这与实际情况大相径庭（Wilkinson，2001）。在现实中，不同二元关系之间有着千丝万缕的联系，一关系中的行动会受到另一关系中行动的影响，或会影响另一关系中的行动（Wathne & Heide，2004）。正如 Heide（1994）早就提出，"单个的二元关系都是嵌入在更大范围的关系情境当中，这种关系情境会影响对二元关系中机会主义的治理效果。"[1] 所以，为了更好地实现理论研究与实践领域的对接，不少研究者倡导将供应链合作关系治理的分析视角从二元关系拓展到网络关系（Wathne & Heide，2004；Vinhas 等，2012）。

表 2-1　网络治理与单边治理、双边治理的区别

|  | 单边治理 | 双边治理 | 网络治理 |
|---|---|---|---|
| 治理情境 | 治理者与被治理者之间的二元关系 | 治理者与被治理者之间的二元关系 | 被治理者之间的网络关系 |
| 治理基础 | 治理者的权力/地位优势 | 治理者与被治理者之间的关系准则 | 被治理者网络内部的集体性规范 |
| 治理手段 | 治理者对被治理者的过程控制和结果控制 | 治理者与被治理者的共同规划、共同解决问题、双边调整和适应 | 被治理者网络内部的限制进入、集体监督与制裁等 |
| 治理效果 | 治理者的直接控制导致治理成本高，且易引起被治理者的反感和抵触 | 治理者需要与被治理者进行频繁地调整与互动，使治理成本较高，且效率较低 | 被治理者网络内部的自治大大节约了治理者的成本，且效果更好 |

资料来源：胡琴芳等（2016）。

## 三、网络治理的作用机制

　　网络治理的核心作用机制是社会性因素，即非正式的社会机制，如限制进入、文化氛围、集体监督与制裁、声誉等（Jones 等，1997）。在相同的交易条件下，这些非正式社会机制的存在是网络治理优于其他治理形式的根本

---

[1]　Heide J. B.．Interorganizational governance in marketing channels［J］．Journal of Marketing，1994，58（1），p. 81.

原因。不过，不同的社会机制在网络治理中的作用不尽相同。限制进入主要是通过地位最大化和关系契约等途径实现网络内部的协调。在地位最大化策略中，较低地位的成员不被接纳，其结果是交易只在具有相似地位的成员之间进行；关系契约的作用则在于提高某个成员与一小部分其他成员之间的互动频率（Jones 等，1997）。文化氛围是指广泛共享的愿景和价值观制度，一般由特定行业、职业或专业的知识组成，它指引着独立实体的行动并确定它们之间的典型行为模式（Gordon，1991；Abrahamson & Fombrun，1992）。因此，文化氛围能够通过社会化过程建立共同一致的期望，使每个成员协调地工作，并且使用特定语言对复杂惯例和信息进行总结，以及详细规定"非特定意外情况下对合适行为的心照不宣的理解"，以实现对网络内部协调的促进（Camerer & Vepsalainen，1988）。集体制裁是指网络内成员对那些违反集体规范、价值观或目标的成员进行惩罚，具体包括闲聊、流言、排斥、破坏等方式（Jones 等，1997）。但是，由于制裁成本的存在，成员常常不愿执行社会规范，而由元规范（是指对那些不惩罚行为不端者的成员进行惩罚的规范）所支持的集体制裁才使这些社会规范能够予以执行（Axelrod，1985）。在网络治理中，当一个成员推荐那些在表现上不符合预期标准的成员时，该成员的声誉就会受到损害。因此，集体制裁实际上惩罚的是那些没有充分筛选或是没有惩罚行为表现不良者的成员。这样，集体制裁通过增加网络内成员的机会主义成本而降低了其行为的不确定性，并降低了成员相互监督的成本，激发了他们筛选和监督同伴的动机，从而保障交易的顺利进行。声誉是指对网络内成员的个性、技能、可信性以及其他对交易来说重要的特性进行的评估（Jones 等，1997）。随着环境不确定性程度的增加，交易各方越来越关注他们自己和其他成员的声誉信息。因此，声誉通过提供关于网络内成员可信度和善意的信息而使行为不确定性降低，也起到保障交易顺利进行的作用。不过，虽然这些社会机制的具体特点和作用各不相同，但它们的形成及其作用的发挥都具有一个共同的基础，即结构嵌入（Jones 等，1997）。结构嵌入是指网络的总体结构或架构，能够提供"更有效的关于成员行动的信息"（Granovetter，1992）。由此可见，网络治理不囿于关注单个合作伙伴，而是着眼于其所嵌入的整个网络关系，利用非正式社会机制对它们进行协调与治理，以节约核心企业的治理成本，提高治理效果。

由上可见，这些社会机制特征各异。关于这一点，Jones 等（1997）进行了较深入的梳理与归纳，其内容大致可总结为两点：第一，不同社会机制的作用方式各不相同。例如，限制进入主要是通过地位筛选的方式实现网络内部的协调，意即较低地位的成员不被接纳，交易最终只在具有较高地位的成员之间进行；集体制裁是指网络内成员主动对那些违反集体规范、价值观或目标的成员进行惩罚，具体包括流言、排斥等方式；声誉则指对网络内成员的个性、技能、可信度以及其他重要特性进行评估，从而对成员形成内部压力。第二，不同社会机制在网络治理中的效果不尽相同。Jones 等（1997）将网络治理的效果分为实现内部协调与确保交易顺利进行两大类，其中，限制进入的效果最好，通过筛选实现同质化后既能有效实现网络内部的协调（Camerer & Vepsalainen，1988），又能使交易顺利进行；集体制裁因增加了网络内成员的机会主义成本而降低了其行为的不确定性（Axelrod，1985），从而确保交易目标的实现；声誉则缓和了信息不对称矛盾，也起到保障交易顺利进行的作用。

## 四、网络治理理论对本研究的启示

近年来，越来越多的研究者从网络治理视角对供应链合作关系治理问题进行研究。例如，Caniëls 和 Gelderman（2007）以采购组合为切入点研究企业如何对上游的强势供应商进行管理，结果表明企业若能对多个供应商保持不同程度的"相对权力"，构筑自己在整个供应商网络中的权力基础，就可以减少对强势供应商的依赖，并通过形成对强势供应商的替代威胁来增强对它的控制。Vinhas 等（2012）从网络嵌入视角对供应商与组织买方之间的合作关系进行研究时发现，由于焦点组织买方会通过与同区域内其他同级组织买方的平均经济回馈进行对比来形成对合作关系的评价，因此，供应商在进行合作资源配置时应基于区域层面考虑组织买方群体内的一致性问题。不过，现有文献虽然给供应商集群内机会主义行为治理研究提供了有力的理论支持，但仍然存在两个研究缺口：第一，现有文献仅把核心企业与供应链合作伙伴的二元关系置于抽象的社会网络情境当中，实质上还是将二元关系作为焦点研究对象，没有实现网络治理模式的"落地"，由此提出的治理策略也就不可能契合核心企业与供应商集群之间这种"一对多"的关系情境。第二，治理被定义为治理主体针对治理对象采取的"组织交易的模式"（Williamson & Ouchi，1980），强调治理主体在发起治理模式上的主动性。但现有文献集中探讨社会网络情境下核心企业如何对供应链合作关系进行管理，仅是对社会网络影响的一种消极应对，而非主动"组织"具体的网络治理模式去抑制合作伙伴的机会主义行为。为弥补以上研究缺口，本研究试图以现有网络治理研究成果为基础，对一种由核心企业主动"组织"的契合"一对多"供应链合作关系情境的网络治理模式——连带责任治理进行探讨。

# 第二节 委托代理理论

## 一、委托代理理论的产生与发展

在 20 世纪 60 年代末 70 年代初，委托代理理论（Principal-agent Theory）开始兴起，当时在这个理论研究领域做出突出贡献的学者主要有 Wilson（1969）、Ross（1973）、Mirrless（1976）、Holmstrom（1979）、Grossman 和 Hart（1983）等人。在早期阶段，对委托代理理论的探究源自对 Aroow-Debreu 体系中企业"黑箱"理论的不同看法，因此，他们尝试着从信息不对称和激励等方面入手，试图找到打开企业内部这个暗箱的通道（刘有贵、蒋年云，2006）。此后，委托代理理论日益得到更多学者的认可与深入探讨，逐渐成为契约理论最重要的领域之一（如 Rogenson，1985；Fudenberg 等，1990；Fred & Jacques，1996；Ariane，1998；Erica 等，2000）。

自 21 世纪初以来，研究者们逐渐关注动态委托代理关系、多层委托代理关系等更为复杂的内容。例如，Roberta（2011）对动态委托代理关系中的代理人市场—声誉模型进行了研究。其研究结果表明，在竞争性的经理市场中，经理的市场价值取决于他过去的经营绩效，因此，即使没有显性激励，他也会保持努力工作的积极性。Andrea 等（2010）探讨了各有两个委托人和两个代理人的委托代理模型，并进行了实例讨论。他们研究发现，当委托人没有提供间接信息方案的时候，简单机制的稳健平衡就会被打破；同时，当简单机制均衡分析中不能得到委托人提供的间接机制时，盈利分析均衡也无法实现。此外，Okura 和 Zhang（2012）基于委托代理理论着重讨论了时间序列情境下小团体贷款模型构建问题，发现动态激励措施可有效解决借款者合谋的问题。

随着委托代理理论的发展，我国研究者们纷纷将该理论引入到对经济管理相关问题的探讨中来。例如，李丽君、黄小原（2003）在信息对称和信息不对称研究情境下分别探讨生产商和销售商之间的定价问题，根据转移价格和推销成本等因素构建了相应的定价模型；冯根福（2004）应用双重委托代理理论，对股权高度集中的上市公司治理问题进行了分析，据此提出了上市公司治理的基本思路和设想；刘银国（2007）则运用委托代理理论，对国有企业激励机制问题进行了探讨，在强调激励国有企业经营者必要性的基础上，剖析了目前的激励现状与不足，并提出了具体的解决措施。

近年来，国内越来越多的研究者采取定量研究方法对委托代理相关问题进行研究。例如，王剑、陈运森（2011）实证检验了委托代理理论和行为科学分别对相对业绩评价实践问题的解释力；王文莉等（2015）基于双重委托代理理论，在收集和整理陕西省农村信用社近5年的统计数据的基础上，对股权集中度、股权制衡度与农村信用社财务绩效、服务范围之间的关系进行了回归分析，研究结果表明，当前我国农村信用社普遍存在股权分散的问题，而且股东间的制衡机制也未形成；陶建平、谭偲凤（2016）基于多任务委托代理理论，构建了一个关于新型农业经营主体联保贷款的博弈分析框架，实证分析银行如何通过激励机制和违约制裁的设立来破解其融资困境。

## 二、委托代理理论的主要内容

下面主要对委托代理关系的定义、种类、基本假设、代理问题及其治理机制等内容进行简述。

### （一）委托代理关系的定义和种类

目前，学术界对于委托代理关系的定义还没有形成一个一致的界定。概括说来，主要存在广义的委托代理关系和狭义的委托代理关系两类说法。对于广义的委托代理关系的研究，主要以 Pratt 和 Zeckhauser（1985）为代表。他们认为，当一方对另一方的行为产生依赖时，委托代理关系随之产生；其中，采取行动的一方被称为代理方，受影响的一方被称为委托方。关于狭义的委托代理关系的研究则以 Jensen 和 Meckling（1972）为代表，他们认为，委托代理关系是一种合约关系，在这种合约关系中，委托方通过授予代理方一定的决策权，使其以自己的名义采取相应的行动。

一般而言，根据委托代理关系的复杂程度，可将其分为两大类，即基本委托代理关系和复杂委托代理关系（栗志坤，2010）。基本委托代理关系使最简单的委托代理关系。在基本委托代理关系中，委托人和代理人都只有一个；双方之间的关系也只存在一期；在关系存续期间中，代理人只承担着一项任务。

相对于基本委托代理关系而言，复杂委托代理关系则变化多样，包括多种子类型，具体分类及其特征简述如下：

1. 多代理人委托代理关系。在多代理人委托代理关系中，只有一个委托人，但有多个代理人，它们承担的任务相同。在这类委托代理关系中，"搭便车"的情况比较普遍，这是因为在多个代理人同时完成一项任务的过程中，委托人能够获得的只是团队产出，无法将每个代理人的努力程度区分开来。在本书的研究情境中，核心企业与供应商集群就是一种典型的多代理人委托代理关系。

2. 多任务委托代理关系。多任务委托代理关系即意味着一个代理人同时承担多项任务。在这类委托代理关系中，由于一个代理人很难在完成多项任务上合理分配自己的精力，因而存在"扭曲效应"。

3. 多层委托代理关系。与上述委托代理关系不一样的地方在于，这类委托代理关系存在着第三方，即委托人委托第三方行使对代理人的监督或考察等权力。在多层委托代理关系中，可能会出现第三方与代理人合谋情况的发生。

4. 多委托人委托代理关系。与多代理人委托代理关系正好相反，多委托人委托代理关系由多个委托人和一个代理人构成。在这类委托代理关系中，由于多个委托人的存在，委托人之间是一种竞争关系。

5. 多期委托代理关系。与上述所有委托代理关系不同，多期委托代理关系模型引入了时间因素，即委托人与代理人之间的合作是多期的，这能够有效地缓解信息不对称问题的负面影响，不过也存在"棘轮效应"（Weitzman，1980），使代理人的努力积极性降低。

（二）委托代理关系的基本假设

委托代理理论沿袭的研究范式是以理性人假设为基础的新古典经济学，在有关委托人与代理人之间的关系方面，提出了两个基本的假设前提（刘有贵、蒋年云，2006）。

第一个基本假设是指委托人与代理人之间存在明显的目标不一致。由于绝大部分委托代理模型都是以经济关系为中心，因此，委托人和代理人都受到自利的驱动，具体表现为以利润或效用的最大化为目标（Bergen 等，1992）。而在委托代理关系中，委托人的效用与代理人的成本之间具有直接的相关关系；代理人的效用与委托人的成本则是等价的（刘有贵、蒋年云，2006）。由此可见，委托人与代理人之间的目标显然互相矛盾，意味着代理人会为了获得一己私利而采取损害委托人的利益的行动，这一点在组织间的委托代理关系中表现得尤为突出。

第二个基本假设是指委托人与代理人之间存在显著的信息不对称。这种信息不对称性主要体现在委托人处于不完全信息的位置，意味着它对代理人行动方面的信息既不精确也不完备，而代理人却拥有委托人想获取的完全信息。之所以这样，最根本的原因在于，对一己私利的追求导致代理人不愿意与委托人分享完整的信息，甚至还会促使代理人向委托人传递虚假信息（Bergen 等，1992）。这种对委托人不利的信息不对称几乎是所有委托代理关系的特点。

### （三）委托代理关系的两大代理问题

由于委托人与代理人之间的目标不一致，以及委托人不能准确且全面地掌握代理人行为方面的信息，因此，为了使自身利益得到最大化的满足，代理人可能不会按照双方最先约定的那样采取行动，从而导致代理问题的产生（Eisenhardt，1989）。现实中的代理问题主要有两大类：第一大类是逆向选择问题，是指代理人根据事前的信息不对称而实施的不利于委托人目标实现的行动；第二大类是败德行为问题，是指代理人利用事后的信息不对称和不完备契约而采取的损害委托人利益的行为。Sappington（1991）据此提出一个核心观点，即在委托代理理论研究领域，最关键的研究问题就是在委托人与代理人双方存在目标冲突和信息不对称的前提下，委托人如何设计出一个最优的合同以促使代理人为实现其利益目标为做出最大程度的努力。

逆向选择问题产生于委托人与代理人签订合同之前，根源在于代理人可能会隐藏不利于委托人实现目标的信息，即"隐藏信息"（Hidden Information）。当企业雇佣新员工或营销人员，选择分销商、广告代理商或供应商时，这类问题就时常发生。Bergen 等（1992）对隐藏信息模型（Hidden Information Model）进行了详细分析，认为委托代理关系的问题在于，委托人不知道代理人是否真正具有它所要求的特征。该模型提出，为了解决隐藏信息问题，委托人可以采取三种措施。第一种措施是筛选（Screening），即通过收集代理人没有提供的信息来诊断代理人的资质。比如，销售经理通过与销售人员进行私人面谈、查看个人档案或能力测试等方法，对他进行更全面的了解。当委托人易于通过其他渠道获得关于潜在代理人的重要信息时，筛选是一个能有效解决隐藏信息问题的办法。第二种措施是通过代理人的行为获取信号（Signaling），即代理人通过一些途径向委托人传递关于其资质的信号。

若是代理人确实具备委托人所要求的能力，他就会主动通过一些行为方式来说服委托人相信自己就是合适的人选。例如，为了能够获得更高的薪资待遇，销售人员会主动去参加夜大的 MBA 课程学习，这种行为实质上就能够给其未来的雇佣者传递一种信号，即该销售人员积极上进，且具有较高的专业能力。第三种措施是通过委托人的行动为代理人提供自我选择（Self-selection）的机会。Bergen 等（1992）认为，委托人不能只是做信息的消极接收者，还应主动创造机会，通过自我选择的方式促使代理人暴露其能力或意愿。例如，一家企业需要招聘一个兼具技术能力和销售知识的销售人员，为此要求所有应聘人员参加一个为期较长、要求严格的培训项目，在这种情况下，那些缺乏相关能力的应聘人员就会主动放弃这次培训机会，或者在参加培训过程中选择中途退出，这样最终就能通过自我选择的方式招聘到最优秀的人员。

败德行为问题往往发生在委托人和代理人签订合同之后，解决该问题的关键在于，委托人如何对代理人的绩效进行评估和奖励，以及采取何种信息策略来进行正确评估，从而激励代理人主动采取利于实现委托人目标的行动。在现实中，营销高管在为销售人员、中间商以及辅助商设计相应的薪酬和激励制度时，这类问题就会产生，由此可见有效解决这类问题对营销实践工作的重要意义。因此，Bergen 等（1992）构建了隐藏行为模型（Hidden Action Model）。他们提出的这个模型涉及对委托人和代理人之间关系的三个基本假设。其中，第一个假设是，委托人和代理人都具有自利导向，即以追求利益（或效用）最大化为目标。该假设能够反映营销领域中诸多委托代理关系追求的目标，即使双方追求的是更大范围内的社会目标，比如改善社区的文化氛围，该理论还是适用（Mitnick, 1987）。第二个假设是，委托人身处不完全信息的环境当中。虽然委托人了解代理人的一些特征和能力，但是对其工作表现的了解却是非常有限的。相反，代理人却掌握着委托人想获得的所有信息。例如，营销经理清楚地知道销售人员上个星期打了多少个销售电话，但却无法准确地掌握该销售人员为每个销售电话所做的准备工作以及电话销售过程中所付出的努力程度。这种信息不对称问题在所有委托代理关系中都存在，其问题在于，受到自利动机的驱使，代理人不愿意与委托人共享其所掌握的全部信息，甚至还向委托人提供虚假信息。隐藏行为模型的第三个假设是，产出结果除了受代理人表现的影响之外，还会在一定程度上受到市场经济条件、竞争者行动、技术变化等环境因素的影响。环境的不确定性导致这种影响是无法避免的，因为这些因素无时无刻不处于变化当中，且其变化趋势也因不受委托人或代理人的控制而无法准确预测。这使得在制定合同时，很难将所有可能遇到的问题都写入合同当中。Bergen 等（1992）还认为，当委托人和代理人的风险偏好和目标不一致时，双方会采取不一样的行动，从而也会导致代理问题的出现。风险偏好是指个体或企业对风险的偏好程度（Arrow，1974；Pratt，1964），风险规避型个体或企业会偏好安全与稳定，因而会寻求一切确保目标实现的保障，而风险中性型个体或企业则对风险或安全都是持中间态度。在绝大部分隐藏行为模型中，委托人都被认为是风险中性型的，而代理人则被认为是风险规避型的。原因在于，委托人的资源丰富，可以进行多样化投资，分散风险，而代理人却更多的是将所有资源聚集在一个地方，无法分散其风险。

### （四）委托代理关系的治理机制

鉴于以上两大代理问题，不少研究者纷纷提出了颇具针对性的解决措施。其中，具有代表性的是实证主义流派的研究者提出的致力于解决代理问题的两大治理机制（Jensen & Meckling，1976；Fama，1980；Amihud & Lev，1981；Fama & Jensen，1983），即：第一是基于结果的合同，这能够较有效地制约代理人的机会主义行为。基于结果的合同给予代理人的奖励取决于它是否采取了与委托人相同的行动，因此，这会激励代理人在具体行为的选择上趋向与委托人的选择保持高度一致，从而使双方之间的冲突程度得以下降。例如，Jensen 和 Meckling（1976）描述了管理者的企业所有权的增加如何减少它们的机会主义行为。第二是信息制度，它也能更好地抑制代理人的机会主义行为。由于信息制度给委托人提供了关于代理人实际行为的信息，使代理人意识到自己不能够欺骗委托人，从而使代理人的机会主义行为得到抑制。例如，Fama（1980）描述了有效资本和劳动力市场在抑制管理者机会主义行为上的信息效应。Fama 和 Jensen（1983）分析了董事会在监督和控制管理者行为方面的信息优势。同样，Eisenhardt（1989）也认为，投资建立完备的信息制度（如预算体系、汇报程序、董事会、其他管理层的设立）和制定基于代理人行动之结果的合同是委托人的两个合理选择。但同时她也指出了后一种选择的缺陷，认为基于结果的合同是通过将代理人的偏好与委托人的偏好联合在一起来对代理人产生激励，但也将转换风险转移到代理人身上。因此，只有当结果不确定程度低、转移到代理人的风险的成本低时，基于结果的合同才具有吸引力；而当结果不确定程度增加时，即使基于结果的合同具有激励作用，但转移给代理人的风险成本也会增加，还是对委托人不利。

由以上分析可知，基于结果的合同和信息制度这两种不同的治理机制实质上具有一个基本共同点，即都片面地强调委托人在抑制代理人机会主义行为上的单方面的努力。相反，很少有研究者从代理人的角度对治理机制进行设计和检验。如前文所述，代理人具有委托人所需要的完备信息，而且具有更好的监督能力。尤其在多代理人同时存在的情境下，代理人相互之间的了解更加透彻，而且相互影响的效应更为明显（刘有贵、蒋年云，2006）。进一步地，根据多代理人委托代理理论（Holmstrom，1979），多个代理人行为方面的信息并非不能被观察到，但仅仅通过委托人自身的直接监督去获取这些信息的成本实在太高；与之相较而言，代理人之间相互监督的成本则会低很多。因此，若是通过对治理机制的合理设计，实现代理人横向监督对委托人监督的替代，就可以达到在降低治理成本的基础上更有效地抑制代理人机会主义行为的目的（Heide，1994）。

## 三、委托代理理论在营销领域中的应用

委托代理理论被广泛应用于经济、金融、会计、组织行为、政治科学和社会学等学科研究领域（Bergen 等，1992）。鉴于本书的研究主题，下面仅对委托代理理论在营销领域中的应用进行阐述。

委托代理理论在营销领域中的应用非常普遍，这是由于营销的本质就是交易，而"代理关系是所有交易的重要构成"（Arrow，1985）。从委托代理理论的角度看，绝大部分产品与服务都是通过制造商或是特许方的代理人——即中间商（如批发商、零售商或特许经营者）进行分销。而且，终端顾客也可以被认为是处于委托代理关系之中，因为他/她试图从卖方那里获得准确的产品信息和想要的产品利益，而卖方就变成了他/她的代理人（Coughlan，1988）。近年来，在市场营销及其相关领域，越来越多的研究者将委托代理理论应用于对一系列营销问题的分析与检验当中，具体包括以下几个方面：（1）销售人员管理。销售经理与销售人员之间是一种典型的委托代理关系，因此，销售经理在招聘、激励和控制销售人员等方面的问题都能够从委托代理理论的角度进行分析。但是，当前大部分文献仅聚焦于其中一个问题，即：在各种条件下如何制定最合适的销售佣金计划。（2）渠道协调与控制。分销渠道是由一系列委托代理关系组成的。例如，制造商依赖转售商代表它行使多种功能，包括提供展示空间、区域广告、点对点促销、实施价格战略等；但是，由于制造商和转售商在目标与偏好上的差异导致它们在渠道收益和成本如何分配上产生冲突。如果一个权力大的制造商试图通过提供相对较低的毛利给

某转售商来增加自己的利润，那么，该转售商就不会有足够的动力去进行产品促销，继而会通过减少促销努力或抬高销售价格的方式采取投机行为，最终使制造商的利益受损。因此，从委托代理理论的角度分析，制造商应该采取激励相容措施对分销渠道成员进行控制，如定价机制、对渠道成员行动自由的限制（如促销限额）、特许规定等，以促使其采取与自身目标一致的行动。（3）促销与其他市场信号决策。当顾客进行购买决策时，它们会从制造商、分销商或零售商那里搜索关于不同品牌的信息。但问题在于，有些劣质品牌的生产者会受利益的驱使而通过促销或鼓吹的方式误导顾客相信它们的产品质量比实际情况要更好。从委托代理理论的视角看，这类问题就是典型的隐藏信息问题，因此，顾客作为委托人必须增加制造商（即代理人）的数量以从中实现选择上的优化。

## 四、委托代理理论对本研究的启示

根据委托代理理论的观点，代理问题的出现根源在于委托方与代理方之间的目标不一致和信息不对称。在"核心企业+供应商集群"这种合作经营模式中，由于核心企业（委托方）和供应商（代理方）都是供应链上追求利益最大化的独立主体，两者之间的目标不一致程度非常高。同时，集群内供应商因规模小、数量多而使核心企业对其经营行为是否按照合同进行的信息难以如实掌握，导致信息不对称问题严重。在这种情况下，若单凭核心企业的一己之力对集群内数量众多的供应商进行监督，监督成本非常高，监督效果还不好。那么，受已有研究提出来的制定针对委托代理问题的信息制度的启发，本研究认为，核心企业在制定管理供应商集群的具体措施时，要转变传统的治理思路，不能一味地依赖自身对供应商的直接监督与管理，而应积极利用供应商共处同一地理区域的先天性条件，着眼于供应商所嵌入的社会关系，让它们组成连带责任小组，增强在利益方面相互依赖的程度，从而激发其内部监督的强烈动机，最终对猖獗的机会主义行为形成强大的社会性压力。这样，核心企业既能继续保持与供应商集群合作关系的稳定、持续发展，又能有效降低对供应商集群的监督与管理成本。

# 第三节 社会交换理论

在 20 世纪 60 年代，社会交换理论（Social Exchange Theory）兴盛于美国，而后逐渐传播到全球范围。它是基于经济学和心理学的相关研究而形成的对人类行为、人际关系以及社会组织结构进行分析的一种社会学理论，其核心观点是认为人类的一切社会互动行为实质上都属于交换范畴，在交换活动中结成的社会关系也是一种交换关系，并以降低成本和增加利益与报酬作为一切行动的基本准则。这一理论的代表性学者主要有 Homans（1958）、Blau（1964）和 Emerson（1976）等，下面对他们的主要观点进行简要介绍与评析。

## 一、Homans 的社会交换理论

Homans 于 1958 年在社会学领域的顶级期刊《American Journal of Sociology》第 6 期上发表一篇名为《Social Behavior as Exchange》的文章，首次将动物实验的研究成果应用于社会学领域以解释人的社会性行为，由此成为社会交换理论的创立者。

Homans（1958）提出，人际间的互动行为就是一种商品交换，既包括物质的商品交换，也包括非物质的商品交换，如赞许或声望等符号。一个人若给予他人较多，就会试图从他人那里获取较多，而且那些从他人那里获取较多的人往往承受着付出较多的压力。这种影响过程会在交换方面最终达到一种平衡状态，其原因在于，当人们参与交换时，所付出的对于付出者来说意味着成本，所获得的对于获得者来说则意味着奖励，一旦付出小于所得，即奖励小于成本，其行为就会发生变化，以追求成本与奖励之间差异值的最大化；换言之，即人们付出与收获的成本与价值随着他们所付出与所获得的数量的不同而发生改变。由此可见，人际间互动实质上是一种过程，交换物是对双方具有吸引力的有价值的资源。

Homans（1958）强调对小群体进行研究的重要性，认为应该以小群体中两个或三个人之间相互影响的基本社会行为作为研究对象，并由此逐渐拓展到"阶级""企业""社区"乃至"社会"等更大范围。在小群体中，吸引人们加入其中的是一种"吸引力",主要来自于被称为"社会许可"的象征性行为,以及有价值的活动。他认为,小群体的吸引力越大,成员相互之间参与的活动或相互之间建立的感情就越有价值,他们互动的平均频率也就越高。成员获得的活动越有价值,所给予的也必须越有价值。这是因为,如果某一成员做出某种行为,而其他成员没有发现特别有益,那么他们就会及时减少自己在感情和活动上的付出。但是,如果某一成员发现另一成员的感情和活动都是有益的,而且自己在持续从对方那里获取,那么,他就必须使自己的行为对对方也要更加有价值才行。简言之,人们针对他人所付出行动的价值与别人给予自己的行动的价值是成正比例的。

之后,Homans(1974)在他的著作《Social Behavior》中进一步对人类行为的基本命题进行了归纳,具体包括:一是成功命题,他认为"对于人们所有的行动而言,如果所采取的某一特定行动得到奖励的次数越多,(在相似的刺激条件下)他继续采取该行动的可能性就越大"[1];二是刺激命题,他在文中指出,"如果某一种或一套特定刺激曾经在人们的行动得到奖励的时候出现过,那么,现在出现的刺激与以往出现的刺激的相似程度越大,就意味着人们采取相同或相似行动的可能性就会越大"[2];三是剥夺——满足命题,意指"人们在近期得到某种奖励的次数越多,在未来这种奖励给他们带来的单位价值就越低"[3];四是价值命题,意即"人们通过某一行动而获得的奖励价值越大,就会越倾向于采取这种行动"[4];五是理性命题,他指出,"在两种行动之间进行选择时,人们的选择标准通常是,将所感知到的行为结果带来的价值 V 乘以这一结果所出现的概率 P,然后选择该值较大的行动"[5]。

综上所述,Homans 主要是以个人的社会行为作为基本研究对象,认为社会是个人社会行为相互交换而产生的结果。因此,他的社会交换理论又被称为"行为主义交换理论"。此外,Homans 的社会交换理论强调从心理因素的角度考察人际间的社会行为,是对古典经济学的纯经济人假说的修正。但是,他倾向于使用平等性原则对所有社会交换现象进行解释,忽视了不平等问题的存在。而且,由于他所有的研究都是基于个体层面进行的,仅局限于微观层面的现象分析,无法为社会结构和社会机制等宏观层面的现象提供合理的

---

[1] Homans G. C.. Social behavior [M]. New York: Harcourt-Brace, 1974, p. 16.
[2] Homans G. C.. Social behavior [M]. New York: Harcourt-Brace, 1974, p. 22-23.
[3] Homans G. C.. Social behavior [M]. New York: Harcourt-Brace, 1974, p. 29.
[4] Homans G. C.. Social behavior [M]. New York: Harcourt-Brace, 1974, p. 25.
[5] Homans G. C.. Social behavior [M]. New York: Harcourt-Brace, 1974, p. 43.

理论解释。

## 二、Blau 的社会交换理论

美国社会学家 Blau 是社会交换理论的早期代表学者之一，他于 1964 年出版的著作《Exchange and Power in Social Life》是反映其主要观点的代表作（谢清隆，2011）。Blau（1964）的社会交换理论被称为"结构主义交换理论"，该理论既汲取了 Homans（1958，1974）的社会交换理论中的主要原理与命题，同时又通过运用辩证法的手段对其理论体系进行了重大突破，具体体现在以下几个方面：

第一，Blau（1964）开始将关注焦点从交换关系中的一方转移到交换关系中的双方。他认为，社会吸引是双方之间进行社会交换活动的动力，只有互相提供报酬才能够维持双方之间的相互吸引与持续互动。

第二，Blau（1964）将研究视角从平等性原则转移至不平等原则，开始关注现实中的不平等现象，揭示了权力产生及其变迁的内在规律。他在文中提出，社会交换并不全是以平等交换为基础，因此不能用 Homans（1958）的平等性原则看待一切社会交换活动。在现实中，人际间的交换活动既可以是双向进行的，也可以是单向进行的；这种单方面的交换关系会使一方获得权力，而使另一方产生对对方的依赖，失去其社会独立性。Blau（1964）通过对这种不平等现象的剖析揭示了权力产生及其变化的内在规律。

第三，除了对微观社会结构的交换关系进行研究外，Blau（1964）还探讨了宏观层面的社会结构。他认为，一方面，与人际间的社会交换关系一样，群体之间的互动与交换也受到奖励与报酬等动力的支配；在交换过程中，一旦出现不平等状态，群体之间也会产生权力与依赖，以及对立与冲突等问题。另一方面，群体之间的交换关系也具有显著区别于人际间交换关系的特点。从群体层面看，群体成员之间很难进行直接的社会互动，因而必须通过某些中介机能对社会关系结构进行调节，以促进间接的社会交换的发生与持续，即它们之间的互动与交换受到社会普遍存在的规范和价值观的制约。

第四，Blau（1964）还提出了社会交换的一些重要准则。第一是交换的互惠性。互惠性主要是基于公平原则提出来的，意思是在交换关系中，双方都能为对方提供有价值的行为，如果其中一方采取了对另一方有价值的行为，那么，另一方就有义务或责任采取同样的有价值行为予以回报。第二是强调了信任的价值。由于双方之间的互惠交换并不一定是即时发生的，在一方的付出与另一方的回报之间难免会存在时间差，所以，信任成为维系这种具有潜在风险的未来交换行为的重要工具，即在交换初期，交换关系中的一方必须要相信另一方在将来的某个时间会履行自己的责任或义务。

第五，Blau（1964）将交换分为经济交换和社会交换两种类型。他认为，经济交换与社会交换都产生于社会吸引，其中，像奖励和报酬等经济动机都是二者产生的条件。经济交换与社会交换的不同点则在于：经济交换一般是基于正式合同而产生，往往通过详尽、明确的描述来确保交换关系中的双方都能按约履行自己的责任；与之相反，社会交换的内容一般无法在合同中体现，不能详尽、明确地进行描述，只能通过双方的主观判断来维持（吴继红，2006），主要受到社会文化规范的制约（周志娟、金国婷，2009）。

综上所述，Blau（1964）的社会交换理论是在 Homans 的理论基础上发展起来的，但其理论分析框架由于纳入了交换的双边性、不平等性原则、对宏观社会结构的关注等更贴近现实情况的内容而比后者的解释能力更强。

### 三、Emerson 的社会交换理论

美国社会学家 Emerson（1976）强调将行为主义心理学与社会网络分析结合起来对交换网络中的不平等和权力等现象进行分析（谢清隆，2011），从而形成了一种新的分析社会结构的视角。他的社会交换理论也因之被称为"交换网络理论"。

Emerson 于 1976 年在《Annual Review of Sociology》第 2 期上发表了一篇题为《Social Exchange Theory》的文章，系统阐述了他关于社会交换理论的思考和见解。在文中，他明确提出社会交换理论的基本分析单位应是社会交换关系。其解释是，交换活动涉及的是两个或两个以上行动者做出的行为，只有行动者之间通过交换形成的社会关系特征才是真正值得研究和探讨的基本对象，而非行动者本身的特征。这一观点的提出引起了社会学研究者们对行动者之间有价值行为的互惠性流动的特别关注，有利于"关于理性、套套逻辑和简化论等诸多争议"的解决。由于 Homans 和 Blau 的观点都倾向于强调社会交换中参与交换者本身的特征（虽然 Blau 的理论也开始关注交换双方关系，但没有明确提出以此作为分析单位），因此，Emerson 提出的以社会交换关系为分析单位的观点实际上弥补了以往社会交换理论的严重缺陷，实际上推动了社会交换理论研究的跨越式发展。

Emerson（1976）认为，由于社会交换理论中的核心概念都是交换关系的

基本分析工具，因此，必须对它们进行明确的理解与掌握。在核心概念的界定上，他发现奖励、强化、成本、价值、效用、资源、对比水平、交易、利润、结果等都是在社会交换理论中频繁出现的词汇，但它们同样也是属于心理学和经济学研究领域的技术性词汇，彼此之间的关系非常松散。因此，Emerson（1976）认为，作为核心概念的数量并不多，而且本身的含义相对稳定，根据这一标准，社会交换理论应该主要围绕以下几个核心概念展开：（1）强化（Reinforcement）。这是其他所有概念的最简单也是最根本的起点，例如，奖励（Reward）的实质就是一种正强化；类似地，某种刺激的单位价值（Value）就是指这一单位刺激所带来的强化的强度。（2）价值（Value）。这一概念直接来自于 Homans（1961）的观点，经济学家常常使用"效用（Utility）"一词来表示，是指某个人从产品或服务中获得的主观心理价值（即强化的数量）；价值可以衍生出其他的概念，比如价值临界值或价值标准、满足—剥夺现象和边际效用递减概念、偏好顺序和价值等级、成本，等等。（3）对比水平（Comparison Levels），即人们在既定环境下通过一系列交易得到的收获量随着时间变化而成为价值刻度的一个中心点。（4）边际效用递减（Diminishing Marginal Utility），意指某类强化物的一个单位的价值会随着该强化物数量的增加而减少，这被称为行为心理学中的"满足—剥夺"。（5）成本（Cost），既包括社会交易中出现的"厌恶刺激"形式，如进行痛苦或厌倦的工作，又包括先前的奖励形式，如将已花的时间和精力用于其他方面而可能获得的回报，即机会成本。（6）权力（Power），是指交换关系中的一方具有的能够影响另一方行动的可能性；Emerson 发现交换的不平等现象在现实中普遍存在，当交换关系中的一方无法履行其回报的责任或义务时，另一方就拥有了对其行为进行支配或影响的权力（冯小东，2014）。对这些核心概念的阐述进一步证实了 Emerson（1976）的理论的落脚点不是行动者本身的特性，而是行动者之间交换关系的特征。

Emerson（1976）的研究对社会交换理论的最大贡献在于引入了社会网络分析视角，将交换关系分析从二元关系扩展到 N 个成员参与的企业群体和交换网络关系。他提出，已有的社会交换理论主要是以心理学理论和效用理论为基础，强调微观层面的社会分析，实际上社会交换理论既来源于也应回归于宏观层面的社会分析。关于这一点，Emerson（1976）认为交换关系中的行动者既可以是个人，也可以是组织或群体，所以，上文所述的核心概念和交换过程既适用于分析人际间的交换关系，也适用于分析群体间或组织间的交换关系，从而回避了微观与宏观之间的矛盾，解决了以往社会交换理论中存在的微观层面与宏观层面相分离的问题（冯小东，2014）。

## 四、社会交换理论的应用

通过上文对 Homans、Blau 和 Emerson 等社会学家的观点进行综述可以得知，社会交换理论已经形成了一个成熟的理论体系，包括基本的分析单位、相关的核心概念，以及社会交换遵循的基本原则、过程分析与结果等，从而成为得到广泛肯定的一种社会学理论，与功能理论、冲突理论和符合互动理论并列为当代社会学研究领域的四大理论（宋镇照，1997）。由于社会交换理论既适用于解释微观层面的人际间交换关系，又适用于解释中观层面的组织间交换关系，以及宏观层面的社会制度和社会结构，因而在很多研究领域得到了应用，尤其在员工与组织关系领域、市场营销领域的应用最为广泛。该理论对员工行为、企业营销行为的内在动机及其具体表现具有很强的解释力，能够为企业管理者以及营销决策者提供有益启示。下面就社会交换理论在这两个领域的应用成果进行简要概述。

首先，社会交换理论在员工与组织关系研究领域的应用。早在 20 世纪 50 年代后期，March 和 Simon（1958）就从社会交换理论视角提出了诱因—贡献理论，对员工与组织间的关系进行了详细而深入的描述。他们的观点对后人的研究起着深远影响，因而被认为是员工与组织社会交换理论的鼻祖（吴继红，2006）。例如，Graen 和 Uhl-Bien（1995）、House 和 Aditya（1997）以社会交换理论为基础，集中探讨了领导—部属之间的交换关系质量如何分别影响组织和员工的绩效；Rhoades 和 Eisenberger（2002）通过对员工—组织关系领域的文献进行回顾后得到一致的结论，即：员工—组织关系的建立具有双重意义，对于员工来说，为得到组织支付的物质报酬以及组织提供的非物质性支持，他们通常以付出自身劳动甚至是增加对组织的承诺和忠诚来进行交换；对于组织来说，组织为谋求自身的持续进步与发展，则必须是以员工的努力与忠诚为基础的，因此，这种关系的双向性最终使员工与组织之间形成一种相互依赖关系，即社会交换关系。近年来，关于员工—组织交换关系的研究日臻细致具体，更加注重对组织内部某个方面的深入探讨。例如，Coyle 和 Conway（2005）着重研究了在企业内部管理情境下员工的心理契约与组织支持感知之间的关系；Andrew 和 John（2009）将社会交换变量（即心理契约违背和组织公平）纳入到 JSM（Job-strain Model）模型中，基于对 2466 个警察和 1010 个政府工作人员的调查数据剖析了公共部门机构在重要的组织变革阶段能够促进员工福利的组织特征；Bodla 等（2014）则认为在组织环境下员工对组织政治性的感知能通过组织生命过程对员工的绩效产生重要影响，因而对员工多维度绩效（包括组织公民行为、角色绩效等）与其对组织政治性的感知之间的关系进行了深入探讨。

其次，在市场营销研究领域的应用。由于社会交换理论的研究单位从最初的个体层面提升到组织之间的交换层面，反映出社会层次的状态，因而被广泛应用于渠道成员关系治理、关系营销等具体营销问题的研究（谢清隆，2011）。例如，Thibaut 和 Kelley（1959）提出了人际关系和群体功能理论，主要对二元关系进行了讨论。然后，Anderson 和 Narus（1984）将 Thibaut 和 Kelley（1959）的理论和主要观点应用于渠道关系情境，认为对分销商与制造商之间的交换关系进行分析的基础应是它们之间的互动，这种二元互动分析构成了一个 2×2 的结果矩阵；在矩阵中，一方参与者能够采取的行为及其行为带来的结果取决于另一方参与者的行为，而互动的结果则通过每个参与者从自己已采取的行为中获得的奖励以及付出的成本反映出来。他们还采用了社会交换理论中一个非常重要的概念——比较水平（Comparison Level），即评估结果质量的基准。他们认为，在现有研究情境下，应将分销商（制造商）预期从既定关系中所得结果的质量作为判断标准，而这种预期来自于分销商（制造商）从相似关系中的经历以及对其他分销商（制造商）相似关系的了解，那么，从既定关系中实际获得的结果与比较水平的对比就决定了分销商与制造商之间关系的吸引力以及每个参与方对该关系的满意程度，每个参与者所得到的结果也决定了它对既定关系的依赖程度。由于分销商和制造商都对既定关系存在一定的依赖性，因此，其中一方可通过改变它的行动去影响另一方的结果的质量，从而具有了影响另一方从与自己的关系中所得到的结果的能力（即权力），并通过结果控制和行为控制这两个途径体现出来。

自 20 世纪 70 年代末期起，营销领域的研究者们发现关于社会交换关系的研究存在一个共同的缺陷，即仅将买方—卖方之间的交换关系看作是一种离散型的关系，而非持续型的关系（Dwyer 等，1987）。因此，他们开始将研究焦点转移到市场交换关系的持续性上来。例如，Macneil（1978，1980）从情境特征因素（包括交换时间、成员数量、义务、关系预期）和过程特征因素（包括基本人际关系、合同的有机性、可转移性、合作、计划、衡量与专一性、权力、利益与责任的分配）两大方面对离散交易和关系交换的特点进行了详细的区分与描述，认为关系交换与离散交易之间最大的区别在于，关系交换随着时间的推移而逐渐产生，每次交易都应被视为交换关系的历史和未来的一部分，关系交换的参与者能够从社会交换中获得复杂的人际方面的满意和非经济方面的满意，使其愿意继续保持既定关系。同样，Kelley 和 Thibaut（1978）也认为，即使既定关系给予的报酬（与其他关系相比）较少，但行动者也会继续维持这一关系，因为他们一旦进行关系转移，将会付出较高的社会成本、情感成本或诉讼费。基于 Macneil（1978，1980）提出的观点，Dwyer 等（1987）着眼于买方企业与卖方企业之间的关系契约（Relational Contract）特性，从有助于形成营销战略的角度提出了发展买方—卖方交换关系的概念模型。Morgan 和 Hunt（1994）则认为营销理论与实践中的一个重大变革就是对如何建立、发展与维持成功的交换关系的关注，他们从社会交换理论的视角对关系营销（Relationship Marketing）的概念及其十种具体的表现形式进行了系统性阐述，并做出了以下理论上的推进：第一，从理论上提出成功的关系营销需要关系承诺与信任；第二，建立了以关系承诺与信任为关键中介变量的概念模型；第三，使用来自汽车轮胎零售商的数据对关键中介变量模型进行了检验；第四，将该模型与没有以关系承诺与信任为中介变量的竞争模型进行了对比分析，得到了支持关键中介变量模型的结论。

近年来，研究者们逐渐意识到，以往研究在将社会交换理论应用于分析企业之间关系方面的问题时，更多的是着眼于二元关系，以及考虑信任、承诺或关系质量等核心变量对企业绩效的影响（Crosby 等，1990；Morgan & Hunt，1994）。随着对该领域研究的不断深入，这一研究视角已然受到了严峻的挑战。早在 20 世纪末，Achrol（1997）就呼吁专门研究企业之间交换关系的学者们，认为其当务之急是将研究视角从二元关系拓展到网络关系。Palmatier 等（2006）对已有相关研究进行元分析后也提出，仅仅以信任、承诺、规范等作为关系中介变量来分析关系对绩效的影响是远远不够的，还应该探究更多的与关系相关的中介变量，以实现对关系交换的全面认识与把握。因此，有些研究者开始尝试将社会交换理论与社会网络理论整合在一起，一方面充分借鉴社会交换理论对企业之间承诺与信任的作用的研究成果，另一方面又利用社会网络理论关于网络中各企业之间的相互联系程度等网络特征因素，以此对企业间关系交换的相关问题进行研究，去探究更多影响关系绩效的"缺失"因素。例如，Palmatier（2011）将社会网络理论与社会交换理论进行整合，提出了一个基于三种关系驱动因素的组织顾客价值模型；其中，三种关系驱动因素分别是：关系质量（即关系连带的口径）、接触密度（即关系连带的数量）和接触权威（关系接触的决策能力）。其研究结果显示，产生于企业间关系的价值不仅来源于组织顾客连带的质量（如信任、承诺和规范），还来自企业间接触的数量和决策能力，以及这些关系驱动因素之间的互动。他还在研究模型中引入了组织顾客的特征作为调节变量进行分析，研究发现当组织顾客的员工转换率高时，卖方企业与组织顾客的接触密度的增加会使卖方企业受益，而当组织顾客接近难度增大时，卖方企业与组织顾客的关键决策制定者建立关系会使己方得到的收益增加。这些理论预设得到了来自 446 对企业之间交换关系的调查数据的有力支持，充分说明了从网络视角研究企业之间交换关系的重要性和可行性。最后，Palmatier（2011）进一步指出，当前关于企业间社会网络交换关系的研究还非常有限，若要增进对企业间交换绩效的充分理解，应将更多的其他网络变量纳入到研究模型当中，如网络中心性、网络时间性、网络资源等，以更全面、更深入地把握影响绩效的企业间交换关系特征。

## 五、社会交换理论对本研究的启示

社会交换理论有助于解释诸多的营销渠道关系问题。社会交换理论的核心观点是，人类的一切社会互动行为实质上都属于交换范畴，在交换活动中结成的社会关系也是一种交换关系，并以降低成本和增加利益与报酬作为一切行动的基本准则。这一观点能够很好地启发本研究对连带责任治理内部作用机理的探讨。在"核心企业+供应商集群"的合作经营模式中，当核心企业对供应商集群实施连带责任治理时，集群内供应商为了使自身的经济利益不受其他成员的牵连，最终维持与核心企业的经济交换关系，它们会积极主动地对彼此的经营行为进行监督，促使内部成员遵守相关合同规定。但是，根据 Blau（1964）的观点，交换分为经济交换和社会交换两种类型，连带责任治理的实施效果还需将集群内供应商相互之间的社会交换关系纳入考虑范围之内。相对于核心企业的经济交换关系而言，长期共处于同一地理区域的供应商们之间的社会交换关系则显得更为重要。因此，若要更深入地剖析连带责任治理的作用机制，本研究必须将组成连带责任小组的供应商成员的关系特征作为重要的影响因素。

## 第四节 萨林斯的互惠理论

### 一、互惠概念的产生与发展

所谓互惠，通常是指一套被社会接受的关于向另一方提供资源的一方要求另一方回馈的交易规则（Wu 等，2006）。不论是人际的交换活动，还是组织与组织之间的交换活动，都以互惠为基本准则，意即在交换关系中，行动者相互之间都能为对方提供有价值的行为，如果其中一方采取了对另一方有价值的行为，那么，另一方就有义务或有责任采取同样的有价值行为予以回报（Blau，1964）。因此，互惠一直被认为是社会交换理论的核心特征，常用于对各种关系现象的解释（邹文篪等，2012）。

最初明确提出互惠概念的是 Gouldner（1960），他基于社会学领域中的功能理论认为，如果甲方给乙方提供了积极功能（Positive Function），那么乙方就会根据甲方对自己的积极功能而提供相应的回报。这种互惠原则可以相应落实为两个具体的要求，即第一，对于帮助过自己的对象，行动者应该提供帮助予以回报；第二，对于帮助过自己的对象，行动者不应回报以伤害。在此基础上，Gouldner（1960）进一步剖析了互惠的基本特点，认为互惠能够维持社会体系的稳定性，避免社会体系的不稳定性；同时，互惠是一个具有普适性的概念，在每种人际关系中普遍存在，并适用于所有文化，但是，在不同的文化情境下行动者遵循的具体互惠规范又与其文化息息相关，打上了文化的烙印，显示出典型的文化特定性。遗憾的是，Gouldner（1960）只是在文中提及互惠的文化特定性，而没有对这个问题进行深入而具体的分析与探讨。因此，以 Gouldner（1960）的互惠理论为基础，之后有不少学者对互惠概念进行了广泛应用，并进行了积极的拓展。其中，颇具代表性的是美国人类学家萨林斯（Marshall Sahlins）在其 1972 年出版的著作《Stone Age Economics》中提出的互惠理论（需要说明的是，由于此著作已被我国学者张经纬、郑少雄和张帆翻译成中文，即《石器时代经济学》，并已于 2009 年由三联书店出版，因此文中所提到的相关内容都援引自中文版）。

## 二、萨林斯的互惠理论

### （一）萨林斯简介

萨林斯（1930—）是美国著名的人类学家，先后就读于密歇根大学和哥伦比亚大学。他在 1956 年至 1973 年期间执教于密歇根大学，自 1973 年后一直任教于芝加哥大学，专注于人类学的教学与研究工作。萨林斯对非西方世界特别感兴趣，一直潜心研究太平洋岛屿的土著文化，并以此为基础反观当前西方资本主义世界在社会、经济与文化等领域存在的问题，被誉为"资本主义的掘墓人"，先后著有《石器时代经济学》（1972）、《文化与实践理由》（1972）、《历史之岛》（1985）、《甜蜜的悲哀》（2000）等享誉世界的著作，对推进当代人类学乃至整个社会科学领域研究的发展做出了重大贡献。其中，《石器时代经济学》的主要贡献之一是提出了互惠关系的分类观，并将互惠关系与亲属关系的距离、亲属关系的等级、财富等因素联系起来进行深入解析。

### （二）互惠理论的基本观点

在《石器时代经济学》一书中，萨林斯高度强调这样的观点，即：作为人类学研究者，应该"凭借人类学的敏锐观察，才能了解我们本身的经济"，从而构建"一种真正的人类学的经济学（Anthropological Economics）"[❶]。因此，他坚定地认为"理性与文化绝不是对立的"，认为经济活动是"文化序列中一个不可分割的领域"，而不再"决然独立"[❷]。所以，对人类的经济活动的理解，"离不开与其息息相关的生活领域"，即"经济活动是具体生活形式中，价值体系与社会关系的物质表述"[❸]。基于此，他采取民族志方法，对美拉尼西亚地区斐济人的生产、生活等各个方面进行了研究，剖析了"斐济人的理性"如何"运行于斐济这个相对的文化序列之中"，以证实"其价值体

---

❶ 马歇尔·萨林斯. 石器时代经济学 [M]. 张经纬，郑少雄，张帆，译. 北京：三联书店，2009：7.

❷ 马歇尔·萨林斯. 石器时代经济学 [M]. 张经纬，郑少雄，张帆，译. 北京：三联书店，2009：1.

❸ 马歇尔·萨林斯. 石器时代经济学 [M]. 张经纬，郑少雄，张帆，译. 北京：三联书店，2009：1.

系的每一个部分都有其相应的合理性"❶。通过长期的实地调查，萨林斯（2009）研究发现，在传统社会的交换过程中，尽管存在着纯粹和简单的交易关系，"但在实物交易和单纯的赠礼之间，还存在着许多转变和变化"❷；尤其是在现实的交换关系中，"互惠的种类多种多样"，可以分为很多"相关亚类型"❸。因此，基于长期田野工作获取的第一手观察资料，以及通过对习俗方面的总结与撰写，萨林斯（2009）在吸收 Gouldner（1960）的互惠观的基础上进行了拓展，提出了更具文化适应性的互惠理论。

1. 互惠的三个维度

萨林斯（2009）提出了具有普适性的互惠的三个维度。第一个维度是"回馈的时限性"（Immediacy of Returns），指的是受惠者必须回报以清偿其义务的时机，其变化范围包括从即时回报到无期限。因此，相对低的回报及时性反映的是在未来某一刻的互惠回馈，相对高的回报及时性所指的是几乎同时发生的互惠回馈。第二个维度是"回馈的等价性"（Equivalence of Returns），指的是受惠者回报的内容和数量，包括从一对一的完全对等回报到完全不同的回报。低的回报等价性是指受惠者所回报的东西在价值上与所接受的不同，或是指其所回报的东西在内容上与所接受的不同；相反，高的回报等价性是指受惠者提供价值相等的回报或内容高度相同的回报。第三个维度是"利益"（Interest），意即交换过程中受惠者所回馈的利益的性质，包括无约束的自利、互利、利他。根据上述三个维度的不同，萨林斯（2009）将行动者在交换活动中形成的互惠关系分成三种具体的类型，即慷慨互惠（Generalized Reciprocity）、等价互惠（Balanced Reciprocity）和消极互惠（Negative Reciprocity）。

图 2-1 从回馈的及时性、等价性和利益三个维度对三类互惠关系的特点进行了简要归纳和比较。下文将对三种互惠类型分别进行解析与阐述。

---

❶ 马歇尔·萨林斯. 石器时代经济学 [M]. 张经纬，郑少雄，张帆，译. 北京：三联书店，2009：3.

❷ 马歇尔·萨林斯. 石器时代经济学 [M]. 张经纬，郑少雄，张帆，译. 北京：三联书店，2009：223.

❸ 马歇尔·萨林斯. 石器时代经济学 [M]. 张经纬，郑少雄，张帆，译. 北京：三联书店，2009：221.

| | 慷慨互惠 | 等价互惠 | 消极互惠 |
|---|---|---|---|
| 时限性 | 低 | 高 | 高 |
| 等价性 | 低 | 高 | 高 |
| 利益 | 利他 | 互利 | 利己 |

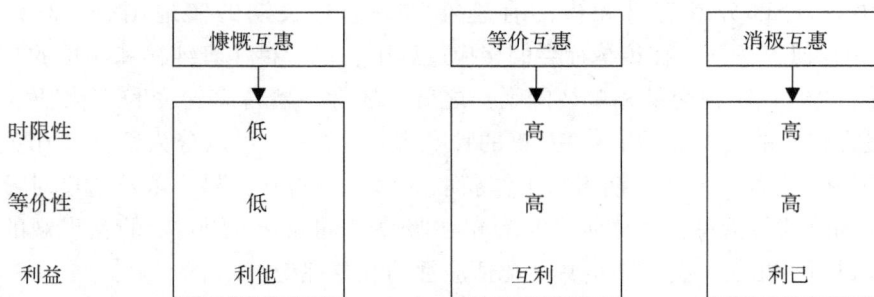

**图 2-1　三种互惠类型的特点**

资料来源：根据 Sparrowe 和 Liden（1997）的资料进行整理。

### 2. 互惠的三种类型

#### （1）慷慨互惠

从图 2-1 可以看出，慷慨互惠关系的基本特点是回馈的时限性程度低，回馈的等价性程度低，而利他程度高。因此，本研究将慷慨互惠定义为行动者在交换活动中形成的以回馈时间不确定、回馈价值不确定且仅关注他人利益为主要特点的互惠关系。

首先，在回馈的时限性方面，慷慨互惠关系中的施惠者不会对受惠者有直接的回馈期求，"即使有期望也是含蓄的"（萨林斯，2009），对于回馈的时限得取决于受惠者的负担和有能力进行回馈的时间，而其回馈"可能因之迅速抵达，但也可能永远不会兑现"，从而导致"有人甚至终生无法惠及自身或他人"情况的出现（萨林斯，2009）。

其次，在回馈的等价性方面，慷慨互惠关系中的行动者进行交换时，个人色彩特别浓，受人情限制的程度高，交换物的物质因素往往被社会因素所压制，因此，双方相互之间不能在人情方面进行公开计算，而是采取忽略的态度。这意味着，慷慨互惠关系中施惠者的给予行为，应该是一种"毫不计较的义务"（萨林斯，2009），因此，对于受惠者回馈的价值，取决于他自身的需要和负担，无法在数量或质量上实现与赠予物的匹配。

最后，在利益方面，"'慷慨互惠'被认为是利他的交换过程，这个过程谨守着惠及他人的路径，如果可能或者必要的话，他人也会报以回馈。理想类型就是马林诺斯基的'纯馈赠'。其他民族志中的表达方式有'分享''款待''送礼''帮助'与'慷慨'"❶。由此可见，在慷慨互惠关系中，施惠者具有很强的利他倾向，自愿采取给予行动而并不期望受惠者在预定的时间内回馈等价的东西。

综上所述，萨林斯（2009）认为慷慨互惠关系的一个典型标志是持之以恒的单向流动，意即慷慨互惠关系中的个体或群体相互之间以对方利益为着眼点，不会计较回报的时间与价值，不强调互惠的义务性。因此，慷慨互惠与"弱互惠"这一概念非常类似，其行动者在交换过程中以建立长期的交换关系为目的，以社会交换为主要形式，表现出一种牺牲自己成就他人的仁爱精神，因而常常在以中国为代表的集体主义文化情境中发生（邹文篪等，2012）。

（2）等价互惠

如图 2-1 所示，等价互惠处于互惠连续体的中间，其基本特点是回馈的时限性程度高、回馈的等价性程度高，以及互利程度高。因此，本研究将等价互惠定义为行动者在交换活动中形成的以即时回馈、等价回馈以及相互受益为主要特点的互惠关系。

首先，在回馈的时限性方面，等价互惠要求相互交换行为发生在同一时间，即施惠者的给予行动一旦发生，受惠者在回馈的时间上是毫不延迟的，若无法实现即时回馈，也要在短时间内偿还（邹文篪等，2012）。正如萨林斯提出的，"在有限的时间内，未能实现等价的互惠，人们之间的关系便随之瓦解"❷。不过，与慷慨互惠相似的是，等价互惠中的行动者也不会公开对回馈的时间进行讨价还价，其不同点在于双方会自动遵守互惠规范，给予即时的回报。

其次，在回馈的等价性方面，与慷慨互惠相比，等价互惠的个人色彩要少一些，受人情限制的程度要低一些。从社会交换理论的角度来讲，等价互惠关系中的行动者更加注重交换内容的经济性，即个体之间或群体之间能够"以明确的经济和社会目的面对彼此"，或者说，"交换过程的物质目的至少和社会目的一样重要"❸。因此，在等价互惠关系中，行动各方对交换内容的价

❶ 马歇尔·萨林斯. 石器时代经济学 [M]. 张经纬，郑少雄，张帆，译. 北京：三联书店，2009：224.

❷ 马歇尔·萨林斯. 石器时代经济学 [M]. 张经纬，郑少雄，张帆，译. 北京：三联书店，2009：225.

❸ 马歇尔·萨林斯. 石器时代经济学 [M]. 张经纬，郑少雄，张帆，译. 北京：三联书店，2009：225.

值是否相当这一点非常敏感，受惠者要主动按照互惠规范提供给施惠者与所受价值和内容都相称的回报。

最后，在利益方面，与慷慨互惠仅关注他人利益的特点不同，等价互惠中的行动者都寻求一种"交换条件"的交易，会相互维护双方的利益，使彼此都能从中受益。因此，等价互惠强调交换过程中各方利益的平等性（邹文篪等，2012）。

综上所述，在完全的等价互惠关系中，行动者相互之间进行的是相同种类、相同数量的物品在同一时间内的交换活动。在慷慨互惠中，行动者通过相互之间普遍存在的社会关系来维系物品的长期单向流动；而在等价互惠中，行动者之间的社会关系会随着物品交换的变化而不同。因此，萨林斯（2009）研究发现，在其他的许多民族志中，等价互惠常常具体表述为"礼物的交换""买卖"等形式，实际上表明了等价互惠的本质特征。

（3）消极互惠

从图 2-1 可以得知，消极互惠处在与慷慨互惠完全相反的一端，因此，消极互惠的基本特点是回馈的时限性程度高、回馈的等价性程度高，以及自利程度高。鉴于此，本研究将消极互惠定义为行动者在交换活动中形成的以即时回馈、等价回馈以及仅关注一己私利为主要特点的互惠关系。

首先，在回馈的时限性方面，由于消极互惠是"最个人化的交换"，是一种"只进不出的企图"，其交换过程"就是为了攫取实际利益"（萨林斯，2009），因此，行动各方都会公开地讨价还价，在回报时间上进行明确的规定，甚至一味地要求对方为自己付出，自己则只顾索取而已（邹文篪等，2012）。

其次，在回馈的等价性方面，萨林斯（2009）认为消极互惠是"最为经济"的一种互惠关系，行动者在进行交换活动时，各自盘算着自己的利益，其主要目的就是"为了增加额外的收益"。在消极互惠关系中，行动者相互之间已经不是给对方提供帮助，而是强调你争我夺的直接竞争，其采取交换行动的唯一目的就是进行纯粹的经济交换（邹文篪等，2012）。因此，行动各方必然会高度强调回馈资源的等价性，甚至"还集中了对报偿和利益的贪求"（萨林斯，2009）。

最后，在利益方面，消极互惠关系中的交换行动体现出高度自利性的特点，行动各方会尽力维护自己的利益以实现其利益的最大化，有时甚至还会不惜通过损害对方的利益来达到这一目的（李双燕、万迪昉，2008）。因此，萨林斯（2009）认为能够反映消极互惠特性的民族志术语有"投机""诈骗"

"行窃""滑头""强取"等。

### 三、萨林斯互惠理论的应用

萨林斯的互惠理论已经被许多研究者用于他们的分析框架或通过获取田野作业数据来进行检验，尤其是"对交换理论的发展具有重要影响"（Befu，1977）。例如，Johnson（1974）将萨林斯的互惠理论应用于分析居住在美国檀香山的日裔美国人的赠礼行为，着重对比分析了慷慨互惠与等价互惠之间的区别。他认为，慷慨互惠的赠礼行为主要发生在大家庭和朋友圈内的亲密关系之间，受惠者需要回礼的价值和时间期限都没有明确规定，而且这种赠礼行为具有很高的社交性，往往与施惠者的财产状况和受惠者的需求保持一致；与慷慨互惠相反，等价互惠的赠礼行为一般是在规定场合中发生，不论是回礼的价值还是时间都有明确规定，是一种典型的"一报还一报"的交换行为。而且，由于货币是交换媒介，等价互惠中的借贷关系可以进行直接的计算，因而通过这种赠礼而建立和维持的关系不会考虑当中可能存在的社会性。Befu（1977）则在社会文化环境下对基于三种互惠关系而产生的交换行为进行了对比性分析，认为社会文化环境为行动者采取不同交换行为提供了一个平台，若没有文化情境，关于交换行为的分析没有任何意义。他由此得出结论，即：在互惠这一个连续体中，慷慨互惠、消极互惠和等价互惠虽分别处于其两个终端和中端，但具体的位置点会随着具体文化情境的不同而各异。

更有研究者认为，萨林斯的互惠理论与我国学者费孝通提出的"差序格局"具有异曲同工的意义。与差序格局理论一样，萨林斯的互惠理论同样包含着传统人际关系中的"差"与"序"之意涵，反映出以个体为中心的、由亲密到疏远而渐次构成的社会关系网络的典型特征（张江华，2010）。例如，常向群（2009）通过在我国江村的田野作业，研究证实了萨林斯的三种互惠类型的广泛存在。同时，也有部分研究者试着将萨林斯的互惠理论引入到我国组织情境中，分析组织内心理契约、领导—下属交换关系等问题（Sparrowe & Liden，1997；Coyle & Conway，2005）。例如，Wu 等（2006）根据萨林斯对三种互惠类型的特征的描述，开发了适用于我国组织情境的互惠量表并对其有效性进行了检验，然后验证了互惠在社会交换过程中的中介作用，以促进对社会交换"黑箱"的研究，使该领域的研究从内容阶段转移到过程导向阶段，同时也揭示了互惠的普遍性和文化独特性，因而具有重要的理论意义和现实意义。

当然，也有一些研究者针对萨林斯的互惠理论发出了质疑之声。例如，Lebra（1975）批评萨林斯将亲密距离、社交性和慷慨这三个决定三种交换形式互相转换的变量以一对一的方式互相关联，与现实情况不相符合；而且，他认为萨林斯提出的互惠模型仅限于关注行动者基于自身来选择不同的互惠行为，而没有考虑与其他行动者之间的互动。Wu 等（2006）则通过实证检验发现等价互惠与心理授权、情感承诺、组织信任、退出意向等四个变量的关系强度和慷慨互惠与它们之间的关系强度是一样的，从而否定了萨林斯关于等价互惠处于由慷慨互惠和消极互惠构成的互惠连续体的中间位置的观点。他们认为出现这一相反结论的根本原因在于中国传统文化与西方文化的区别。在西方社会中，人们认为与等价互惠相对应的"互利"交换就是一种经济交易，在社会关系中不可能存在对等价、即时回报的预期；与之不同的是，在中国社会中，对物质和社会情感都予以回报的规范对关系的建立和培养都很重要，因而等价互惠中对即时、对等回报的要求合情又合理，甚至还是初建关系之存在信任的重要标志。这种解释正好回应了 Gouldner 的观点，即互惠规范虽具有文化上的稳定性，但"其作用会在不同文化中表现出一定程度的差异"（Gouldner，1960）。

## 四、萨林斯互惠理论对本研究的意义

萨林斯从回馈的及时性、等价性和利益这三个维度对互惠进行了分类，即慷慨互惠、等价互惠和消极互惠。由于这一分类观与中国传统文化背景下特有的"差序格局"特点相吻合（张江华，2010），反映出集群内供应商之间的社会交互关系在现实中的复杂性和独特性，因此，本研究将三种互惠类型引入到概念模型中，深入探讨它们是否会对连带责任与机会主义行为之间的关系、连带责任与横向监督之间的关系以及连带责任通过横向监督影响机会主义行为的过程产生显著影响，以及这些影响到底有何不同，这对于探讨连带责任治理的边界条件具有非常重要的意义。

# 本章小结

　　本章共分为四部分，具体包括网络治理理论、委托代理理论、社会交换理论和萨林斯的互惠理论。在第一部分，主要是对现有关于网络治理的定义、前提条件、核心作用机制以及相对于单边治理与双边治理的独特优势等几个方面的研究进行了总结与述评，然后分析了网络治理理论对本研究的启示。在第二部分，主要是回顾和梳理了关于委托代理理论的产生与发展、委托代理理论的主要内容、委托代理理论在营销领域中的应用等方面的现有研究成果，在此基础上阐明了委托代理理论对本研究的启示。在第三部分，介绍了社会交换理论的相关研究文献，主要是对该领域主要代表性学者的观点进行了总结与评析，最后分析了社会交换理论对本研究的启示。第四部分对本研究应用的主要理论——萨林斯的互惠理论进行了介绍与述评，具体围绕慷慨互惠、等价互惠与消极互惠这三种互惠关系的概念、内容与特点进行，并在此基础上简要介绍了目前相关研究领域对这一理论的应用与评价，并阐明了萨林斯的互惠理论对本研究的意义。

► 第三章

# 文献综述

本章是文献综述部分，主要是对本研究涉及的相关研究议题的现有研究进行综述，包括企业集群研究综述、连带责任治理研究综述以及机会主义行为研究综述三大方面的内容。

## 第一节　企业集群研究综述

国内外关于企业集群的研究可追溯到 20 世纪初，至今已经积累了非常丰富的文献。根据本研究的需要，下面主要对企业集群的界定、企业集群的形成机制、企业集群的竞争力、企业集群的风险等几个方面的文献进行梳理。

### 一、企业集群的界定

#### （一）企业集群的定义

最早提出企业集群这一概念的是 Weber（1909），随后 Marshall（1920）也对企业集群现象进行了探讨，但是他们都没有对企业集群的定义进行阐述。到 20 世纪 80 年代，Williamson（1985）对企业集群的定义进行了界定，认为企业集群是企业在专业化分工和协作的基础上形成的介于纯市场组织和科层组织之间的生产组织。随后，Porter（1998）首次提出了"Cluster"的说法，并认为企业集群是指在某一特定产业地理上接近的一组相互关联的企业和相关机构基于共同点和互补性联系在一起的集合。

国内对企业集群的定义也是众说纷纭。例如，朱小斌、林庆（2008）认为企业集群是在竞争与合作并存的特定领域内，相互关联的企业、供应商、相关产业的企业以及政府和其他相关机构的地理聚集体；王缉慈（2002）提出，企业集群是一簇处在一个特定产业领域的地域上临近的企业和关联的组织；向希尧、朱伟民（2005）则从资源基础观的角度提出，企业集群是一批具有独立又依赖关系的企业的集合，集群内企业之间在资源上优势互补，并长期保持非正式的合作关系。还有的研究者将企业集群与产业集群分开来研究。但一般而言，如果没有特别说明，企业集群通常被认为是由众多中小企业在地理上聚集形成的组织（李星，2011）。

### （二）企业集群的特点

许多研究者从不同的角度对企业集群的特点进行了探讨。例如，李惠娟（2005）对我国中小企业集群的特点进行了重点分析，她根据我国中小企业集群形成机制的不同，将我国中小企业集群划分为三大类型，即市场拉动型中小企业集群（如浙江温州民营企业集群）、政府扶持型中小企业集群（如"中关村"企业集群）和外来移植型中小企业集群（如广东珠江三角洲民营企业集群）。徐占忱、何明升（2005）着重对企业集群生产力的特点进行了分析，认为企业集群属于中观生产力系统，表现出自组织力、协作力、耦合力和创新力等显著特点。邱学文（2002）则对我国农村企业集群的特点进行了探讨，研究发现农村集群内单个企业的规模普遍较小，大部分企业生产同一类附加值和科技含量都很低的产品；在从业人员构成方面，集群内的企业员工都是以当地农民和外来务工人员为主。王文亮等（2005）通过对我国民营科技企业集群的分析，认为民营科技企业集群的发展存在以下特点：生命周期短、合作关系呈动态性和不稳定性、在生命周期的每个阶段都有企业走向衰退；他们进而分析了造成民营科技企业集群这些特点的具体原因，一是民营科技企业自身的特点，二是个体的有限理性，三是信息的不完备性和专用性资产的投资与利用。

### （三）企业集群的分类

Amin 和 Robins（1991）认为，每一种集群经济对应着不同的表现形式。因此，不少研究者根据不同的标准对企业集群的分类问题进行了探讨。例如，Markusen（1998）将企业集群分为四大类，即马歇尔集群、轮轴式集群、卫星平台式集群和国家理论依赖型集群。在此基础上，Knorringa 和 Stalner（1998）将 Markusen（1998）的分类方法应用于对发展中国家的企业集群研究中，将发展中国家的企业集群分为三大类，即意大利式、卫星式和轮轴式。

同时，国内研究者也纷纷对企业集群的分类问题进行研究。例如，郑胜利（2003）根据不同的维度对企业集群进行分类，根据集群内企业的分工合作形式的不同，将企业集群分为水平一体化型、垂直整合型、共生合作型，根据集群内专业化产业类型的不同，将企业集群分为传统产业型和高新技术产业型，根据集群经济形成的驱动力量的不同，将企业集群分为外生型和内生型两种，根据内生型集群的发展阶段的不同，将企业非正式集群、有组织的集群和创新型集群。卢杰（2009）则将我国的企业集群概括性地分为原生型集群、嵌入型集群和衍生型集群这三种类型。黄程、符正平（2003）则基于行业集中度和本地生产链的完整程度这两个维度，对珠江三角洲的企业集群进行分类，将其分为飞地型、锥子型和原子团型三种类型；其中，飞地型集群以东莞的 IT 硬件制造集群为代表，行业集中度较低，竞争比较激烈；锥子型集群以江门市蓬江区的摩托车企业集群为代表，其行业集中度高，但本地生产链不完整；原子团型集群则更多地以家居、穿着等消费品为主打产品，在三类集群中行业集中度最低，但本地生产链完整，且本地社会网络强大。

## 二、企业集群治理

关于企业集群治理的研究起步较晚，迄今为止仍缺乏一个明确的研究边界。因此，借鉴周泯非（2011）的观点，本书将集群治理的相关研究概括为两个阶段，意即早期的现象描述阶段和当前的理论建构阶段。

### （一）早期的现象描述阶段

自 20 世纪 90 年代初起，关于企业集群治理问题的研究开始出现。在这一阶段，关于集群治理的研究更多的是与企业集群升级问题研究相伴而生的。具有代表性的研究者 Brusco（1990），他是最早将集群治理和集群升级问题相互关联的研究者之一。此后，不少研究者相继对集群治理与集群升级之间的关系进行探讨。例如，Storper 和 Harrison（1991）根据企业集群的几种常见结构，即全部外围型、中心外围型和全部中心型，针对性地提出了等级式、领导式和指令式等治理措施，以实现不同类型企业集群的成功升级；同时，Schmitz（1995）、Dei Ottati（1994）等都通过实证研究方法研究发现，企业集群内的治理有利于促进企业集群的升级；Hodgson（1998）也认为，完善的集群治理系统是连接区域政府和公众合作机构的桥梁，能够有效地促进是区域经济的成功。

同时，在这一阶段，有些研究者尝试对集群治理的内涵进行界定。例如，

Enright（1998，2000）从关系本质和权力分配这两个组织层面的因素对集群治理结构进行了探讨，认为集群治理结构实质上就是集群内企业相互之间的关系，既体现了整个集群的组织形式，又体现了集群内交易的组织方式；在肯定 Enright 的观点的基础之上，Brown（2000）进一步提出，集群治理和集群协调机制是两个不同的概念，前者是指集群产业结构和集群内企业之间的互动方式，后者则指集群内企业间关系的组织方式和集群外机构影响集群整体发展的方式。综上所述，早期阶段的研究限于关注集群治理某一方面的特征，而缺乏从整体上对其内在机制及其内在机制的多元性进行探究。

（二）晚期的理论建构阶段

自 21 世纪初以来，关于企业集群治理的研究进入新的阶段，其主要特点是从单一的现象描述与总结逐渐向系统化的理论构建与发展的方向转变（魏江、周泯非，2009）。总的来说，这一阶段关于企业集群治理的研究主要有三大理论视角，包括交易成本理论、战略决策理论和组织与制度演化理论（周泯非，2011）。例如，De Langen（2004）从交易成本理论的角度，将集群治理界定为"集群内部各种协调机制以及机制之间关系的混合体及相关关系"，认为是"反映集群治理质量的变量"；De Propris 和 Wei（2007）基于战略决策权分布理论提出，集群治理是跨越企业和机构的战略决策权力结构和分布，实质上是集群内企业之间关系协调与解决方案的体现；Sacchetti 和 Tomlinson（2009）从演化视角分析了集群治理对集群持续发展的重要作用，他们将集群治理结构分为"指向性网络"和"互依性网络"两大类，并通过对美国和意大利的演化案例研究，分析了企业集群的演化趋势及其趋势产生的根本原因。

## 三、企业集群的竞争力

目前，理论界关于企业集群竞争力的研究较多，大致可分为四大观点：

第一，企业集群竞争力的因素观。持这一观点的研究者以 Porter（1998）为代表，他认为集群竞争力来自于企业战略、结构和竞争者、市场需求、相关支持性产业和要素这四个因素的相互作用。之后，关于集群竞争力的研究基本上都是以波特的四因素决定论为基础进行拓展和深化的。例如，国内研究者蔡宁、杨旭（2002）在吸收波特的观点的基础上，提出集群竞争力的六大因素决定论，除了上述四个基本因素之外，还增加了环境和政府两个辅助性因素。工秉安（2005）提出了集群竞争力的九因素构成论，即集群竞争力的形成取决于集群产品竞争力、集群企业竞争力、集群产业链竞争力、集群形象竞争力、集群资源配置竞合机制、群体技术创新机制、政府要素、机遇要素和文化要素等九个要素。

第二，企业集群竞争力的结构观。企业集群竞争力的结构观研究主要是关注集群的关系导向对集群竞争力的影响，总的来说可分为横向结构观和纵向结构观。在横向结构方面，Ahuja 等（2000）通过研究发现，集群是一种网络式组织，集群内企业不仅在生产、技术、市场、基础设施等方面相互依存，还存在不可忽视的竞合关系，这些共同决定着集群的竞争力。Tracey 等（2003）则从社会网络理论视角进行分析，提出了集群竞争力是由集群网络密度、集群网络凝聚力集群网络中心性以及集群网络基础设施水平等构成的观点。在纵向结构方面，Manuel 等（2001）认为，集群竞争力的构成不能仅局限于对集群层面因素的关注，还应关注微观的企业层面和宏观的国家层面，这些因素共同影响着集群竞争力的高低。Stamer（2003）在肯定 Manuel 等学者的观点的基础上，将三个层次扩充为四个层次，即除了微观、中观和宏观层次外，还提出了兆观层次。其中，兆观层次是指企业集群必须应对的全球范围内的竞争性集群区域品牌。

第三，企业集群竞争力的能力观。企业集群竞争力的能力观着眼于集群的功能性，强调通过集群内资源的优化配置来提高整体绩效，推动集群所在区域经济的持续发展。Mytelka & Farinelli（2000）认为集群竞争力即集群的能力，集中体现在其创新能力上。Pekka（2004）认为企业集群竞争力主要体现在集群内企业间协同、集群创新、知识溢出、专业化效应和市场抢占力等五种能力上。国内也有不少研究者对从能力的角度对企业集群竞争力进行探讨。例如，陆少波（2005）直接将集群竞争力界定为企业集群在所在地理区域的市场竞争中有效吸引和利用资源、提供有效产品和服务的能力；刘善庆等（2005）则对特色产业集群竞争力进行了分析，通过构建特色产业集群竞争力评价模型研究发现，特色产业集群竞争力主要体现在市场控制能力、技术创新能力等方面；刘中艳和李明生（2013）将集群内企业的盈利能力和创新水平纳入测度旅游产业集群竞争力的重要指标范围，并对张家界和大九寨旅游集群竞争力进行了实证测度。

## 四、企业集群的风险

随着企业集群潜在风险在实践中的逐渐显现，国内外研究者们对企业集群风险的关注日益增加。例如，Pounder 和 St. John（1996）系统分析了企业集群在不同发展阶段的风险。Fritz（1998）着重对企业集群的结构性风险进行了研究，分析了产业或产品的老化或衰退对整个集群的危害。Bergman（2002）认为企业集群存在显著的僵化风险（Sclerotic Risk），这种风险往往来自于集群内部随着发展而逐渐完善的制度。Abrahamson 和 Formbrun（1994）在吸收这一观点的基础上，提出了"区域锁定"的概念，认为这是导致集群僵化的内在原因。而 Prouder 等（1996）、Scott（1989）则对集群的网络性风险进行了关注，一致认为集群网络由于根植于共同的文化氛围中，在集群形成的初级阶段有利于促进集群的创新，形成聚集经济，但随着集群的发展，会导致集群内企业对外界环境的反应能力日益迟钝。

国内关于集群风险的研究始于 21 世纪初期。例如，朱方伟等（2004）着重对高新技术产业集群的风险问题进行了研究，他们认为，高新技术产业集群存在四个发展阶段，在每个阶段都存在不同的风险，需要有针对性地提出不同的管理对策；王发明等（2006）认为产业集群的结构、机制等因素与生物种群极为相似，因此，他们基于组织生态学理论对产业集群风险进行了探讨。近年来，越来越多的研究者对产业集群风险进行实证研究。例如，李军训等（2013）通过理论分析与实证研究，提出了纺织产业集群风险评估指标，并构建了产业集群风险的定量评价模型；陈伟等（2015）以东北新能源汽车产业集群为例，运用复杂网络理论和仿真法，分析了集聚结构和中介性对集群抗风险能力的影响，并提出了提高集群抗风险能力的具体方案；肖斌卿等（2016）通过实证研究方法研究发现，产业集群的横向关联、纵向关联、网络关联与外部因素之间存在交互作用，共同对集群企业信贷产生积极影响，发现了集群风险传染的内在机理。

## 第二节　连带责任治理研究综述

所谓连带责任治理，是指委托人利用代理人之间的地理临近或强关系嵌入条件，将它们分成若干小组，规定每个小组内部，若某一代理人采取违约行为，其他所有代理人对其违约行为共同承担责任的一种治理模式（Pasupuleti，2010）。连带责任治理最初由孟加拉国的格莱珉银行于 1983 年在小额贷款领域实施，用于治理借款人的逆向选择和败德行为问题（Hermes &

Lensink，2007）。因此，关于连带责任治理的研究集中在微型金融研究领域（张广玲、胡琴芳，2014）。相应地，研究者们一般是基于委托代理理论和博弈论来分析连带责任对逆向选择与道德风险问题的克服或缓解，以及提高还款率、降低交易成本和放松信贷约束的具体机制等问题（张伟、刘兴坤，2012）。不过，近年来，随着企业在供应链合作关系管理实践中对连带责任治理的引入，供应链合作关系治理领域对连带责任治理的研究始见端倪。据此，本书将分别对这两个领域的研究进行梳理。

## 一、小额贷款领域的连带责任治理研究

从 Hossain（1988）率先对小额贷款领域盛行的连带责任治理予以关注开始，很多金融研究者对这一问题进行了广泛而深入的研究，积累了较丰富的文献（如 Ahlin & Townsend，2007；Bond & Rai，2008；Hermes 等，2006；Hossain，1988；Laffont & Guessan，2000；Pasupuleti，2010；Stiglitz，1990；Tassel，1999；Wenner，1995；Zeller，1998）。经梳理相关文献后发现，这些研究基本上是围绕连带责任治理的前因、结果及其作用机制等几个方面展开。下面对该领域中连带责任治理的相关研究进行综述。

### （一）连带责任治理的前因

大量研究者从委托代理理论的角度对实施连带责任治理的前因进行了分析（Stiglitz，1990；Wenner，1995；Conning，2005；Hermes & Lensink，2007）。其中，具有代表性的是 Stiglitz（1990）的研究，其分析的切入点是贷款方（委托人）与借款人（代理人）之间存在的信息不对称问题。他认为，正规金融机构提供给农村低收入群体的贷款利率很高，其原因主要是"三高"：一是农村低收入群体的违约率高，二是违约者之间的相关性高，三是对申请贷款者进行筛选以及对违约者进行惩罚的成本高；而这"三高"的共同根源是正规金融机构存在的信息劣势。因此，相对于政府引导的正规金融机构来说，农村当地的私人信贷机构设计的贷款机制就有效解决了这一问题，具体的做法是：让几个借款人自愿组成借款小组，相互为拖欠贷款负连带责任，只有在已有贷款都还清的条件下其他成员才能得到进一步的贷款（Stiglitz，1990）。Ghatak 和 Guinnane（1999）则从宏观的视角对连带责任治理的实施环境进行分析。他们认为之所以实施连带责任，除了信息不对称之外，还在于银行方对违约成员实施惩罚的能力有限。如果相关法律体系不够

健全，那么，即使借款人项目获得成功、具备了还款能力，也还是有可能拒绝按时还款，使银行制定的惩罚制度无法得到有效执行。以上研究都是从委托人的角度分析实施连带责任治理的前因，还有一些研究者试着从代理人的角度分析他们愿意加入连带责任小组的原因。例如，Paxton 等（2000）研究发现，自愿加入连带责任贷款小组的成员一般居住在偏僻的农村地区，没有其他的贷款来源，即使能够获得其他来源的贷款，但也无法承担较高的贷款利率。这意味着，代理人愿意接受委托人采取连带责任治理的一个客观前因是，在委托人与代理人的二元关系中，二者的相对权力和相互依赖程度是明显不对等的，代理人处于明显的权力劣势地位，对委托人的依赖程度高。

（二）连带责任治理的结果

鉴于连带责任治理在世界范围内发展中国家中应用的普遍性，众多研究者非常关注连带责任治理的效果，纷纷对其进行研究。大量研究结果显示：代理人之间的连带责任对其机会主义行为具有有效的抑制作用，即连带责任越大，机会主义行为越少（Hossain，1988；Stiglitz，1990；Wenner，1995；Ahlin & Townsend，2007；Hermes & Lensink，2007；Giné & Karlan，2009；Pasupuleti，2010）。例如，Giné 和 Karlan（2009）研究发现，连带责任治理模式之所以能够在发展中国家的小额贷款领域得到广泛推广，最根本的原因在于它能够有效减少借款人普遍存在的逆向选择和败德行为问题，使还款率显著提高。Hossain（1988）对格莱珉银行进行调查获得的数据显示，由于采取连带责任治理，借款人的还款率超过95%（实施连带责任治理之前的还款率为30%~40%）。这一数据有力证明了该治理模式在抑制机会主义行为上的作用。但也有研究发现，连带责任治理对借款人违约行为的抑制作用并不显著（Chowdhury，2005；Giné & Karlan，2009），甚至还会引发其共谋行为（Besley & Coate，1995）。例如，Giné 和 Karlan（2009）对分别实施独立责任与连带责任的借款区域进行比较研究，结果显示两类区域在履约方面的表现并未有显著差异。究其原因在于，连带责任治理会引发"劣币驱逐良币"的结果，使信用好的借款人由于担心受违约牵连而主动退出。Besley 和 Coate（1995）则通过构建策略违约模型对连带责任治理进行研究，发现某些有能力还款的借款人观察到其他成员违约后，会出于策略考虑也同样采取不履约行为。除了从内部作用机制的角度分析连带责任治理的有效性之外，更多的研究者关注具体内外部情境因素可能产生的影响（张广玲、胡琴芳，2014）。已有研究发现，从连带责任小组内部情境看，影响连带责任治理效果的因素主要有：成员同质性（Zeller，1998；Paxton 等，2000；Conning，2005；Cassar 等，2007）、社会连带关系（Wydick，1999；Cassar 等，2007；Karlan，2007）、成员数量（Zeller，1998；Armendariz，1999；Ghatak & Guinnane，1999）、亲属所占比例（Sharma & Zeller，1997；Ferrara，2003；Conning，2005；Ahlin & Townsend，2007）、小组内部的非正式领导者（Hermes 等，2005；Hermes 等，2006）；从连带责任小组的外部情境看，影响连带责任治理效果的主要有外部竞争程度（Sharma & Zeller，1997；Ahlin & Townsend，2007）和委托人监管（Arnott & Stiglitz，1991；Chowdhury，2005）等因素。

### （三）连带责任治理的作用机制

激起研究者兴趣的核心问题是连带责任治理对机会主义行为的影响是如何发生的。该问题引发了大量关于连带责任影响机会主义行为这一"暗箱"的探索（Stiglitz，1990；Sharma & Zeller，1997；Armendariz，1999；Ghatak & Guinnane，1999；Paxton 等，2000；Wydick，2002；Ferrara，2003；Hermes 等，2005；Karlan，2007）。现有研究发现，连带责任治理模式之所以能够有效抑制代理人的机会主义行为，在于它在实施过程中催生出来的横向影响因素的作用（Stiglitz，1990；Hermes 等，2005；Karlan，2007）。关于横向影响因素的研究集中在三个方面：（1）横向筛选（Peer Screening）；（2）横向监督（Peer Monitoring）；（3）横向执行（Peer Enforcement）。Sharma 和 Zeller（1997）、Gomez 和 Santor（2003）认为横向筛选是指代理人小组内部利用信息优势主动选择与那些平时表现良好、风险规避型的代理人结成连带责任小组成员，而将平时表现不好的代理人排除在外。他们研究发现，在连带责任模式发起阶段，借款人（代理人）会利用内部的信息优势对成员进行筛选，将平时表现不佳的成员排除在外。内部筛选意味着较少成员之间更高的互动频率，这不仅减轻了每个成员的监督任务，而且有利于提高监督效率和效果，从而降低交易成本和遭受机会主义破坏的风险。内部筛选还增进了成员之间的同质性（Zeller，1998；Paxton 等，2000；Conning，2005；Cassar 等，2007），有利于彼此之间认同的增加和强连带的建立，使机会主义动机变弱。Besley 和 Coate（1995）则对横向执行因素进行研究，他们认为连带责任小组内的借款人会通过社会性惩罚手段（如疏远、开除或终结其他领域的合作）对违约成员进行制裁，强调对违约行为所引发的不良后果的解决方式，以威慑本组借款人在合作过程中自觉遵守相关合同规定，使他们的机会主义动机减弱。Paxton 等（2000）认为连带责任小组内的横向执行会给成员带来同伴压力（Peer Pressure），促使在个体贷款情况下可能违约的成员在小组贷款的情况下会及时还款。同伴压力分为两种，包括事前同伴压力和事后同伴压力。前者是指还款之前存在的能够强化成员偿还自己那一部分贷款的压力；为了避免难堪或激起集体性愤怒，成员会努力工作以保证自己及时还款，即使没有能力偿还，也可能会通过寻求私人贷款解决。后者是指当小组其他成员知道某成员要拖延还款时对他所施加的事后压力，具体包括议论、没收资产、嘲笑等方式。更多的研究者认为，横向监督是连带责任治理中最关键的作用机制，即处于同一小组的成员会主动地相互监督，制止违约行为的发生，以避免自己的利益因之受损（Karlan，2007）。Stiglitz（1990）通过数学建模研究发现，连带责任是一种有效的诱因策略（Incentive Strategy），能够刺激代理人产生强烈的横向监督动机；而且，横向监督的意愿程度取决于代理人之间在利益上的相互依赖程度，即连带责任越大，横向监督的意愿程度越高。之后，越来越多的研究为这一观点提供强而有力的支持。例如，Hermes 等（2006）运用来自于厄立特里亚国102个小额贷款小组的调查数据进行研究，结果显示，同一小组内的借款人为了降低替其他成员的违约行为负连带责任的风险、确保自己未来的收益，他们都会积极主动地监督成员们的行为，督促其严格遵守与贷款方签订的合约。同样，Hermes 和 Lensink（2007）通过对1995—2007年关于连带责任的主要研究文献进行梳理，得出一个共同结论，即代理人之间的连带责任能够促使横向监督行为的产生，降低委托人的代理成本。

大量研究结果显示：借款人之间的连带责任对其违约行为具有有效的抑制作用——连带责任越大，违约倾向越低（Ahlin & Townsend，2007；Pasupuleti，2010）。不过，连带责任与机会主义行为之间的负相关关系不稳定，有些研究得出了二者具有正相关或无显著相关关系的结论（Besley & Coate，1995；Chowdhury，2005）。二者之间关系的不稳定意味着可能受到内、外部情境变量的影响，这促使研究者们开始将研究焦点转移到适于采用连带责任治理的边界条件上来。通过文献梳理发现，研究者们一般从借款小组内部和外部这两个角度分析影响连带责任治理效果的具体因素。表3-1列出了主要的代表性文献及其观点。从表3-1可知，对连带责任治理效果起到强化作用的影响因素包括借款小组成员的受教育程度、信用历史、女性比例（Gomez & Santor，2003）、内部制度（Zeller，1998）等内部因素，以及贷款方监督（Chowdhury，2003）、贷款方惩罚力度（Ghatak & Guinnane，1999）等外部因素；对连带责任治理效果起到弱化作用的影响因素包括亲属比例（Sharma &

Zeller，1997；Ahlin & Townsend，2007）、收入（Madajewicz，2003）、小组人数（Sharma & Zeller，1997）等内部因素，以及其他贷款来源（Wenner，1995）、地理距离（Ahlin & Townsend，2007）、贷款周期（Paxton 等，2000）、贷款额度（Sharma & Zeller，1997）等外部因素。

表 3-1    连带责任治理效果的影响因素

| 视角 | 影响因素 | 主要观点 | 代表性研究者 |
|---|---|---|---|
| 内部 | 受教育程度、女性比例、信用历史；内部制度 | 强化治理效果 | Gomez & Santor（2003）；Zeller（1998） |
| | 亲属比例；收入；小组人数 | 弱化治理效果 | Ahlin & Townsend（2007）；Madajewicz（2003）；Sharma & Zeller（1997） |
| 外部 | 贷款方监督；贷款方惩罚力度 | 强化治理效果 | Chowdhury（2003）；Ghatak & Guinnane（1999） |
| | 其他贷款来源；地理距离；贷款周期；贷款额度 | 弱化治理效果 | Ahlin & Townsend（2007）；Paxton 等（2000）；Sharma & Zeller（1997）；Wenner（1995） |

资料来源：根据相关文献整理。

例如，Zeller（1998）分别从社区特征、贷款计划特征和小组特征的角度分析影响连带责任实施的有效性的具体因素；其中，社区特征因素包括从社区到农村服务中心的交通费用、社区财政水平、每一千个居民中从事农产品零售业的人数、庄稼生产和禽畜养殖遭遇的风险等；贷款计划相关因素包括储蓄服务、现金贷款等；小组特征因素包括发起主体、小组规模、小组内部平均所占土地面积、风险集中程度、社会关系、小组人力资本、书面记录、每年成员费用、小组内部是否有运行规则等。Ghatak 和 Guinnane（1999）着重从贷款小组内部视角分析了对连带责任治理效果产生影响的多种因素，包括小组内部成员之间相互交往与了解的程度、成员间的社会连带情况、同伴压力程度、动态激励程度等。Paxton 等（2000）的研究则分别从影响还款问题的因素和影响还款行为的因素着手，对连带责任治理的边界条件进行了探讨。他们认为，贷款小组所在地区、小组成员同质性、其他贷款来源的数量等因素都会引发还款问题，而多米诺骨牌效应、内部领导与培训、成员是否有过合作历史、成员是否有其他贷款合同等因素都应归于会对还款行为产生影响的因素范畴，意即在存在还款问题的情况下，贷款成员还款的积极性程度。据此，他们认为小团体贷款是利弊并存的治理制度，在具体设计时要充分利用能够产生积极影响的因素，而排除消极影响因素，以最终提高贷款者的还款绩效。Hermes 等（2005，2006）尤为关注连带责任小组内的领导者对小团体贷款效果的影响。他们通过实证研究发现，如果小组内的领导者定期拜访其他成员的频率越高，对其他成员的了解程度越高，与其他成员之间的距离越近，那么，本组成员的违约行为就越少；尤其值得一提的是，如果该领导者原来不是本组成员，那么，他的监督活动不但不能减少该组成员的违约行为，反而会使他们的违约情况更为严重。同时，他们分析了之所以有人愿意承担没有经济报酬的小组领导任务的原因，发现主要有两种合理的解释：第一，虽然承担领导职务不能给他带来直接的物质回报，但是通过为其他成员提供服务，会使其他人产生对他的"非财务债务"，这种债务使他以后可以提出要求，或者得到其他成员在某些方面的支持和帮助，比如帮忙建房、收割庄稼等（在农村社会，这些帮助对于个体的生存与发展起着重要作用）；第二，小组领导一般是那个还款动机最强烈的成员，他看重未来是否能够获得贷款，正是这一点促使他主动承担领导的职责，因为这个位置使他能够通过各种活动给其他成员施压，督促他们及时还款。

## 二、供应链合作关系治理领域的连带责任治理研究

近年来，连带责任治理研究取得了新的进展。在供应链合作关系治理领域，有少数国内外研究者开始关注核心企业针对供应商集群引入的连带责任治理，将其提升到供应链合作关系治理模式的理论高度来进行更深入的探讨，并已取得了初步性的研究成果。虽然现有研究成果不多，但由于这些文献是本研究的前提和基石，给本书的研究视角和思路提供了有益启发，因而很有必要在此对它们进行简要梳理和总结。

张广玲等（2014）最先对供应链合作关系情境下的连带责任治理进行了研究，不仅首次明确提出了供应链合作关系情境中连带责任治理模式的定义，而且基于核心企业与供应商集群的合作关系背景，探讨了连带责任治理对供应商集群内机会主义行为的抑制作用，并从供应商领导者和核心企业两大内外部情境切入，分析了影响连带责任治理有效性的重要因素。不过，该研究偏重于从二元关系视角对连带责任治理之适用边界进行初步探索，忽视了网络因素的影响，且关于这一治理模式的性质的界定及其有效性产生的原因等重要问题，尚未予以解答。

鉴于此，胡琴芳等（2016）在吸收上述研究成果的前提下，继而以网络

治理理论为基础，提出了连带责任治理是一种具体的适用于供应链合作关系情境的网络治理模式的观点，因而提升了连带责任治理研究的理论高度。此外，Hu 等（2016）还尝试通过实证研究打开连带责任治理影响机会主义行为的"暗箱"，进一步证实横向监督是连带责任治理能够抑制供应商集群内机会主义行为的重要原因，深化了对供应链合作关系情境中连带责任治理的探究。

## 三、小结

综上所述，虽然已有关于连带责任治理的研究文献不少，但是它们集中在小额贷款领域，主要是讨论个体之间的连带责任关系如何对他们的行为倾向及具体行为表现产生影响，而少有文献对供应链合作关系情境下的连带责任治理进行探究。在"核心企业+供应商集群"的供应链合作关系情境中，集群内的供应商具有一些不同于贷款个体的独特特征——作为独立的经济组织，在以追求自身利益最大化为终极目标的驱动下，既重视短期利益，又关注自身发展的持续性，因此，在做出具体的行为决策时，既会从"经济人"的角度对经济成本与收益进行权衡，又会从"社会人"的角度考虑所嵌入社会网络中的互惠关系可能给自身带来的社会性收益与成本（Kumar 等，2011），而目前尚未有研究者对此进行关注。

## 第三节　机会主义行为研究综述

目前国内外关于机会主义行为的研究主要分为两大类，即人际机会主义行为和组织间机会主义行为。由于人际机会主义行为不属于本书研究的范畴，所以不在此赘述。对组织间机会主义行为的研究主要集中在商业领域，即企业间机会主义行为。下面对企业间机会主义行为的定义与种类、前因与后果等相关研究进行梳理。

### 一、机会主义行为的定义与种类

Wang 和 Yang（2013）认为企业间机会主义行为是指企业之间蓄意通过误导、歪曲、争执、混淆等方式谋求己方利益的行为。在供应链合作关系中，机会主义行为的表现形式主要有损害供应链整体利益、迫使供应链中的弱势方做出让步、逃避或不完全履行应尽职责、拒绝进行有利于改善供应链整体效益的调整等（高维和等，2006）。供应链中一方成员的机会主义行为会损害另一方成员的利益，妨碍其目标的实现，使其不得不投入更多的精力、人力和财力去采取应对措施，最终使供应链合作关系的和谐遭到破坏（Wathne & Heide，2000）。

关于企业间机会主义行为的种类的研究文献有很多。例如，Luo（2006）认为机会主义行为包括强形式和弱形式两种类型，前者是指合作中的一方企业公开或私下违反合同的表现，后者是指合作伙伴违反合作中建立的关系规范的行为。Wang 和 Yang（2013）则认为企业间机会主义行为可以分成客观型机会主义和感知型机会主义，前者是指合作伙伴不按企业间合同明确规定的行为预期去采取行动的表现，后者则指合作伙伴的行为偏离在企业间关系的社会嵌入中建立起来的行为预期的表现。不过，得到更为广泛关注与认可的是 Wathne 和 Heide（2000）的分类观点，他们基于行为—环境范式，提出了侵害（Violation）、强制让步（Forced Renegotiation）、逃避（Shirking）、拒绝调整（Refusal to Adapt）等四种具体的机会主义行为，并按照性质的不同将其整合为积极机会主义行为（包括侵害和强制让步）和消极机会主义行为（包括逃避和拒绝调整）两大类（Wathne & Heide，2000）。以此为基础，Seggie 等（2013）对这两类机会主义行为进行了更深入的研究，进一步明确了二者的定义、特征及其不同的影响机理。他们提出，积极机会主义行为是指企业公然违反合作关系中某些明确或暗含的限制，或者在新环境下进行强制性谈判以追求自己利益的行为，如蓄意提供虚假信息、违反正式或非正式协议、篡改事实、错误归咎、夸大困难、利用突发事件迫使对方让步等；消极机会主义行为是指企业为了自己的利益逃避先前达成一致的责任，根据新环境进行有利于合作双方的调整的表现明确或暗含的拒绝，如不按承诺行事、隐藏信息、告知不完备事实、忽视对责任的履行、不进行适时提醒等。实质上，积极机会主义行为和消极机会主义行为的表现特征具有明显的区别，分别对应于有为（Commission）行为和不为（Omission）行为。其中，有为行为的本质是为了获得更多的利益，不为行为的本质则是为了减少成本支出（任星耀等，2006）。

## 二、机会主义行为的前因

已有研究认为，企业间机会主义行为产生的前因包括三个方面的因素，即环境因素、二元关系因素和组织因素（Wang & Yang，2013）。第一，环境因素主要是指环境的易变性，其表现特征包括产业结构的不稳定、感知信息的不可证实性和感知法律的不可执行性（Luo，2007）。Wu 等（2007）认为，随着环境易变性的增加，发生机会主义的概率也会增加。第二，二元关系方面的因素较多，包括双方的沟通、文化敏感性、特定规范、目标一致性和相对依赖等（Wang & Yang，2013）。其中，Crosno 和 Dahlstrom（2008）为渠道成员之间的沟通能降低信息不对称，并增加目标一致性，从而负面影响成员的机会主义行为。Jap 等（2009）对此进行了更深入的探讨，关注的是不同的沟通模式与机会主义行为之间的关系。他们的研究结果表明，面对面协商比以计算机为媒介进行的协商更易引发交易方采取多种形式的机会主义行为，如撒谎、错误展示、过度承诺等。由于面对面沟通向来被认为是交易双方建立信任与承诺的有效手段，因此这是一个有趣的发现，其可能的解释是：以计算机为媒介的沟通会被存储和检索，因而增加了被监测的风险；而面对面沟通是即时而短暂的，在这种情况下采取机会主义行为更难于被察觉。Skarmeas（2006）则研究发现文化敏感性高的合作伙伴更能理解东道国在商业活动方面的差异，从而保持更高程度的开放心态，并表现出对长期关系的重视，从而减少自己的机会主义行为。Rokkan 等（2003）认为规范是对行为的特定限制，有助于合作双方关注共同目标的实现而非仅仅是一己私利的获取，最终对机会主义行为实现有力的控制。而 Wong 等（2005）认为，合作双方之间的目标一致性程度越高，任意一方的机会主义水平就越低。相对依赖是指一方企业感知自己对合作伙伴的依赖程度和合作伙伴对自己的依赖程度之间的差异。Gundlach 和 Cadotte（1994）研究发现，负差异值意味着依赖优势，而正差异值则反映了依赖劣势。由于处于依赖优势的一方具有对方需要的资源以及具备报复对方的能力，因而能够限制对方的机会主义行为（Joshi & Arnold，1997；Anselmi & Marquardt，2000）。第三，影响机会主义的组织因素包括正式化和管理重点。正式化被定义为通过规章制度对程序、角色和权威进行说明的程度。Dahlstrom 和 Nygaard（1999）研究发现，由于正式的规章制度详细明确了合作双方的义务和责任，使机会主义行为变得不那么容易实施，因而能够降低机会主义行为发生的概率。Wang 和 Yang（2013）

认为，管理重点是指高层管理者采取的对待企业间机会主义行为的态度；由于高层管理者是企业的信念、价值观和文化的塑造者，他们若是看重企业间机会主义行为可能给本企业带来的利益，必然会正向影响机会主义行为。

根据交易成本理论，机会主义行为往往更容易在高利益的情况下发生。但是，二者之间的关系会受到不同情境因素的影响。因此，随着对该领域研究的逐渐深入，近年来有一些研究者尝试对利益与机会主义行为之间关系的边界条件进行探讨。其中，颇具代表性的是 Jap 等（2013）的最新研究。他们将密切关系（Rapport）作为调节变量，提出了一个能够解释当利益较低时为什么机会主义行为更易发生的理论框架。研究发现，当交易双方具有高密切关系而涉及较低利益时，他们就会进行道德延展推理，认为自己的机会主义行为不是坏事，因为确信对方不会因自己的一点点机会主义行为而感到不快，或对方不会介意，或可能已经知道却默许了这次行动，尤其是在长期关系中，对方更加不会计较某一次交易中的得失。因此，在高密切关系情境中，随着所涉及利益的下降，交易关系中的机会主义行为反而会增加。进一步地，Rodolfo 等（2013）将制造商的机会主义作为调节变量，探讨了它在制造商——分销商关系的治理和分销商——制造商合作意愿之间关系中的影响。他们的研究结果表明，如果分销商对制造商的机会主义的感知程度越高，分销商与之进行战略信息分享的意愿就会下降，进而导致二者之间关系的创造性下降；同时，分销商的特定资产投资与内外部战略信息分享意愿之间的正向关系会被弱化，而双边依赖不对称与分销商的内外部战略信息分享意愿之间的负向关系则会被强化。

### 三、机会主义行为的后果

由于企业间机会主义行为本身的性质，大部分研究者都是对其破坏性影响进行研究。大量研究发现，合作企业之间的机会主义行为会对组织绩效、总体满意度、关系、承诺以及成本等因素产生显著影响。例如，Dahlstrom 和 Nygaard（1999）对特许经营分销渠道中机会主义行为的不良影响进行了分析，他们通过实证研究发现，授予特许者的机会主义行为会使双方关于修改合同条款、增加供应源、提升合同等问题的讨价还价变得更加复杂，因为加盟商必须投入更多的精力在合同中加入制裁与保障条款，以预防对方在未来采取机会主义行为可能带来的损失，因而增加了议价成本（Bargaining Costs）；同时，随着授予特许者机会主义行为的增加，加盟商必须策划并执行对它的控制以保证合同责任的履行，并花费更多的时间去监督装货和送货，因而导致监督成本（Monitoring Costs）的增加；此外，若授予特许者没有完备地提供产品信息，或是提供产品信息过量，还会增加加盟商在销售产品上的困难，从而使其适应不良成本增加（Maladaption Costs）。Wathne 和 Heide（2000）认为，尽管机会主义行为最初会给采取机会主义行为的一方带来好处，但是它会阻碍价值的创造，最终会导致合作双方收益的下降，因而与组织绩效是负相关关系；对此，他们在对机会主义行为进行分类的基础上，比较性讨论了不同机会主义行为的不良后果，例如，一方的明显违规行为会增加另一方的成本，并减少其利润，而拒绝调整行为虽然不会增加对方的成本，但从长远来看，会使对方因适应不良而同样使利润下降。Skarmeas 等（2002）也通过研究发现，合作关系中一方的机会主义水平越高，另一方对双边关系的承诺水平就越低。此外，Gassenheimer 等（1996）的研究结果表明，渠道成员的机会主义行为会破坏消费者对企业的总体满意度。Jap 和 Anderson（2003）、Ryu 和 Zushi（2008）则分别通过实证研究发现，企业间的机会主义行为会显著降低合作伙伴之间的信任程度。

## 四、小结

通过上文的文献回顾可知，关于机会主义行为的研究已经是一个相对成熟的研究领域，大量研究者纷纷对机会主义行为的前因、后果以及情境因素进行了充分探讨。但是，这些研究仍存在一个共同的不足，即都是以二元关系为研究情境，而鲜有文献从社会网络的视角对机会主义行为的相关问题进行探究。鉴于此，本研究基于供应商集群网络情境，将供应商小组内成员之间的连带责任、横向监督、慷慨互惠、等价互惠和消极互惠等网络层面的变量引入到概念模型当中，以期从社会网络视角对机会主义行为的影响因素有一个更加立体和深入的理解。

# 本章小结

本章主要是对与本研究相关的三个主要研究议题的国内外研究动态进行了总结与述评，共分为三部分，包括企业集群研究综述、连带责任治理研究综述和机会主义行为研究综述。在企业集群研究综述部分，主要是对企业集群的界定、企业集群治理、企业集群的竞争力和企业集群的风险这几个方面的文献进行梳理和述评。在连带责任治理研究综述，主要是对连带责任治理的定义、前因、结果及其作用机制等几个方面的文献进行综述，由此发现目前关于连带责任治理的研究集中在小额贷款领域，尚未有文献对供应链合作关系情境下的连带责任治理进行探究。在机会主义行为研究综述部分，主要是对企业间机会主义行为的定义、种类、产生前因、破坏性影响及其关键情境因素的已有研究进行了归纳与述评，由此发现现有文献的不足之处在于它们大多以二元关系为研究情境，而鲜有文献从社会网络的视角对机会主义行为的相关问题进行探究。

▶第四章

# 探索性案例研究

## 第一节　案例研究目的

构建理论是案例研究的主要目的（吕力，2012）。Yin（1981，1984）、Eisenhardt（1989）一致认为，案例研究的本质在于构建经得起检验、有意义而且有效的理论。Tusi（2006）也指出，研究者们通过案例研究方法，可以分析和探讨中国管理界出现的"有趣"现象，构建"管理的中国理论"。在渠道关系治理实践中，长期以来都是以单边治理和双边治理等传统治理模式为主，但收效甚微。在这种情况下，我国有部分企业率先引入小额贷款领域盛行的连带责任治理模式，用于对供应商集群的管理当中。这一管理现象在我国企业实践领域出现得较晚，始于2006年，随着其影响力的增加，引起了企业界和学术界的极大兴趣。

不过，在学术界，关于连带责任治理的研究都是集中在小额贷款领域，局限于讨论针对个体实施的连带责任治理，分析影响因素时也以反映人口统计特征的客观因素为主，而供应商集群具有异于借款人的独特性，兼具"经济人"和"社会人"特征（Kumar等，2011），一方面，集群内供应商作为独立的经济组织，以追求自身利益最大化为核心目标；另一方面，又因与其他成员的社会互动而受制于其所嵌入的社会网络关系（Borgatti & Foster，2003；张闯等，2012），这会使连带责任治理的作用机理显著不同于小额贷款情境。而对于这一有趣的管理现象，学术界尚缺充分的理论和相关重要参考性研究文献的支撑。若仅借助于现有关于渠道关系治理模式的文献来建构研究模型，明显缺乏足够的说服力。因此，本研究尝试采取案例研究方法，对连带责任治理在"核心企业+供应商集群"这一合作经营模式中的实施效果及其作用机理进行深入探讨。

基于以上分析，本研究采用案例研究方法的目的主要体现在以下几个方面：第一，通过案例分析完成提炼研究假设的工作，以明确理论假设的可靠性和稳定性，并为量化研究设计夯实基础；第二，通过使用扎根研究的基本技术，从多个渠道获取信息，以实现对连带责任治理模式这一新管理现象的深入理解；第三，通过案例分析，能够探索连带责任治理模式的生成逻辑，明确连带责任对集群内供应商机会主义行为的作用及其核心中介机制，并剖析供应商之间的不同互惠关系如何对连带责任治理的效果产生不一样的影响，为后续基于大样本的实证研究奠定基础。

# 第二节　案例研究设计

## 一、研究方法

一般而言，案例研究方法适用于研究正在发生的但无法对相关因素进行控制的事件（殷，2004），即回答"怎么样"和"为什么"这类问题。根据实际研究中运用案例数量的不同，可将案例研究分为单案例研究和多案例研究。其中，单案例研究主要用于证实或证伪已有理论假设的某一个方面的问题，也可以用于分析一种极端、独特的管理现象。因此，单一案例研究不适用于系统构建新的理论框架。而多案例研究则能更好、更全面地反映案例背景的不同方面，尤其是在多个案例同时指向同一结论的时候，案例研究的有效性将显著提高。因此，本研究将采取多案例研究方法对连带责任治理问题进行探讨。

一般来说，多案例研究有三种基本方法：第一种方法是案例分类，主要是通过案例分类的技术以帮助发现群内相似性或组间差异性；第二种方法是案例配对，主要是对每个案例都列出其相应具有的特性；第三种方法是案例分类比较，主要是将所有案例包含的特征排在一起比较，决定哪些类目是研究重点（Eisenhardt，1989）。本研究将采用第三种方法，即基于扎根理论研究方法对资料进行编码分析，通过归纳分析的方法以提炼概念及其关系的抽象层次，最后建构理论。

## 二、目标案例选择

为了夯实研究模型，为进一步开展定量研究奠定基础，本研究首先采用探索性多案例研究方法对连带责任治理问题进行探讨。本研究共选择两家来自福建安溪的本土茶企及其供应商集群作为研究对象，分别是：福建 HH 茶业有限公司（下文简称为"HH 茶业"）及其供应商集群、BM 茶业股份有限公司（下文简称为"BM 茶业"）及其供应商集群。本研究之所以选择来自福建安溪的两家茶企及其供应商集群作为案例研究对象，原因在于：第一，福建安溪是铁观音生产的集聚地，大部分乡镇都以生产铁观音毛茶为主要经济支柱，形成了数量众多的毛茶生产集群，并成为 HH 茶业和 BM 茶业的主要毛茶供应商集群，是典型的"核心企业+供应商集群"的合作经营模式，吻合本研究的基本研究情境；第二，HH 茶业是率先将连带责任治理模式引入到对毛茶供应商的管理当中的茶企，在治理毛茶供应商的机会主义行为方面取得显著成效，从而使连带责任治理模式得到政府支持并在全县范围内进行推广，因此，地处同一区域的 BM 茶业随后也引入了连带责任治理模式，推行甚广，从而为连带责任治理模式实施效果及其作用机理的理论研究提供了丰富的现实素材。

本研究采用比较案例研究方法对概念模型的构建进行探索性研究，是出于以下几个方面的考虑：其一，是为了遵从可复制的逻辑原则。选择多案例研究，能够使每个个案彼此之间进行对比性验证，尤其是不同案例可被当作一系列实验，每个个案都能为证实或证伪从其他案例所得出的结论服务（Yin，1984）。其二，多案例中的每个个案可以被用来验证研究过程中涌现出来的理论观点，因而有利于提高研究的普适性。其三，由于多案例设计相对比单个案例的研究要复杂，所提供的模型比单案例研究相对也更可靠，因而能够提高研究结论的可靠性。其四，采用多案例研究方法能使理论和数据间彼此紧密联系，使理论形成的过程能充分扎根于研究数据（Glaser & Strauss，1967；Eisenhardt，1989）。因此，基于上述原因和动机，本研究将致力于通过对我国茶业领域的核心企业及其供应商集群进行研究，尤其是对连带责任治理模式的内在影响机制进行挖掘和剖析。为使研究能够真实反映研究案例的原始概貌，在探索性研究过程中，本研究强调在自然环境下对这些茶企实施的连带责任治理模式进行探究，尤其关注对实施连带责任治理模式对抑制供应商集群内机会主义行为的成效及其内在作用机制进行观察。

本研究选择的两个目标案例均是与供应商集群长期合作的核心企业。每个目标案例都是在当前供应商机会主义行为严重影响下游产品质量控制的大背景下，通过引入连带责任治理模式来解决集群内机会主义行为猖獗这一难题的行业代表。其中，HH 茶业作为福建省五大乌龙茶出口商之一、连续八年位居安溪铁观音出口前两名的企业，是经济管理领域首个实施连带责任治理模式的践行者，鉴于长期治理毛茶供应商而收效甚微的情况，大胆借鉴在小额贷款领域盛行的连带责任治理模式引入到对供应商集群的管理实践中，并迅速取得了显著效果。BM 茶业是一家以经营安溪铁观音为主，集基地种植、新品研发、生产加工和产品销售于一体的全产业链、全茶类连锁经营企业，也长年为集群内供应商猖獗的机会主义行为所困扰，因此，在安溪县相关政府管理部门积极宣传和推广连带责任治理模式的情况下，也尝试采用该治理模式对供应商集群进行治理。比较案例研究中理论抽样的样本概述如表 4-1 所示。

表 4-1 多案例研究中理论抽样的样本概述

| 企业名称 | 案例名称 | 所属行业 | 企业规模 | 企业性质 |
|---|---|---|---|---|
| HH 茶业 | HH 茶业对供应商集群实施连带责任治理模式的效果、问题及其原因分析 | 食品行业 | 大型非上市公司 | 民营企业 |
| BM 茶业 | BM 茶业对供应商集群实施连带责任治理模式的效果、问题及其原因分析 | 食品行业 | 大型上市公司 | 民营企业 |

## 三、目标案例背景介绍

### (一) HH 茶业

HH 茶业成立于 1993 年，旗下拥有三个茶叶初制厂、六个茶叶基地，茶园面积 24000 亩，员工五百多人。公司配备世界一流的自动化不落地全程监控高洁净生产线，获得了国家 GMP/ISO9001/HACCP/QS/CIQ 等铁观音行业唯一拥有的五大体系认证。公司集种植、初制、精制、包装、品牌建设和连锁经营于一体，积极拓展国内外茶叶销售市场，年产茶叶达 3000 多吨，产品出口日本、新加坡等国家，是福建省五大乌龙茶出口商之一，连续八年位居安溪铁观音出口前两名，是多家世界五百强企业的长期合作伙伴。21 世纪是"绿色健康世纪"，追求安全、优质的茶叶生产正成为全球茶业发展的主流，

HH 公司秉承"天然、健康、金品"的品牌经营理念，生产健康优质的安溪铁观音产品，向集团化迈进，成为引领健康铁观音生产消费潮流的龙头。

2005 年，日本作为 HH 茶业的重要出口市场之一，制定了食品安全新标准，对食品安全的要求变得更加严格，提高进口茶叶的准入门槛。针对这一变化，HH 与毛茶供应商签订合同，明确规定毛茶供应商只能使用符合日本新农残标准的 10 种农药品牌，并为此提高毛茶收购价格。可是，虽然签订了合同，但是毛茶供应商偷偷使用违规农药的现象很普遍，经常与公司的监管人员玩"捉迷藏"，不让当面监督检查，甚至还会用合格药瓶装禁用农药，或是将农残超标的茶叶掺杂其中。这些问题的结果便是导致 HH 茶业出口的茶叶无法达到日本市场的严格标准。为了解决这些问题，HH 茶业受小额贷款联保的启发，于 2006 年尝试推行连带责任治理模式。具体做法是，同一区域内的毛茶供应商根据"自愿组合、捆绑签约"的原则，由 8~12 家毛茶供应商自愿结合组成一个小组，小组再推选出一名该区域的供应商代表，以小组名义和 HH 公司签订合作协议。合作协议规定，若是小组内有毛茶供应商使用禁用农药或是将农残超标茶叶掺杂其中，一经发现，该组内所有毛茶供应商都为此共负责任。此外，HH 茶业统一发放农药肥料，统一指导施肥用药，统一收购毛茶原料。通过小组内部茶农间相互监督、相互制约，最终达到整个基地合理用药、规范用药，为 HH 茶业提供质量安全的原材料的目的。在自愿交易的基础上，HH 茶业以高于同期市场价 10%~15% 的价格收购加入连带责任小组的供应商的茶叶，同时全程纪录农事活动，最终达到整个基地茶叶的生产过程及质量安全可追溯。据统计，连带责任治理模式推行一年后，与 HH 茶业签约的三个基地几乎没有发生毛茶供应商投机取巧的事情，同时给毛茶供应商共节省了农药款 11.8 万元，使其茶叶销售款增收了 150 万元。之后，越来越多的毛茶供应商申请加入到 HH 茶业的连带责任小组。到目前为止，与 HH 茶业签约的供应商小组覆盖四大乡镇。

由于 HH 茶业推行连带责任治理模式取得的成功，引起了安溪相关管理部门乃至泉州政府相关管理部门的高度重视。HH 茶业的连带责任治理模式被树立为有效治理供应商集群的典型，予以在全市范围内推广。市、县、乡、村四级管理部门联动，综合运用各种宣传载体，大力宣传 HH 茶业连带责任治理模式的可操作性、实用性和效益性，营造全民参与的良好氛围，提高广大毛茶供应商参与的积极性，并把学习推广 HH 茶业连带责任治理模式纳入"茶产业提升年"活动内容，规定每个茶叶主产乡镇至少要有一家企业学习、推广、实施连带责任治理模式。同时，把学习 HH 茶业连带责任治理模式的主要内容纳入"茶业万人培训工程"，不定期举办各种研讨会和专题讲座，邀请连带责任小组的组长现身传教，提高毛茶供应商对 HH 茶业连带责任治理模式的认识。

（二）BM 茶业

BM 茶业是一家以经营安溪铁观音为主，集基地种植、新品研发、生产加工和产品销售于一体的全产业链、全茶类连锁经营企业。BM 茶业提供全茶类的产品，其中以自产铁观音为核心茶类，明星产品为赛珍珠铁观音系列；同时经营绿茶、红茶、白茶、普洱茶、岩茶和花茶等各类茶叶产品以及茶具、茶食品等。BM 茶业是铁观音制茶专家，自设立以来始终专注于铁观音制茶技艺的不断提升。BM 茶业的品牌定位为商政礼品茶，目标消费群为成功人士。BM 茶业倡导健康饮茶的生活理念，并致力于为客户创造清新舒适的茶叶购买体验。

目前，BM 茶业在全国参与管理的茶园基地 80000 多亩，拥有西坪和龙门两大加工厂，总建筑面积 6 万平方米，年加工能力 6000 吨，其中龙门加工厂拥有目前国内最具现代化的乌龙茶铁观音精制生产线。BM 茶业通过了 ISO 9001：2008 国际质量管理体系、ISO 14001：2004 国际环境管理体系和 HACCP 体系认证、QS 体系认证等十大认证，是国家茶叶标准化技术委员会委员单位、国家茶叶产业技术体系泉州综合试验站依托单位、福建省高新技术企业等。BM 茶业在全国拥有庞大的连锁销售系统，截至 2015 年 6 月，BM 茶业全国连锁门店 800 余家，覆盖华南、华东、华北等地区，规模在业内位居前列，并入驻众多国内知名连锁超市及一线购物广场。例如，沃尔玛、天虹、华润万家、华润·万象城、金光华广场、益田假日广场、怡景中心城、广州天河城等高端购物广场。BM 茶业是 5 家世界 500 强企业的合作伙伴，出口乌龙茶是中国三强之一，位居全国第二。同时，BM 茶业不断探索新的销售渠道并尝试发展 O2O 业务模式，自 2012 年起，已陆续入驻各大主流电商平台，目前电商渠道收入占比接近 10%，铁观音线上销售额位居行业前列。

自 2009 年起，政府相关管理部门在全县乃至全市范围内积极推行 HH 茶业的连带责任治理模式，学习这一治理模式的潮流瞬间影响了整个茶业行业。BM 茶业作为行业内颇有影响力的企业，虽然以国内市场为主，并取得了令人瞩目的成绩，但是，随着经济的快速发展和生活水平的提高，国内市场的消费者对产品的要求也越来越高，对"绿色消费"越来越重视。在这种情况下，为了有效治理集群内毛茶供应商的投机取巧行为，从供应链源头确保茶叶的质量安全，BM 茶业于 2009 年率先带头加入了推行连带责任治理模式的队伍。

## 四、资料收集方法

为提高研究结论的准确性，本研究通过在不同时间和使用不同来源采集的数据进行三角验证，确保案例分析数据来源的多方位性（Jick，1979）。具体而言，本案例研究的数据来源主要包括以下几个方面：一是二手资料，在研究前期准备阶段，主要通过媒体报道、线上资源和公开出版读物了解上述两家公司的背景以及实施连带责任治理模式的大致情况，在前往公司现场收集数据阶段，则主要通过公司的宣传资料、内部新闻和相关文件等来获取相关信息；二是专家访谈，即与营销渠道研究领域内的知名学者和对行业发展动态有深刻见解的资深专家进行交流；三是积极参加与本研究主题相关的学术会议和行业会议；四是对所研究核心企业的相关管理人员和与核心企业合作的供应商代表进行半结构化深度访谈，召集以连带责任小组为单位的供应商小组成员进行现场讨论；五是通过非正式的观察、电话和 E-mail 等了解和获取相关信息。

在上述资料收集方法中，半结构化深度访谈是本研究非常重要的数据来源。半结构化深度访谈时间主要集中在 2013 年 2 月~5 月，访谈对象包括以下几类：第一类是 HH 茶业和 BM 茶业两家企业中负责引入和决策推行连带责任治理模式的高管（如 CEO 或总经理）；第二类是专门负责对连带责任治理模式的实施过程和实施效果进行管理的企业中层管理人员；第三类是与两家企业合作的集群供应商代表，其中以连带责任小组的供应商组长为主；第四类是连带责任小组内的供应商成员；第五类是当前已退出连带责任小组的供应商成员。

在半结构化深度访谈的实施过程中，首先是对核心企业的 CEO 或总经理进行访谈。由于 HH 茶业是率先对供应商集群实施连带责任治理模式的企业，因此，第一轮访谈的对象是 HH 茶业的总经理。对 HH 茶业的总经理进行访谈的持续时间大致为 100 分钟，主要是围绕以下几个问题进行：（1）实施连带责任治理模式的原因和背景；（2）加入连带责任小组的供应商成员是由企业确定还是双向选择，抑或通过第三方（如当地村委会）的筛选；（3）连带责任治理的具体实施方式；（4）连带责任治理模式的实施效果，尤其是相对于以前的合同治理的优势，以及优势形成的原因；（5）连带责任治理模式在实施过程中遇到的问题及其原因分析；（6）连带责任治理模式的优化思路和具体措施。

第二轮访谈的对象是 BM 茶业的负责人，访谈时间约为 120 分钟。访谈提纲与第一轮相同，但在访谈过程中得知 BM 茶业在实施连带责任治理模式的过程中遭遇较大的困难，甚至有些连带责任小组已经解散，因此，访谈思路在当时得以进行了及时调整，除了问及上述问题外，还重点咨询了关于已解散的连带责任小组的具体情况，包括成员特征、小组规模、遇到的主要问题及其原因分析等。

第三轮访谈的对象是两家企业中具体负责管理和实施连带责任治理模式的中层管理人员，访谈人数共 8 人，访谈时间大致为 60 分钟/每人，具体访谈提纲根据上述两轮访谈的经验和问题及时调整而成，因而更具针对性。

第四轮访谈对象是连带责任小组的供应商组长，访谈组长人数为 26 人，每人的访谈时间为 30~60 分钟不等。在这轮访谈中，访谈内容主要是围绕以下几个方面进行：（1）连带责任小组内供应商成员的基本信息，包括姓名、年龄、性别、民族、受教育程度、茶园面积、家庭住址、家庭人数等；（2）连带责任小组内供应商成员之间的私交关系（如亲戚、邻居等）及其质量（如关系密切程度、有无私人矛盾等）；（3）连带责任小组成立的时间；（4）连带责任小组的具体实施步骤；（5）连带责任小组内每个供应商成员的违约记录；（6）加入连带责任小组后出现了哪些问题？是如何解决的？（7）与实施连带责任治理模式之前相比，实施之后的效果发生了怎样的变化？具体体现在哪些方面？（8）现行的连带责任治理模式还需要进一步优化吗？建议从哪些方面入手？

第五轮访谈对象是加入连带责任小组的供应商成员和退出连带责任小组的供应商成员。被访谈的供应商成员共计 89 人，其中，加入连带责任小组的供应商成员有 60 人，已退出连带责任小组的供应商成员有 29 人；每个供应商成员的访谈时间为 20~60 分钟不等。在本轮访谈中，对现行连带责任小组的供应商成员的访谈思路与第四轮一致，对已退出连带责任小组的供应商成员的访谈思路有所调整，除了上述相关问题之外，还重点问及关于退出连带责任小组的原因和对实施连带责任治理模式的看法。

为了弱化深度访谈中存在的偏差问题，本次案例研究设计采取了以下措施：第一，访谈对象多样化。访谈对象既有核心企业的高管和中层管理人员，又有集群内加入连带责任小组的供应商成员和已退出连带责任小组的供应商成员，这样就可以通过多种渠道获得完整、准确的关于连带责任治理模式的信息。第二，向访谈对象承诺不公布他们的个人信息，意即每个访谈对象都是在匿名的情况下提供所有信息，这样做可以促使他们能够没有顾虑地坦诚相关信息。第三，进行多次访谈，且不同访谈对象的访谈时间不一样，这样既可以获得实时的横截面数据，又可以收集到不同时间段的纵式数据，有利于更好地把握连带责任治理模式的实施效果和内在作用机制。第四，对于通过深度访谈所获取的信息，确保在访谈当天进行系统性的整理，转化为文本资料进行保存。第五，在实施深度访的同时，还积极通过获取广泛的二手资料和观察数据进行补充，包括媒体报道、线上资源和公开出版读物，以及公司的宣传资料、内部新闻和相关文件等，直至相关问题的资料信息达到饱和。同时，对不同途径获得的关于同一问题的信息进行反复分析、比较、核对，以确保信息的准确性和可靠性。这里的资料分析将采用扎根理论编码方法引入数据分析环节，即开放性译码、主轴译码和选择性译码。根据资料形成构念，包含构念的命名与证据，并形成构念之间的关系与理论框架。访谈数据来源如表4-2所示。

表4-2 访谈数据来源一览表

| 访谈对象 | 访谈内容 | 访谈人数和访谈时间 |
|---|---|---|
| HH茶业的总经理 | （1）实施连带责任治理模式的原因和背景；（2）加入连带责任小组的供应商成员是由企业确定还是双向选择，抑或通过第三方（如当地村委会）的筛选？（3）连带责任治理的具体实施方式；（4）连带责任治理模式的实施效果，尤其是相对于以前的合同治理的优势，以及优势形成的原因；（5）连带责任治理模式在实施过程中遇到的问题以及改进思路。 | 访谈人数为1人，约100分钟。 |
| BM茶业的负责人 | （1）实施连带责任治理模式的原因和背景；（2）加入连带责任小组的供应商成员是由企业确定还是双向选择，抑或通过第三方（如当地村委会）的筛选？（3）连带责任治理的具体实施方式；（4）连带责任治理模式的实施效果，尤其是相对于以前的合同治理的优势，以及优势形成的原因；（5）连带责任治理模式在实施过程中遇到的问题以及改进思路；（6）关于已解散的连带责任小组的具体情况，包括成员特征、小组规模、遇到的主要问题及其原因分析等。 | 访谈人数为1人，约120分钟。 |

| 访谈对象 | 访谈内容 | 访谈人数和访谈时间 |
|---|---|---|
| 两家企业的中层管理人员 | （1）实施连带责任治理模式的原因和背景；（2）加入连带责任小组的供应商成员是由企业确定还是双向选择，抑或通过第三方（如当地村委会）的筛选？（3）连带责任治理的具体实施方式；（4）连带责任治理模式的实施效果，尤其是相对于以前的合同治理的优势，以及优势形成的原因；（5）连带责任治理模式在实施过程中遇到的问题以及改进思路；（6）关于已解散的连带责任小组的具体情况，包括成员特征、小组规模、遇到的主要问题及其原因分析等。 | 访谈人数共8人，访谈时间大致为60分钟/每人。 |
| 连带责任供应商小组的组长 | （1）连带责任小组内供应商成员的基本信息，包括姓名、年龄、性别、民族、受教育程度、茶园面积、家庭住址、家庭人数等；（2）连带责任小组内供应商成员之间的私交关系（如亲戚、邻居）及其质量（如有无私人矛盾）；（3）连带责任小组成立的时间；（4）连带责任小组的具体实施步骤；（5）连带责任小组内每个供应商成员的违约记录；（6）加入连带责任小组后出现了哪些问题？是如何解决的？（7）与实施连带责任治理模式之前相比，实施之后的效果发生了怎样的变化？具体体现在哪些方面？（8）现行的连带责任治理模式还需要进一步优化吗？建议从哪些方面入手？ | 访谈人数为26人，每个人的访谈时间为30~60分钟不等。 |
| 连带责任小组内的供应商成员 | （1）连带责任小组内供应商成员的基本信息，包括姓名、年龄、性别、民族、受教育程度、茶园面积、家庭住址、家庭人数等；（2）连带责任小组内供应商成员之间的私交关系（如亲戚、邻居）及其质量（如有无私人矛盾）；（3）连带责任小组成立的时间；（4）连带责任小组的具体实施步骤；（5）连带责任小组内每个供应商成员的违约记录；（6）加入连带责任小组后出现了哪些问题？是如何解决的？（7）与实施连带责任治理模式之前相比，实施之后的效果发生了怎样的变化？具体体现在哪些方面？（8）现行的连带责任治理模式还需要进一步优化吗？建议从哪些方面入手？ | 访谈人数共计60人，每个人的访谈时间为20~60分钟不等。 |

| 访谈对象 | 访谈内容 | 访谈人数和访谈时间 |
|---|---|---|
| 已退出连带责任小组的供应商 | （1）连带责任小组内供应商成员的基本信息，包括姓名、年龄、性别、民族、受教育程度、茶园面积、家庭住址、家庭人数等；（2）连带责任小组内供应商成员之间的私交关系（如亲戚、邻居）及其质量（如有无私人矛盾）；（3）连带责任小组成立的时间；（4）连带责任小组的具体实施步骤；（5）连带责任小组内每个供应商成员的违约记录；（6）加入连带责任小组后出现了哪些问题？是如何解决的？（7）与实施连带责任治理模式之前相比，实施之后的效果发生了怎样的变化？具体体现在哪些方面？（8）现行的连带责任治理模式还需要进一步优化吗？建议从哪些方面入手？（9）退出连带责任小组的原因和对实施连带责任治理模式的看法。 | 访谈人数共计29人，每个人的访谈时间为20～60分钟不等。 |

## 五、资料分析

资料分析是案例研究构建理论的核心，也是其中难度最大的一个环节。有些已经发表的文章虽然详细介绍了研究对象和数据收集方法，但却对资料分析这一环节匆匆带过，因而造成数据与研究结论之间的鸿沟（李平、曹仰锋，2012）。根据 Eisenhardt（1989）的观点，本研究先进行案例内分析，即对每个个案进行详细描述，然后在此基础上进行跨案例分析。跨案例分析方法的基本思想是，要求研究者突破最初的印象，尤其是要使用结构化和多样化的视角来分析数据，从而提高发现准确、可靠的理论的可能性。跨案例分析的方法有三种：第一种是先选定一些类别或者维度，然后寻找组内的相似点和组间的不同点；第二种是将案例配对，然后列出每对案例之间的相似点和不同点；第三种是按照数据来源将数据分开，例如，一部分研究者整理观察数据，一部分整理访谈数据，还有一部分则整理二手资料。本研究采取的是第二种方法。

在进行资料分析的过程中，本研究首先使用表格的方式对发现的构念进行直观性比较，并尝试初步建立各构念之间可能存在的关系，如连带责任治理与机会主义行为、连带责任治理与横向监督、横向监督与机会主义行为、供应商成员之间的不同互惠关系在连带责任治理与机会主义行为之间的不同影响。接着，通过复制逻辑来提炼这些可能存在的关系，即在理论、数据与文献之间进行循环往复的验证来强化构念的定义和测量，以及构念之间的理论关系，直到理论和数据之间达到高度匹配（Eisenhardt，1989）。

　　为了提高案例研究的质量，以下的资料分析过程严格遵守科学研究中的效度和信度要求，具体包括：（1）构念效度，即针对所要探讨的概念进行准确的操作性测量。为了使研究具有构念效度，让概念得到准确的衡量，可以采取几种有效的方法来执行，包括多种数据的三角验证、证据链的构建、信息提供者身份的审查等（陈晓萍等，2008）。其中，三角验证是指使用文档、面谈、观察等数据来源来为同一个问题提供信息，当不同数据来源获得相同或相似的资料与证据时，表明研究中的构念的测量具有构念效度；建立证据链是指让收集的证据具有连贯性，且符合一定的逻辑，以建立合理的逻辑关系网；信息提供者的审查是指对重要的信息提供者及其提供的数据进行严格审查，以确保数据真实反映所研究的现象，而非个人偏见。（2）内部效度，即确定因变量的变化是因为自变量的变化而引起的。为了有效降低因果关系之外的其他解释，可以采用模式契合（Pattern Matching）、解释建立、时间系列设计等方法来实现。其中，模式契合是指检验数据与理论是否搭配和契合，明确各构念之间的关系是否与数据契合；解释建立的具体做法是，先由研究者陈述可能的理论，然后检验理论、命题与经验数据是否符合，如果不符，则对理论和命题进行修正。时间序列设计是指分析所研究的构念是否具有时间上的先后顺序，在此基础上推断相互之间的因果关系。（3）外部效度，即因变量与自变量之间关系的推广性程度，涉及研究结论的概括力和外推力。Cook 和 Campbell（1979）认为，研究结论的外部效度越高，其类推范围就越广，所能解释的现象也就越多，理论与结论也就越有力量。若要提高案例研究的外部效度，就需要在不同时间、不同地点进行多案例研究，以此判断研究理论与结论在其他时间和情境中的情况。根据 Eisenhardt（1989）的观点，在案例研究中，外部效度就相当于定量研究中的生态效度（Ecological Validity）。（4）信度。信度是指测验研究结果的一致性、稳定性和可靠性。在案例研究中，为了确保研究的信度，必须准备详尽的案例研究计划书，以方便后来的重复研究。还要建立研究数据库，以方便重复分析（Yin，1984）。在此基础上，本研究基于扎根理论的研究方法，遵循 Strauss（1987）界定的资料分析程序，依次进行开放性编码、主轴性编码和选择性编码，并严格借鉴 Strauss 和 Corbin（1998）提出的主轴编码程序技术，即"原因条件—行动/互动策略—结果"这一编码范式，来挖掘资料的范畴、识别范畴的性质，以及范畴之间的关系以保证研究过程的信度。下面分别对收集到的关于 HH 茶业、BM 茶业实施连带责任治理模式的资料进行分析。

（一）HH 茶业对供应商集群实施连带责任治理模式的案例分析

1. 开放性编码

开放性编码是指将所收集到的原始资料进行分解、检视、比较、概念化和范畴化的过程（Strauss & Corbin，1998）。这是进行资料分析的第一步工作，须从具体的资料中寻找抽象的概念，并在抽象的概念和具体资料之间进行循环往复的对接与核对，使研究主题逐渐从众多资料中凸显出来。具体而言，开放性编码包括以下几个方面的工作：第一，将获得的文本资料分解为许多相对独立的事件或故事，即所谓的"贴标签"；第二，给这些事件或故事概括出对应的名称，即所谓的"概念化"。第三，确定事件或故事所属的范畴。具体而言，是对事件或故事进行属性归类，把具有相似特征的有关概念聚集成一类，并拟好对应的名称，即所谓的"范畴化"。

依照上述步骤，本研究对 HH 茶业实施连带责任治理模式的案例资料进行了开放性编码。第一步是"贴标签"，即对文本资料中可能表达与连带责任治理相关的词句进行初步提炼，编码前缀设为"A"，由此产生了 38 个自由节点。第二步是"概念化"，即把属于相同或相似现象的自由节点归位到同一树节点之下，编码前缀设为"B"，由此产生了 25 个树节点。第三步是"范畴化"，即把与相同或相似现象有关的树节点归类，构成新的树节点，编码前缀设为"C"，由此产生了 6 个树节点。综上所述，通过对 HH 茶业实施连带责任治理模式的案例资料进行开放性编码，最终产生了 38 个标签、20 个概念、6 个范畴。具体如表4-3所示。

表 4-3　开放性编码示例

| 案例资料 | 贴标签 | 概念化 | 范畴化 |
|---|---|---|---|
| "毛茶供应商自愿组成连带责任小组，每个小组的规模为8~12家供应商，我们每次收购毛茶后，都是以组为单位对收购的毛茶进行检测。一旦查出哪组的毛茶农药超标或掺杂次品，就会拒收该组所有供应商成员的当季的毛茶。" | A1 拒收小组所有成员的产品 | B1 集体受罚 | C1 连带责任 |
| "在对小组毛茶进行检测发现农药超标或掺杂次品时，若小组内有成员举报，或是组长组织调查查明了具体的违约供应商，我们就会拒收违约供应商的所有毛茶，同时，虽然不会拒收小组内其他供应商成员的毛茶，但会以降低收购价格的方式对其他成员进行惩罚。" | A2 降低小组其他成员的产品收购价格 | | |
| "有时，在落实了具体的违约供应商之后，对于违约供应商所在小组的惩罚方式不限于降价，还会以罚款的方式，要求整个小组出资在村里放电影，以告诫其他小组。" | A3 物质形式与非物质形式相结合的集体惩罚 | | |
| "若是某个供应商小组有多次违约情况发生，则会开除该组所有供应商成员下一年度与我们企业合作的资格，即不仅拒收所有供应商成员当季的毛茶，还拒收下一年度的所有毛茶。" | A4 开除小组所有成员的合作资格 | B2 集体出局 | |
| "给毛茶喷洒农药的时间基本上集中在几天，在这几天，我们闲着没事的时候就会去别家的茶园溜溜，去检查丢在地里的农药瓶子是否是HH公司规定的品牌。" | A5 暗中观察组内成员的具体行为 | B3 现场监查 | C2 供应商小组内的横向监督 |
| "若是在邻居家里看到HH禁用的农药瓶，我们就会提醒他赶紧扔掉，叮嘱他千万不要用来喷洒毛茶，以免使整个小组受到牵连。" | A6 当场纠正组内成员的不良行为 | B4 当场纠正 | |
| "有一年，由于HH给的收购价格高于市场价，因此，为了增加收入，有个邻居家的媳妇把娘家生产的毛茶拿过来与自家的毛茶掺在一起，打算出售给HH公司。XXX知道后把这件事情告诉了所在小组的组长，后来对这家毛茶进行了清查。" | A7 向组内其他成员或企业相关人员举报某成员的不良行为 | B5 检举揭发 | |
| …… | …… | …… | …… |

第四章　探索性案例研究

75

| 案例资料 | 贴标签 | 概念化 | 范畴化 |
|---|---|---|---|
| "供应商 J 家里有个女儿上大学，花费大，在入不敷出的情况下，同一个连带责任小组的供应商 H 这几年每年都在借钱给他。" | A11 小组内成员有困难时，其他成员长期提供帮助 | B7 提供帮助而不求马上回报 | C3 供应商小组内的慷慨互惠关系 |
| "我们村的毛茶在前年遭遇比较严重的虫灾，供应商 T 家里的茶园地本来就不多，因而导致毛茶产量直线下降，见此情景，同一个连带责任小组内的供应商 G 主动提出借一部分毛茶给 T，并要 T 来年产量高的时候再还。" | | | |
| "我们这一组的成员基本上都是亲戚关系，不是亲兄弟就是堂兄弟，因此在平时，若是谁家里遇到了什么困难，我们都会尽全力去帮助他渡过难关。" | A14 互相帮助而不谈条件 | B8 无条件付出 | |
| …… | …… | …… | …… |
| "对于那些家庭条件不大好的成员，我虽然同情，但也是不敢借钱给他家里的，因为万一还不起，自己辛辛苦苦赚的钱就打水漂了。" | A18 对于预期无法回报的成员不予以帮助 | B10 对成员的关心程度与对方能提供的利益相当 | C4 供应商小组内的等价互惠关系 |
| "在小组内相互之间帮忙这事上，我认为还是要因人而异，如果对方家境不错，只是暂时遭遇困难，我还是愿意帮助他。" | A19 积极帮助那些能够提供回报的成员 | | |
| …… | …… | | |
| "农忙时，我们相互之间都会帮忙抢收，今天我帮你干，明天你就帮我干，如果有个别的只是接受别人的帮助，而自己却不帮别人抢收，那下次再也甭想得到大家的帮助。" | A22 给成员提供帮助，但要求马上回报 | B11 努力程度须与所能获得的回报基本一致 | |
| …… | …… | …… | …… |
| "去年，供应商 D 就做了一件让人非常痛恨的事情，他偷偷地跑到别人家里划分的林子里砍了几棵大树卖给了外地商家，赚的钱都放入自己腰包里。" | A29 损人利己 | B17 相互之间会做一些损害利益的事情 | C5 供应商小组内的消极互惠关系 |
| "在我们这一组，如果有哪个成员平时敢做出损人利己的事情，我们一定不会放过他。" | A30 某个成员的不良行为必招至报复 | | |
| …… | …… | | |

| 案例资料 | 贴标签 | 概念化 | 范畴化 |
|---|---|---|---|
| "我们这一组的成员从来没有帮助过我，当然，我也从来没有给过他们帮助。" | A32 从来没有给成员提供过任何形式的帮助 | B18 只关心自己的利益，而从不考虑其他成员的利益 | C5 供应商小组内的消极互惠关系 |
| "我自己都自身难保，那还有闲工夫去关心别人家的事情。" | A33 从未考虑过自身行为会对其他成员产生的不良影响 | | |
| …… | …… | …… | …… |
| "在大家的相互监督下，虽然还有个别的成员抱持一种侥幸心理，为了图个便宜，暗地里购买企业禁用的农药，但相较以前，这类现象大大减少。" | A37 使用企业禁用的农药行为减少 | B20 违反合同规定的行为减少 | C6 供应商小组的机会主义行为减少 |
| "以前几乎每家都会把品相不好的茶叶，或是茶叶碎渣掺杂在好的茶叶中，以增加毛茶重量，但现在少了很多。" | A38 以次充好行为减少 | | |

## 2. 主轴性编码

与开放性编码对资料本身的关注不同，主轴性编码着眼于初步编码主题，建立主题之间的关联性或提炼主题所代表的概念。在进行主轴性编码时，需要思考关于因果、条件与互动、策略与过程的问题，收集具有群聚特性的类别或概念，并通过扬弃某些主题或深入探究另一些主题的方式，逐渐提高证据与概念之间的关联度（李晓凤、佘双好，2006）。

主轴性编码的具体做法是立足于"条件—行动/互动策略—结果"这一基本思路，对通过开放性编码提炼出来的分类概念进行更深入的分析，将范畴与副范畴聚合在一起，最终获得一个"主轴"范畴。其中，"条件"是指造成某种问题的多套事件，用于解释个体或组织做出某种特定的行为反应的原因。"行动或互动策略"则指个体或组织对所遇到的问题采取策略性地采取行动的过程。"结果"指的是个体或组织采取策略性行动之后出现的结果。例如，通过开放性编码形成的几个初始范畴，即"毛茶供应商的特点是规模小，数量多，且比较分散，对于企业来说，传统的监督手段成本高，且都不奏效。""毛茶供应商自愿组成连带责任小组，每个小组的规模为8~12家供应商，我们每次收购毛茶后，都是以组为单位对收购的毛茶进行检测。一旦查出哪组的毛茶农药超标，就会拒收该组所有供应商成员的当季的毛茶。""供应商小组的机会主义行为减少"等，根据"条件—行动/互动策略—结果"范式对这些初始范畴进行整合，可形成一条"轴线"，即："由于毛茶供应商的特点是规模小，数量多，且比较分散，对于 HH 茶业来说，传统的监督手段成本高，且都不奏效。在这种情况下，HH 茶业让毛茶供应商在自愿的基础上组成连带责任小组，规定每个小组的规模为 8~12 家供应商，在每次收购毛茶后，以组为单位对收购的毛茶进行检测。一旦查出哪组的毛茶农药超标，就会拒收该组所有供应商成员当季的毛茶。实施这一举措之后，集群内供应商的机会主义行为相较于以前少了很多。"由此可见，可以将这几个初始范畴作为副范畴，整合归类于一个主范畴，即"连带责任"。

同样，对于其他的初始范畴，都是使用"条件—行动/互动策略—结果"这一基本范式进行主轴性编码，最终共产生了 5 个主范畴。具体如表 4-4 所示。

表 4-4　主轴性编码结果

| 主范畴 | 副范畴 | | |
| --- | --- | --- | --- |
| | 条　件 | 行动/互动策略 | 结　果 |
| 连带责任 | 毛茶供应商的特点是规模小，数量多，且比较分散，对于企业来说，传统的监督手段成本高，且都不奏效。 | 集体惩罚 | 机会主义行为减少 |
| 供应商之间的横向监督 | 企业每次收购毛茶后，以组为单位对收购的毛茶进行检测，一旦查出哪组的毛茶农药超标，就会拒收该组所有供应商成员的当季的毛茶。 | 现场监查 当场纠正 检举揭发 | 机会主义行为较少 |
| 供应商之间的慷慨互惠关系 | 供应商相互之间关系密切，即使对方不予以回报，也愿意给予帮助，甚至可以无条件为其他成员付出。 | 横向监督力度减弱 | 机会主义行为更多 |
| 供应商之间的等价互惠关系 | 供应商之间的关系一般，相互关心程度、努力程度与所能得到的回报必须保持一致；某个成员的行为若符合集体期望，就会得到奖励，若违背集体期望，则会受到惩罚。 | 横向监督力度加大 | 机会主义行为更少 |
| 供应商之间的消极互惠关系 | 供应商之间的关系不好，有的成员平时会做一些损人利己的事情；大家只关心自己的利益，而从不考虑其他成员的利益；同时，只会在自己有利可图的情况下，才会给予其他成员帮助。 | 横向监督力度加大 | 机会主义行为更少 |

3. 选择性编码

选择性编码是资料分析过程的最后一项任务，是在通过主轴性编码辨别出研究计划的主要主题的基础上，对资料与先前的符码进行扫描浏览。在这一项工作中，需要选择性地查阅能够凸显主题的个案资料，并对资料与主题进行反复对照（李晓凤、佘双好，2006），建立一个能够简要说明全部现象的核心，也就是通常所说的"故事线"。

将5个主范畴与已有理论进行对接和比较后可知，"集体受罚、集体出局"等可以纳入"连带责任"这一主范畴，"现场监查、当场纠正、检举揭发"等可以纳入"横向监督"这一主范畴，"提供帮助而不求马上回报、无条件付出"等可以纳入"慷慨互惠"这一主范畴，"对成员的关心程度与对方能提供的利益相当、努力程度须与所能获得的回报基本一致"等可以纳入"等价互惠"这一主范畴，"相互之间会做一些损害利益的事情，只关心自己的利益，而从不考虑其他成员的利益"等可以纳入"消极互惠"这一主范畴，"使用企业禁用的农药行为、以次充好"等则可以纳入"机会主义行为"这一主范畴。至此，通过对上述范畴进行整合，可以得到这样一条"故事线"：由于毛茶供应商的特点是规模小，数量多，且比较分散，对于 HH 茶业来说，传统的监督手段成本高，且都不奏效。在这种情况下，HH 茶业让毛茶供应商在自愿的基础上组成连带责任小组，以小组为单位对供应商提供的毛茶质量进行管理，一旦检测发现某个小组有农药超标、以次充好等现象，就对整个小组的供应商进行惩罚，甚至取消整个小组的合作资格。在对集群内供应商实施这一治理模式后，供应商相互积极地进行内部监督，主动去现场对本组成员的经营行为进行监查，一旦发现就会当场制止，甚至向组长或企业相关管理人员进行检举揭发，导致集群内的机会主义行为相较于以前有相当显著的减少。不过，小组内供应商成员的私交关系会明显影响连带责任治理模式的实施效果。如果小组内成员之间关系亲密，是典型的慷慨互惠关系，能无条件地相互付出，就会产生包庇行为，放松对本组成员的监督，从而导致连带责任治理对机会主义行为的抑制作用下降；相反，如果小组内成员关系一般甚至恶劣，是典型的等价互惠关系或消极互惠关系，大家就会更多地考虑自身利益，为免受其他成员的牵连而更加积极地进行相互监督，促使连带责任对机会主义行为的抑制作用更加显著。综上所述，通过选择性编码得到的核心范畴可以表述为"通过实施连带责任治理模式可以有效地抑制供应商集群内的机会主义行为"；然后，再根据"条件——行动/互动策略——结果"的范式将其他范畴和这个核心范畴联系起来。如图 4-1 所示。

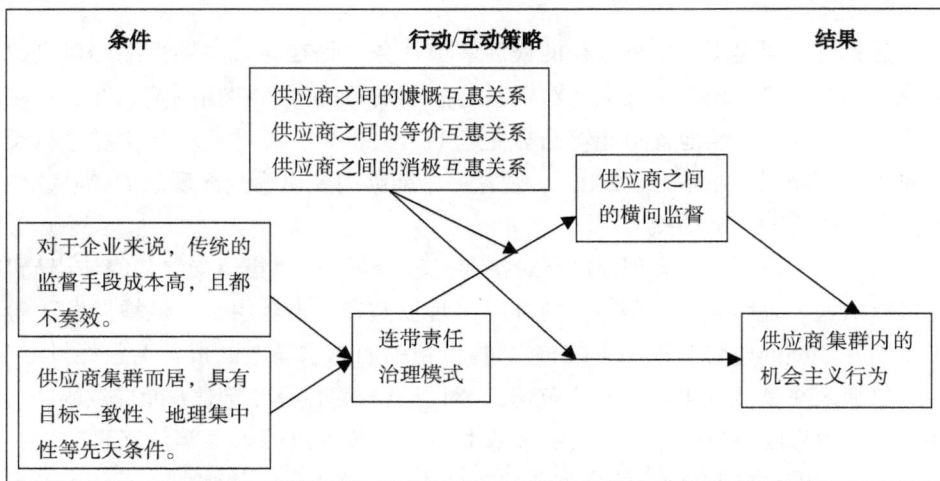

图 4-1　核心范畴的范式模型

（二）多案例分析

在完成 HH 茶业实施连带责任治理模式这一单案例分析的基础上，本研究得到了通过实施连带责任治理模式有效抑制集群内供应商机会主义行为的基本框架。由于上述研究还只是单案例分析，范畴还未能达到相对饱和状态，同时还存在普适程度不高的问题。因此，还需要对其他案例进行分析。关于 BM 茶业实施连带责任治理模式这一案例的分析思路与 HH 茶业案例的分析类似，即对案例资料严格按照 Strauss（1987）提出的资料分析过程，即开放性译码、主轴译码、选择性译码循序推进，并遵照 Strauss 和 Corbin（1998）提出的主轴编码程序技术，即"原因条件—行动/互动策略—结果"这一编码范式进行资料分析，发现和提炼文本资料中包含的概念、范畴以及范畴之间的关系，最终形成完整的故事线。

## 六、探索性案例研究发现

通过上述多案例研究分析发现，实施连带责任治理模式的条件、效果及其内在作用机理可以从如下几个方面进行描述：第一是实施连带责任治理模式的内外驱动力，包括核心企业在供应商集群管理方面遇到的困难和供应商集群本身具备的特点和条件；第二是实施连带责任治理模式的效果以及效果产生的根本原因分析，即连带责任治理模式的实施到底是通过什么机制产生对集群内供应商机会主义行为的抑制作用；第四是供应商小组内互惠关系类型对连带责任治理效果的调节作用。下面分别从这几个方面入手，对连带责任治理模式的生成逻辑与作用机制进行深度探讨与分析。

（一）实施连带责任治理模式的内外驱动因素

通过上文对实施连带责任治理模式的 HH 茶业和 BM 茶业进行扎根分析的过程中，我们发现这些企业以及与之合作的供应商集群所处的内外部环境条件具有诸多共同的特点。从两家企业遇到的困难来看（内部驱动因素），由于毛茶供应商的特点是规模小，数量多，且比较分散，对于 HH 茶业和 BM 茶业来说，长期存在的困难就是对集群内供应商的行为一一进行监督的成本很高，效果还不好，导致毛茶生产过程难以控制，最终无法从供应链源头确保茶叶产品的质量。长期被这些问题困扰的 HH 茶业和 BM 茶业，寻求新的治理模式来确保毛茶质量成为共同需求。再从供应商集群的角度来看（外部驱动因素），毛茶供应商规模小，多是散户，在供应链上处于弱势一端，无法准确把握市场需求，因而大家具有共同的目标，即需要借助核心企业的力量和优势来实现生产与市场之间的有效对接；同时，毛茶供应商大量聚集在同一个地理区域，甚至比邻而居，在平时生活中往来频繁，具有很强的社会资本性。这些特点对于茶业企业以小组为单位对毛茶供应商进行管理来说，已然是非常有利的先天条件。

综上所述，本研究具有充分的证据提出，核心企业所处的这些共同的内外部环境条件共同构成了其对供应商集群实施连带责任治理模式的内外环境特征，即核心企业内外环境条件驱动了连带责任治理模式的选择。

（二）连带责任治理模式对集群内供应商机会主义行为的治理效果及其原因

在对资料进行分析时发现，连带责任治理模式实施前后，集群内供应商的表现差异巨大。在实施连带责任治理模式之前，毛茶供应商为了降低自己的投入成本，偷偷使用企业禁用的农药品牌，同时，受企业提供高收购价格的诱导，有的毛茶供应商将其他区域种植的农残超标产品掺杂其中进行出售，这些投机取巧的行为屡禁不减。而在实施连带责任治理模式之后，毛茶供应商不仅自身投机行为有很大程度的收敛，还会自发地去监督其他毛茶供应商的行为，例如经常到别家茶园去看喷洒的农药品牌，如果当场发现就会收缴，对于不听从的则会积极主动地去所在连带责任小组的组长或是企业相关管理人员那里举报。毛茶供应商这些自发的相互监督行为，不仅节约了企业的监督成本，而且极大地改善了企业治理的效果，使供应商集群内的机会主义行为大大减少。根据以上资料分析，本研究有充分的证据表明，连带责任治理模式的实施促使集群内供应商具有了进行相互监督的强烈动机，激励他们积极利用自身的信息优势对集群内同伴的生产经营行为进行监督，使集群内部形成了一种对核心企业非常有利的相互制约、相互制衡的局面，从而对供应商的机会主义行为产生有效的抑制作用。

（三）供应商之间的不同互惠关系对连带责任治理模式实施效果的不同影响

通过前文对 HH 茶业和 BM 茶业的资料分析发现，在实施连带责任治理模式的前期，由于处于实施这一新治理模式的初级摸索阶段，经验不够，没有对加入连带责任小组的成员资格进行筛选，因此，在实施一段时间之后，有的小组因组内成员过于密切，在相互监督方面有所放松，甚至还出现了组内成员相互包庇的现象，导致违约行为屡屡发生，企业最后只好解除与这些连带责任小组的合作。针对这些问题，HH 茶业和 BM 茶业负责实施连带责任治理模式的管理人员及时进行了总结和调整，在吸取前期教训的基础上，专门就连带责任小组的准入资格制定了相关规定，例如，对于属于直系亲属的供应商成员（慷慨互惠关系），禁止加入同一连带责任小组，还规定每个小组的成员数不得少于 8 家。新的准入资格的实施带来了显著效果。只有非直系亲属（等价互惠关系）才能加入同一小组的规定使小组内"搭便车"或是相互包庇的现象急剧减少，取而代之的是积极主动的相互监督。而关于小组成员数的规定的效果则更加明显。为了达到企业规定的最低数要求，获得与企业合作的基本资格，有的毛茶供应商之间的关系虽然不大好（消极互惠关系），但也加入了同一个连带责任小组。在这种情况下，由于关系不好的毛茶供应商成员之间存在明显的不信任，相互监督的动机更为强烈，表现出与其他相对关系较好的小组内成员更为积极的监督行动，因此，连带责任治理模式对这类小组成员的机会主义行为的抑制作用是最明显的。根据这些资料分析，本研究有充分的证据提出，供应商之间的慷慨互惠关系会弱化连带责任治理模式对其机会主义行为的抑制作用，而供应商之间的等价互惠关系和消极互惠关系都会强化连带责任治理模式对其机会主义行为的抑制作用。

因此，在基于上述资料分析的基础上，本研究尝试建构关于连带责任治理模式的生成逻辑与作用机制理论模型结构图。如图 4-2 所示。

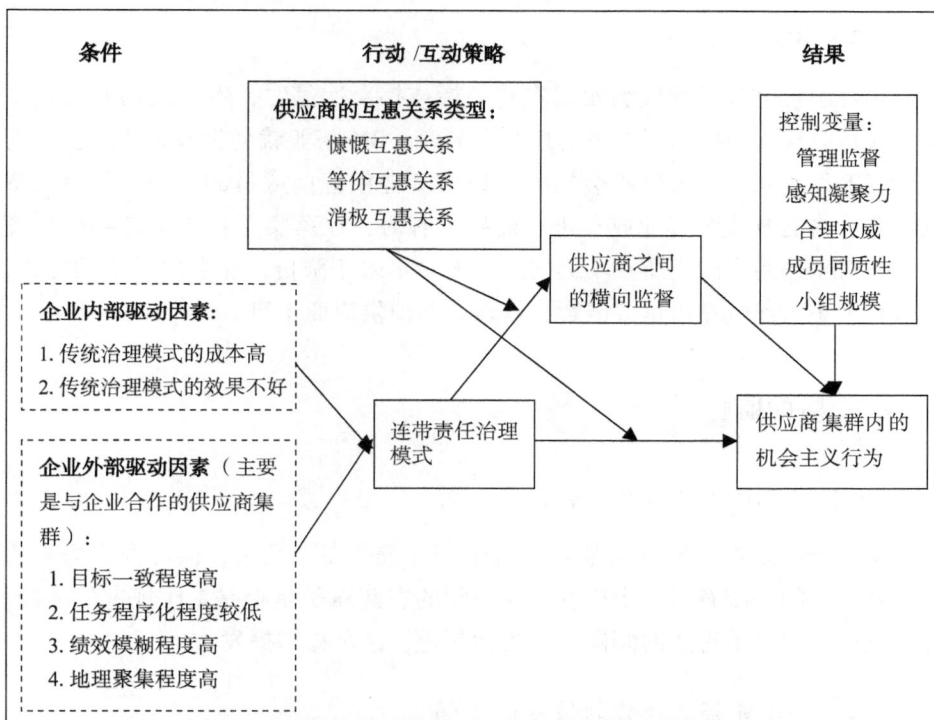

図 4-2 连带责任治理模式的生成逻辑与作用机制概念

# 第三节 研究变量构建

## 一、连带责任

### (一) HH 茶业

自 2006 年起，HH 茶业让毛茶供应商在自愿的基础上组成连带责任小组，每个小组由 8~12 家供应商组成，每次收购毛茶后，都是以组为单位对收购的毛茶进行检测。一旦查出哪组的毛茶农药超标或掺杂次品，就会拒收该组所有供应商成员的当季的毛茶。若违约事件在同一小组内屡次发生，HH 茶业就会开除该组所有供应商成员下一年度与我们企业合作的资格，即不仅拒收所有供应商成员当季的毛茶，还拒收下一年度的所有毛茶。

（二）BM 茶业

在对小组毛茶进行检测发现农药超标或掺杂次品时，若小组内有成员举报，或是组长组织查明了具体的违约供应商，BM 茶业就会拒收该违约供应商的所有毛茶，同时，虽然不会拒收小组内其他供应商成员的毛茶，但会以降低收购价格的方式对其他成员进行惩罚。有时，在落实了具体的违约供应商之后，对于违约供应商所在小组的惩罚方式不限于降价，还会以罚款的方式，要求整个小组出资在村里放电影，以告诫其他供应商小组。

## 二、横向监督

### （一）与 HH 茶业合作的供应商集群

给毛茶喷洒农药的时间基本上集中在几天，在这几天，供应商会去本组其他供应商的茶园查看，去检查丢在茶园的农药瓶子是否是 HH 规定的品牌。若是发现本组成员有违约倾向，会当面制止，甚至检举揭发。

### （二）与 BM 茶业合作的供应商集群

若是在邻居家里看到企业禁用的农药瓶，同一小组的供应商会提醒他赶紧扔掉，叮嘱他千万不要用来喷洒毛茶，以免使整个小组受到牵连。若是对方不听劝，则会向本组组长或企业相关管理人员举报。

## 三、慷慨互惠

### （一）与 HH 茶业合作的供应商集群

供应商成员之间日常来往密切，私交关系良好，一旦小组内成员有困难时，其他供应商成员会长期提供帮助，甚至主动帮助而不谈任何条件。

### （二）与 BM 茶业合作的供应商集群

小组内属于亲戚关系的成员较多，一旦哪家有事，大家主动来帮忙，不管有没有回报。

## 四、等价互惠

### （一）与 HH 茶业合作的供应商集群

同一小组内供应商成员之间的私交关系一般，若是某个成员有困难，其他成员提供帮助往往以得到及时回报为前提。

### （二）与 BM 茶业合作的供应商集群

在小组内相互帮忙这事上，大部分供应商成员都是因人而异采取，如果对方家境不错，只是暂时遭遇困难，我还是愿意帮助他。

## 五、消极互惠

### （一）与 HH 茶业合作的供应商集群

小组内供应商成员之间来往不多，大部分供应商成员在采取行动时几乎不考虑对其他成员的影响，也从来没有给其他成员提供帮助的念头；有些供应商成员甚至会有损人利己的行为发生。

### （二）与 BM 茶业合作的供应商集群

同一小组内供应商成员之间的私交关系不好，若某个供应商成员采取不良行为导致其他成员利益受损，必招其他成员的报复。

## 六、机会主义行为

### （一）与 HH 茶业合作的供应商集群

小组内供应商成员伺机使用企业禁用的农药，或者采取以次充好的方式增加个人收入，致使企业的原材料质量无法得到保证。

### （二）与 BM 茶业合作的供应商集群

小组内供应商成员伺机使用企业禁用的农药，或者采取以次充好的方式增加个人收入，致使企业的原材料质量无法得到保证。

# 第四节　初始研究命题的提出

## 一、供应商之间的连带责任与其机会主义行为

在"核心企业+供应商集群"的合作经营模式中，连带责任治理是指核心企业对集群内供应商以小组的形式进行治理，如果小组内有成员实施机会主义行为，那么，其他的供应商成员都得对其机会主义行为共同承担责任（Pasupuleti，2010）。在企业的具体实践中，连带责任治理的具体表现形式各有不同。例如，HH 茶业的规定是，一旦查出哪组的毛茶农药超标或掺杂次品，就会拒收该组所有供应商成员当季的毛茶。若违约事件在同一小组内屡次发生，HH 茶业就会酌情开除该组所有供应商成员下一年度的合作资格，即拒收下一年度的所有毛茶。而 BM 茶业除了这些规定外，还提出了进一步的要求，即在对小组毛茶进行检测发现农药超标或掺杂次品时，若小组内有成员举报，或是组长组织调查落实了具体的违约供应商，BM 茶业就只拒收该违约供应商的毛茶，且以降低收购价格的方式对其他供应商成员进行连带惩罚。有时，还会以罚款的方式，要求整个小组出资在村里放电影，以告诫其他供应商小组。

连带责任治理模式的实施对集群内供应商机会主义行为的抑制起到了明显的效果。据 HH 茶业的总经理提供，2005 年时企业与集群内供应商一一签订了合同，规定只能使用合同明确指出的 10 种农药品牌，以确保农残符合市场标准，但是这些供应商偷偷使用违规农药的概率很高，经常与企业的监管人员玩"捉迷藏"，不让当面监督检查，甚至还会用合格药瓶装禁用农药，或是将亲戚家的农药超标茶叶掺杂其中，机会主义行为屡屡发生。而自 2006 年实施连带责任治理模式后，供应商因违约成本大大增加，所以在投机取巧方面收敛了很多，大部分供应商都是自觉遵守合同约定。即使有小部分供应商还抱持侥幸心理，有时候会偷偷地使用禁用农药，但一旦发现就严格执行先前制定的惩罚规定，不仅使他自己蒙受更大的损失，而且使其他成员受到牵连。这样一来，他们就逐渐不敢轻易以身试"法"，使企业有效地解决了集群内机会主义行为猖獗这一"痼疾"。

根据上述资料分析，本研究得出如下研究命题：

> 命题 1：供应商之间的连带责任能够对其机会主义行为起到有效的抑制作用；连带责任越大，机会主义行为就越少。

## 二、供应商之间的连带责任与其横向监督

根据委托代理理论，供应商作为代理人在本质上是追求一己私利的"理性人"，所做的任何决策都是对未来的收益与成本进行权衡之后的结果（Kumar 等，2011）。那么，在实施连带责任治理模式的情况下，由于连带责任意味着某一供应商成员的违约行为会使其他成员的利益也受到牵连，因此，为了避免自己的利益因之受损，小组内相互监督的意愿非常强。关于这一点，可从本研究前期对供应商代表进行的深度访谈得到进一步证实。被访的供应商代表一致认为连带责任治理的实施极大地激发了供应商成员之间相互监督的积极性，促使其主动利用自身的信息、技术等优势采取各种监督措施。正如一位供应商代表所说："我的茶叶产量大，很怕其他成员使用禁用农药而使自己蒙受损失，因此会经常出去溜达，借机观察他们有没有购买禁用农药。""一旦发现，肯定会当面指责，或聚众议论，因此没有谁敢乱来。"另外，有一位受访者是某供应商小组组长，他谈道："我们组的成员已与 HH 企业合作六年，表现一向很好，就是因为大家平时都积极地相互监督，一有问题就主动向我举报。"这些访谈信息充分表明，连带责任治理模式的实施有效地激发了供应商们进行相互监督的强烈动机。

同时，集群内供应商还具有进行横向监督的良好客观条件。据 HH 总经理提供，企业对自愿加入连带责任小组的成员提出了一些要求：第一，同一个小组的供应商必须同住一个村，不能跨村组队；第二，因为安溪属于丘陵地带，每个村往往由不同区域组成，区域之间相隔较远，因此，同一个小组的还不能跨区域组队。这些基本要求使得具有连带责任关系的供应商们都是聚集在一个相对狭小的地理区域，具备易于相互监督的客观条件（张维迎、邓峰，2003）。此外，据实地观察显示，同一个小组内的供应商成员日常来往频繁，且交流方式多样。BM 茶业的某供应商代表就指出，平时他们都会互相串门，聚在一起聊天，有时组长还会召集大家在一起开会，这些活动都为相互监督提供了有利时机。

根据上述资料分析，本研究得出如下研究命题：

> 命题 2：供应商之间的连带责任能够有效地促使其横向监督行为的出现；连带责任越大，横向监督越强。

### 三、横向监督的中介作用

横向监督在连带责任治理模式有效抑制机会主义行为的过程中起着关键的中介作用。据一位与 BM 茶业合作多年的供应商代表反映，在实施连带责任治理模式之后，大家进行相互监督的积极性大大提高，而这种监督相较于以前的企业监督，其效果要好得多。他对原因进行了分析，认为主要是由于同一个小组内的供应商都是长期住在同一个地方，一旦被同组成员发现自己有违约倾向，会感觉特别不好意思，而且一旦有人违约的行为被传播开来，都觉得"自己没法在当地做人了"，甚至还会失去与其他成员在其他领域合作的机会。可见，横向监督对供应商形成了一种"有效的惩罚威胁"（Che & Yoo，2001），这种威胁会使身处其中的成员自觉收敛自己的违约行为。

同时，供应商成员之间的连带责任关系给它们带来一些社会性压力，使它们的利益目标趋于一致。具体地说，若某个小组有供应商采取违约行为，其结果除了给违约成员和所在小组带来直接的利益损失之外，从长远看还会影响所在集群的集体声誉，甚至减少它们今后与核心企业的合作机会。根据这一点，HH 茶业就明确规定，每一个小组都在企业有诚信记录，如果某个小组连续 3 年都没有任何违约记录，就会以高于其他小组的价格收购其毛茶，还会赠送农具等赠品，甚至帮助解决子女就业问题。但是，一旦有小组屡次违约，企业就会取消整个小组下一年度的合作资格。因此，不论是基于自身利益的考虑，还是为了所在小组的集体利益，供应商成员相互监督的积极性都会因连带责任关系而大大提高，进而使内部机会主义行为得到有效控制。

根据上述资料分析，本研究得出如下研究命题：

> 命题 3：供应商之间的横向监督在连带责任影响机会主义行为的过程中起着中介作用，即供应商之间的连带责任越大，其横向监督力度越强，进而使其机会主义行为越少。

## 四、供应商之间不同互惠关系的影响

一般情况下，连带责任能够通过横向监督有效地抑制机会主义行为。但是，有的情况下，连带责任治理模式对机会主义行为的抑制效果没那么明显，甚至还会起到反作用。其原因是什么？根据 Wathne & Heide（2004）的观点，任何一种治理模式都有特定的适用条件，尤其会受到供应商所处社会关系因素的显著影响，因而有必要进一步从小组内供应商成员之间的关系层面探寻适用连带责任治理的边界条件。

根据萨林斯（2009）的互惠理论，根据回馈的及时性、等价性和利益等三个维度的不同特征，可以将互惠分为慷慨互惠、等价互惠和消极互惠三种类型。所谓慷慨互惠，是指行动者在交换活动中形成的以回馈时间不确定、回馈价值不确定且仅关注他人利益为主要特点的互惠关系。其主要特点是回馈的时限性程度低，回馈的等价性程度低，而利他程度高。在与核心企业合作的供应商小组中，有的供应商成员之间是一种典型的慷慨互惠关系。例如，据调查得知，在安溪的仙西村和仙东村，所有供应商都是同姓大家庭的成员（许家），彼此之间都是亲戚关系，只是关系密切度不同而已，因此，在自愿组成连带责任小组时，每个小组内成员基本是以亲兄弟为主，只有在名额不满的情况下才会加入堂兄弟。那么，根据萨林斯（2009）的观点，慷慨互惠关系会对连带责任治理的效果产生显著影响。由于以慷慨互惠关系为特征的行动者之间会为了内部成员的利益而无条件付出，不求任何回报，在这种情况下，若是小组内有供应商成员采取违约行为，其他供应商成员就更倾向于会采取包庇态度，而非主动向企业检举揭发，最终使连带责任治理的效果大大降低。这一点已经在仙东村得到了很好的证实。BM 茶业与仙东村的供应商集群合作的时间不到一年，有些小组就因组内机会主义行为频频发生致使无法控制，而以解散告终。

相反，供应商成员之间的等价互惠关系对连带责任治理效果的影响却不一样。所谓等价互惠，是指行动者在交换活动中形成的以即时回馈、等价回馈以及相互受益为主要特点的互惠关系。等价互惠处于互惠连续体的中间，其基本特点是回馈的时限性程度高、回馈的等价性程度高，以及互利程度高。有资料显示，离安溪县城较近的林东村，由于经济条件相对较好，外来入住人口较多，打破了"一家姓"的局面，虽然大家在长期的交往中形成了较好的邻里关系，但市场交换意识较强，是一种典型的等价互惠关系。据调查发现，以等价互惠关系为特征的供应商成员之间对待连带责任的态度不一样。由于供应商成员一致认可的交往原则是"礼尚往来"，大家对连带责任的经济关系的重视程度超过对相互之间社会关系的重视程度，其社会关系具有潜在的不稳定性，会随着因连带责任产生的经济关系的变化而发生改变。因此，供应商成员之间存在一定程度的不信任，促使大家在实施连带责任治理模式的情况下产生更强的监督动机；同时，一旦有供应商成员采取违约行为而导致其他成员的利益受到损害，其他成员就会伺机采取报复，或是将该违约成员驱逐出本组。所以，在等价互惠关系的影响下，连带责任治理的效果会更加明显。

与等价互惠关系一样，供应商成员之间的消极互惠关系会显著增强连带责任治理的效果。根据萨林斯（2009）的观点，消极互惠处在与慷慨互惠完全相反的一端，是指行动者在交换活动中形成的以即时回馈、等价回馈以及仅关注一己私利为主要特点的互惠关系，其基本特点是回馈的时限性程度高、回馈的等价性程度高，以及自利程度高。在这种关系中，供应商成员更多的是关心自身利益，甚至还会做出损人利己的事情，因此，在实施连带责任治理模式的情况下，他们"就会变成百分之百的理性经济人"，相互之间充满着不信任的情绪，致使大家积极主动地相互进行监督；若是某个供应商成员采取违约行为导致其他成员利益受损，必然会遭受各种刻意实施的报复性行动，由此形成一种巨大的惩罚威胁，致使连带责任对机会主义行为的抑制作用更加明显。

根据上述资料分析，本研究得出如下研究命题：

命题4a：供应商之间的慷慨互惠对连带责任与机会主义行为之间的负向关系、连带责任与横向监督之间的正向关系、连带责任通过横向监督对机会主义行为产生的负向关系都具有显著的弱化作用。

命题4b：供应商之间的等价互惠对连带责任与机会主义行为之间的负向关系、连带责任与横向监督之间的正向关系、连带责任通过横向监督对机会主义行为产生的负向关系都具有显著的强化作用。

命题4c：供应商之间的慷慨互惠对连带责任与机会主义行为之间的负向关系、连带责任与横向监督之间的正向关系、连带责任通过横向监督对机会主义行为产生的负向关系都具有显著的强化作用。

# 本章小结

本章共有四个部分，第一部分是对案例研究的目的进行了充分阐述；第二部分介绍了案例研究的基本设计，具体包括研究方法、目标案例选择、目标案例背景介绍、资料收集方法和资料分析等内容；第三部分是在此基础上对连带责任、横向监督、慷慨互惠、等价互惠、消极互惠和机会主义行为等关键研究变量进行了构建；最后一部分，提出了关于供应商之间的连带责任与其机会主义行为、供应商之间的连带责任与其横向监督、横向监督的中介作用、供应商之间不同互惠关系的影响等问题的初始研究命题，具体如表4-5所示：

表 4-5　本研究的初始研究命题

| |
| --- |
| **一、供应商之间的连带责任与其机会主义行为**<br>命题1：供应商之间的连带责任能够对其机会主义行为起到有效的抑制作用；连带责任越大，机会主义行为就越少。 |
| **二、供应商之间的连带责任与其横向监督**<br>命题2：供应商之间的连带责任能够有效地促使其横向监督行为的出现；连带责任越大，横向监督越强。 |
| **三、横向监督的中介作用**<br>假设3：供应商之间的横向监督在连带责任影响机会主义行为的过程中具有中介作用。 |
| **四、供应商之间不同互惠关系的影响**<br>命题4a：供应商之间的慷慨互惠对连带责任与机会主义行为之间的负向关系、连带责任与横向监督之间的正向关系、连带责任通过横向监督对机会主义行为产生的负向关系都具有显著的弱化作用。<br>命题4b：供应商之间的等价互惠对连带责任与机会主义行为之间的负向关系、连带责任与横向监督之间的正向关系、连带责任通过横向监督对机会主义行为产生的负向关系都具有显著的强化作用。<br>命题4c：供应商之间的慷慨互惠对连带责任与机会主义行为之间的负向关系、连带责任与横向监督之间的正向关系、连带责任通过横向监督对机会主义行为产生的负向关系都具有显著的强化作用。 |

# 第五章

# 实证研究

## 第一节　概念模型与研究假设

### 一、概念模型

通过上文的文献综述可知，关于连带责任治理的研究集中在小额贷款领域，目前尚未有研究对供应链合作关系情境中的连带责任治理进行探讨（张广玲、胡琴芳，2014）。鉴于此，本研究以"核心企业+供应商集群"的合作经营模式为研究情境，首先探讨核心企业对供应商集群实施的连带责任治理对供应商集群内机会主义行为的作用及其作用机制。本研究以网络治理理论、委托代理理论和社会交换理论为基础，认为供应商之间的连带责任关系会激起他们强烈的横向监督的动机，并主动利用自身的信息、技术等优势积极采取横向监督活动，从而对供应商集群内机会主义行为产生显著的抑制作用。然后，在此基础上，本研究拟将萨林斯的互惠理论引入我国的供应链合作关系情境，深入探究集群网络内供应商之间的不同互惠关系（包括慷慨互惠、等价互惠和消极互惠）在连带责任影响机会主义行为这一过程中的不同调节作用。综上所述，本研究提出如图 5-1 所示的概念模型。

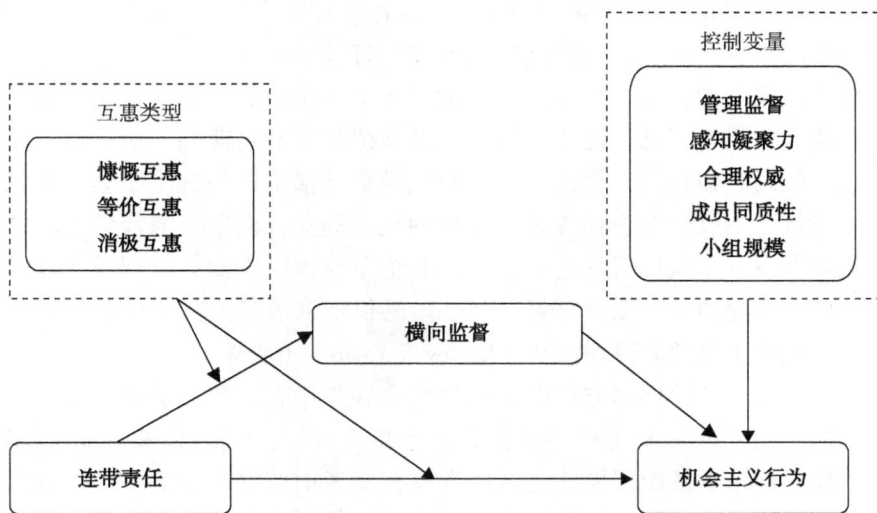

图 5-1　本研究的概念模型

## 二、供应商之间的连带责任与其机会主义行为之间的关系

在供应链合作关系情境中，连带责任治理是指核心企业基于合作伙伴之间的地理临近或强社会关系等先天性条件，对合作伙伴以小组的形式进行治理，如果小组内有成员实施机会主义行为，那么，其他的合作伙伴成员都得对他的机会主义行为承担连带责任（Pasupuleti，2010）。根据前文所述的网络治理理论，本研究认为连带责任治理是一种切合供应商集群情境的网络治理模式，能够有效抑制集群内供应商的机会主义行为。

首先，连带责任治理的实施有利于降低集群内供应商采取机会主义行为的可能性。如上所述，连带责任治理的实施对象是具有位置毗邻或社会联系紧密等条件的供应商群体。一方面，它们往往依托于资源要素优势形成稳定的区域化生产基地，具有典型的地理集中性特征（Gereffi 等，2005），如福建省的毛茶供应商集群、山东省的水产供应商集群、黑龙江省的谷物供应商集群。另一方面，供应商集群是一个相对封闭和稳定的系统，内部成员之间日常接触频繁，有着错综复杂的联系，关系嵌入程度高。在这种情况下，具有连带责任关系的供应商之间信息透明度非常高，由此降低了它们采取机会主义行为的可能性。

其次，连带责任治理的实施有利于抑制集群内供应商的机会主义倾向。

在我国盛行的"核心企业+供应商集群"合作经营模式中，核心企业基于目标市场需求与数量众多的小规模供应商签订"订单"合同。与一般市场条件下的供应商关系不同，在"订单"合同的保障下，供应商集群内部是一种非竞争的关系，期望所有成员遵守合同规定以维持与核心企业的长期合作关系成为它们一致的利益目标。因此，在实施连带责任治理的情况下，集群内供应商的违约行为不仅会直接损害其他成员的经济利益，而且会波及整个群体的市场形象与声誉，从长期看还会影响核心企业与该供应商集群继续合作的意愿。这些可预期的后果无疑对集群网络内的供应商成员形成极大的社会性压力，使其机会主义倾向得到抑制（Besley & Coate，1995）。

关于连带责任治理的作用的实证检验主要集中在小额贷款研究领域，其一致的研究结果可为上述观点提供有力支持。例如，Giné 和 Karlan（2009）研究发现，连带责任治理模式之所以能够在发展中国家的小额贷款领域得到广泛推广，最根本的原因在于它能够有效减少借款人普遍存在的逆向选择和败德行为问题，使还款率显著提高。Hossain（1988）对格莱珉银行进行调查获得的数据显示，由于采取连带责任治理，借款人的还款率超过95%。这一数据有力证明了该治理模式在抑制机会主义行为上的作用。

根据以上分析，本研究推断，当集群内供应商共同承担违约责任时，它们的机会主义行为能得到有效抑制。由此，提出如下假设：

假设 1：供应商之间的连带责任对其机会主义行为具有负向作用。

### 三、供应商之间的连带责任与其横向监督之间的关系

所谓横向监督，是指供应商主动监察彼此的行为并积极做出反应，具体表现为观察、纠正、议论、举报等（Loughry & Tosi，2008）。首先，在实施连带责任治理的情况下，供应商具有横向监督的意愿。根据委托代理理论，供应商作为代理人在本质上是追求一己私利的"理性人"，所做的任何决策都是对未来的收益与成本进行权衡之后的结果（Kumar 等，2011）。因此，由于连带责任意味着某一成员的违约行为会损害其他成员的利益，供应商成员会主动地相互监督，制止违约行为的发生，以避免自己的利益因之受损。Stiglitz（1990）是首个对连带责任治理模式进行研究的学者。他通过数学建模研究发现，连带责任是一种有效的诱因策略（Incentive Strategy），能够诱发代理人的强烈的横向监督动机；而且，横向监督的意愿程度取决于代理人之间在利益

上的相互依赖程度，即连带责任越大，横向监督的意愿程度越高。之后，越来越多的研究者从实证研究的角度为这一观点提供有力支持。例如，Hermes等（2006）使用对厄立特里亚国 102 个小额贷款小组的调查数据进行研究的结果显示，同一小组内的借款人为了降低替其他成员的违约行为负连带责任的风险、确保自己未来的收益，他们都会积极主动地监督成员们的行为，督促其严格遵守与贷款方签订的合约。同样，Hermes 和 Lensink（2007）通过对1995—2007 年关于连带责任的主要实证研究文献进行梳理，得出一个共同结论，即代理人之间的连带责任能够促使其横向监督行为的产生，使委托人的代理成本显著降低。

其次，供应商具有横向监督的能力。主要体现在两个方面：第一，前文已经提到，具有连带责任关系的供应商们聚集在一个相对狭小的地理区域，甚至"比邻而居"，"朝夕可见"，具备易于相互监督的客观条件（张维迎、邓峰，2003）。第二，供应商成员处于一个相对封闭的熟人社区，相互之间日常联系紧密，信息交流频繁，而且交流方式多样。比如，由核心企业发起的正式交流与培训活动，或供应商成员自发的串门、聚众议论等非正式的日常行为，实际上都为它们的横向监督提供了有利时机。

基于上述分析，本研究认为供应商之间的连带责任会促使它们基于个体利益的考虑，主动利用自身的有利条件对其他供应商成员的行为进行监督。由此，提出如下假设：

> 假设2：供应商之间的连带责任对其横向监督具有正向作用。

## 四、横向监督的中介作用

激起研究者兴趣的核心问题是连带责任治理对机会主义行为的影响是如何发生的，换言之，治理对象之间的连带责任影响其机会主义行为的作用机制是什么。该问题引发了大量关于连带责任影响机会主义行为这一"暗箱"的探索（Stiglitz，1990；Sharma & Zeller，1997；Armendariz，1999；Ghatak & Guinnane，1999；Paxton 等，2000；Wydick，2002；Ferrara，2003；Hermes 等，2005；Karlan，2007）。现有研究发现，治理对象之间的连带责任之所以能够有效抑制其机会主义行为，在于该治理模式在实施过程中催生出来的横向影响因素的作用（Stiglitz，1990；Hermes 等，2005；Karlan，2007）。其中，Karlan（2007）提出，横向监督是最关键的影响因素。但目前还没有研究对横向监督的中介作用进行深入分析和实证检验。

如前文所述，连带责任治理的实施与供应商集群内机会主义行为的减少之间关系密切。本研究认为，在其中起关键作用的应是供应商之间的横向监督活动。根据委托代理理论，供应商作为独立的经济主体，相互为违约行为共担责任会极大地激发它们的"理性人"意识，促使它们为了避免自身利益受损而主动进行相互监督。例如，观察、留意组内其他成员的行为表现；一旦发现某成员有违约倾向，就会当面指出、聚众议论，甚至向核心企业举报（Loughry & Tosi，2008）。这些横向监督活动由于供应商成员的地理集聚以及强关系嵌入而易于实施，有效降低了它们之间的信息不对称问题，使其机会主义行为失去了滋生的温床。

根据社会网络理论，在基于连带责任形成的强关系网络当中，由于供应商成员的正式商业地位与社会角色融为一体、密不可分，其个体声誉无疑成为在网络内部获取合作机会的最可信指标（Powell，2003）。因此，这会促使供应商成员密切监督彼此的行为，一旦发现某成员有机会主义倾向或正在采取机会主义行为，就会主动对其进行相应的集体性制裁，如警告、疏远、开除甚至终结其他领域的合作等，使其损失远超过因采取机会主义而获得的利益（Wydick，2002）。可见，通过横向监督，供应商之间的连带责任对其机会主义行为得以保持一种"更有效的惩罚威胁"（Che & Yoo，2001）。

此外，供应商成员之间的连带责任关系给它们带来诸多共同的社会性压力，使它们的利益目标趋于一致。具体地说，若集群内机会主义行为频发，除了给供应商成员带来直接的利益损失之外，从长远看还会影响所在集群的集体声誉，甚至减少它们今后与核心企业的合作机会。因此，不论是基于自身利益的考虑，还是为了所在集群的集体利益，供应商相互监督的积极性都会因连带责任关系而大大提高，进而使集群内的机会主义行为得到有效控制。

根据以上分析，本研究认为供应商之间的横向监督在连带责任与机会主义行为之间的关系中起着中介作用，是连带责任治理模式得以有效运行的根本原因。因此，提出如下假设：

> 假设3：供应商之间的横向监督在连带责任影响机会主义行为的过程中具有中介作用

## 五、供应商之间的不同互惠关系在连带责任与机会主义行为之间的调节作用

社会交换理论认为，人类行为一般都是从社会交换的角度出发，将其作为个体之间的关系、群体之间的关系或社会组织成员之间的关系的基础，并通过这些主体之间的互动体现出来（Blau，1964）。在现实中，供应商集群处于一个较为狭窄的地域内，相对稳定和封闭的环境决定了集群内的供应商之间有着频繁的社会互动。由于互惠是社会互动的内在本质（Gouldner，1960），因此，供应商之间的关系具有典型的互惠特性。萨林斯（2009）认为，在现实的交换关系中，按照"群体间亲属关系的距离和交换的关联"，可将互惠关系分为慷慨互惠、等价互惠和消极互惠三种类型，各自在回馈的时限性、回馈的等价性和利益三个维度上具有不同的特征。由于这一分类观与中国传统文化背景下特有的"差序格局"特点相吻合（张江华，2010），反映出集群内供应商之间的社会关系在现实中的复杂性和独特性，因此，本研究将三种互惠关系类型引入到概念模型中，认为它们会分别对供应商之间的连带责任与其机会主义行为之间的关系起着不同的调节作用。

首先对萨林斯（2009）提出的关于慷慨互惠的观点进行简要介绍。萨林斯（2009）认为，慷慨互惠意味着不确定的回馈时限，不明确的回馈等价性，以及低的自利倾向。在这类互惠关系中，施惠者做出决策与采取行动的出发点具有利他性，不期望受惠者在某个预定的时间内回馈等价的东西，相反，其回馈往往取决于受惠者有能力提供回馈的时间和价值。因此，慷慨互惠被认为是"持之以恒的单向流动"（萨林斯，2009）。例如，中国的孝敬馈赠就是典型的慷慨互惠，在这种社会关系中，礼物自上而下地流动（刘军，2007）。对于慷慨互惠的这一标志性特点，萨林斯（2009）在其著作《石器时代经济学》中进行了非常深入而具体的阐析："……交换过程的物质方面被社会性所压制：对人情的计算不能公开，一般都被忽略。……这类人情不受时间、数量或质量所限；对互惠的期求是可有可无的。人们对互惠时间和价值的计算，不仅受到赠予物的限定，也要取决于对方的需要与恰当的时间，也同样要考虑接受者的负担和进行的时间。接受物品之时，就是接受者必须或可能履行一项漫长义务之日。回报可能因之迅速抵达，但也可能永远不会兑

现。有人甚至终生无法惠及自身或他人。"❶

由前文的分析可知，供应商之间的连带责任既会因更高的信息透明度而使他们实施机会主义行为的机会减少，又会因形成强大的社会性压力而使他们的机会主义行为倾向得到很好的抑制。但是，若是连带责任治理的实施对象是具有显著的慷慨互惠关系的供应商群体时，根据以上关于慷慨互惠的论述，本研究认为，供应商之间的连带责任对其机会主义行为的抑制作用反而会被削弱。具体理由如下：

首先，Sparrowe 和 Liden（1997）认为，慷慨互惠关系中的行动者之间具有强连带的特征。根据 Krackhardt（1995）的观点，三个或三个以上的行动者共享的强连带被称为"齐美尔连带"，能够促使行动者之间产生高度的团队认同感。那么，根据社会认同理论，"齐美尔连带"带来的群体认同感会强化群体间冲突和消极的群体外偏见（Sidanius 等，2004；Dimmock 等，2005），使行使不良行为的供应商易于得到群体内其他成员的包容、原谅甚至蓄意包庇（Karlan，2007）。因此，若担负连带责任的供应商身处慷慨互惠关系当中，当他意欲谋求私利时，会习惯性预期自身违背企业规定的行为带来的不利后果将能得到其他成员的宽容与原谅，致使他感知到的社会性压力显著降低，从而使其机会主义行为倾向被强化。

其次，当供应商之间的社会关系具有明显的慷慨互惠特性时，利他倾向会使他们受到很好的对待，使彼此所得往往超出其所能回报的，因而他们会对所在群体报以更高的情感依恋，促使相互之间存在高度的信任感（Wu 等，2006）。但是，高度信任是一把双刃剑，越来越多的研究认为高度信任也存在"黑暗面"或有害影响（Xu 等，2013）。例如，Gargiulo 和 Ertug（2006）研究发现，高度信任会导致"盲目信任"，从而使被信任的一方在采取违约行为方面更加有机可乘。由此可以推断，在连带责任小组中，慷慨互惠关系带来的高度信任可能会促使某些成员出于追求一己私利的目的而更加放肆地伺机采取机会主义行为，使其机会主义行为增加。

综合以上分析，本研究认为，随着供应商之间慷慨互惠关系的增强，他们之间的连带责任对其机会主义行为的抑制作用会下降。由此，提出以下假设：

---

❶ 马歇尔·萨林斯. 石器时代经济学 ［M］. 张经纬，郑少雄，张帆，译. 北京：三联书店，2009：224.

> 假设 4a：随着供应商之间慷慨互惠关系的增强，他们之间的连带责任对其机会主义行为的负向作用减弱。

等价互惠的基本特征是回馈的即时性和回馈资源的等价性，即受惠者必须在短时间内回馈其施惠者以等价的东西；同时，等价互惠关系中的各方行动者寻求一种"交换条件"的交易，以使大家都能从中受益（萨林斯，2009）。具体而言，在回馈的时限方面，等价互惠无法接受物品的单向流动。萨林斯（2009）提出，如果在预期的时间内，受惠者没有及时回馈施惠者，他们之间的关系就会随之瓦解。在回馈的价值方面，"交换物或多或少都被计算"；尤其在完全等价的互惠关系中，行动者之间交换的是同样种类、同样数量的物品。在利益方面，等价互惠的特点是互利性，即通过交换使双方都受益。

综合以上特征，与慷慨互惠相比，等价互惠所具有的"个人色彩"要少些，经济性程度更高，行动者之间的互动具有明确的经济和社会目的。而且，在等价交换过程中，行动者之间的社会关系随着经济关系的变化而变化（萨林斯，2009）。所以，据此推断，在对具有很强的等价互惠关系的供应商群体实施连带责任治理时，供应商成员对因连带责任而形成的经济关系的重视程度超过对他们之间早已存在的各种社会关系的重视程度。在这种情境下，一旦某个供应商因采取机会主义行为而使其他成员的经济利益受到牵连，可以预知的是，其他成员必然会毫不手软地对该供应商采取警告、疏远、开除等集体性制裁行动（Wydick，2002），甚至使该供应商与其他成员之间的社会关系受到负面影响，波及他今后与其他成员在其他领域的长期性合作。因此，这些可预见的不良后果会强化连带责任小组中的供应商成员感知到的社会性压力，从而使其机会主义行为倾向得到更有效的控制。

鉴于以上分析，本研究认为，随着供应商之间等价互惠关系的增强，他们之间的连带责任对其机会主义行为产生的抑制作用也会得到增强。由此，提出以下假设：

> 假设 4b：随着供应商之间等价互惠关系的增强，他们之间的连带责任对其机会主义行为的负向作用增强。

萨林斯（2009）认为，互惠由一系列的交换组成，是一种连续的互动模式；在这个连续体中，消极互惠处在与慷慨互惠相反的一端。因此，消极互惠的基本特征是及时、等价的回馈以及高度自利性。具体地说，消极互惠关系中的行动者是索取导向的，"面对彼此，各有所图"，通常以他人的利益为代价来寻求自身利益的最大化，其唯一目的"就是为了赚取实际利益"，因而"最为经济"●。对此，萨林斯在田野调查中通常使用"投机""诈骗""行窃"等代表性的民族志术语对消极互惠的具体表现特征进行描述。

鉴于消极互惠具有与慷慨互惠完全相反的特性，本研究提出，当供应商群体内的消极互惠关系很强时，供应商成员之间的连带责任对其机会主义行为的负向作用会得到强化。其主要原因在于：根据社会交换理论，慷慨互惠关系和等价互惠关系中的行动者都存在不同程度的社会交换和经济交换，而在消极互惠关系中，行动者之间根本不存在社会交换，只有纯粹的经济交换（Wu 等，2006）。由于唯有社会交换才会产生"个人义务、感激和承诺的感情"，仅是纯粹的经济交换不会产生这类感情（Blau，1964），因此，当连带责任小组内的供应商之间具有显著的消极互惠特性时，他们"就会变成百分之百的理性经济人"，形成典型的"工具型关系"。那么，若是某个供应商成员采取核心企业在合同中明确禁止的不良行为，来自其他成员的对待方式将是具有"明码标价、讨价还价"特性的纯理性手段（罗家德，2011），其中，除了上文提及的集体性制裁之外，还包括在其他合作领域刻意实施的各种报复性行动（Antia & Frazier，2001），由此对连带责任小组内的成员形成一种巨大的惩罚威胁，从而使其机会主义行为得到更加有效的控制。

根据以上分析，本研究认为，与等价互惠的调节作用一样，随着供应商之间消极互惠关系的增强，他们之间的连带责任对其机会主义行为产生的抑制作用必然会更加显著。由此，提出以下假设：

假设4c：随着供应商之间消极互惠关系的增强，他们之间的连带责任对其机会主义行为的负向作用增强。

## 六、供应商之间的不同互惠关系在连带责任与横向监督之间的调节作用

已有研究一致认为，慷慨互惠的背后有着深刻的社会规范因素。例如，萨林斯（2009）认为，与等价互惠和消极互惠相比较，慷慨互惠具有更高的

● 马歇尔·萨林斯. 石器时代经济学［M］. 张经纬，郑少雄，张帆，译. 北京：三联书店，2009：226.

道德价值；马林诺夫斯基（2002）则发现，在慷慨互惠关系中起作用的是心理因素而非经济因素；我国学者刘军（2007）也提出，慷慨互惠的思想具有重要的社会学意义。由此，本研究推断，对具有显著的慷慨互惠关系的供应商群体实施连带责任治理时，他们对彼此之间的社会关系的重视超过对连带责任的经济关系的重视，从而使相互监督的程度降低。具体从以下几个方面进行分析：

首先，已有研究认为，慷慨互惠对所在社会群体更加有利，因为它扩展了社会的道德原则，并提高了成员之间的信任水平（王铭铭，2004）。因此，在具有慷慨互惠特性的连带责任小组中，供应商成员会因为相互之间的高度信任而认为没有进行严格监督的必要性，自然会导致横向监督活动的减少。即使当供应商成员表现出机会主义倾向时，其他供应商也会给予他以充分的不求"报"的信任，而非对他采取警觉性的监督行为（Wu 等，2006）。

其次，如前文所述，具有慷慨互惠特性的供应商成员之间共享"齐美尔连带"。而根据 Sparrowe 和 Liden（1997）基于委托代理理论提出的观点，对于委托人来说，如果代理人之间的信任和合作对任务的完成非常重要，那么，代理人之间的"齐美尔连带"以及由此产生的高度认同感就是有利的，但在结果取决于竞争的情况下则会产生对委托人不利的局面。本研究据此推断，慷慨互惠关系强的供应商群体内的成员共享"齐美尔连带"，对本群体的认同感很高，这将不利于核心企业的连带责任治理。其原因在于，在实施连带责任治理时，核心企业的出发点是希望为机会主义行为共担责任的供应商成员之间能够出现相互监督的局面，但实际情况却与其初衷相反，即"齐美尔连带"促进的是供应商成员之间的高度合作，具体表现为对机会主义行为的相互袒护，而非相互监督。对于这一点，小额贷款领域的相关研究文献提供了有力支持。例如，Sharma 和 Zeller（1997）研究发现，在实施连带责任的贷款小团体中，具有亲属关系的成员所占比例与横向监督的降低之间呈现显著的正相关关系。据此，有些小额贷款项目明确规定同一贷款小组中的成员之间不能存在亲属关系（Conning，2005）。

第三，从决策与行为的动机来看，由于慷慨互惠关系强的供应商成员之间在做出决策与采取具体行动时具有明显的利他倾向，因此，在连带责任小组内，即使供应商成员发现其他成员有违反核心企业合同规定的倾向，或是正在采取违反合同的机会主义行为，他们也不愿意相互监督，进行检举揭发，而是采取无条件的包庇行为，以免使违约成员遭受严厉惩罚（Zeller，1998）。

第四，根据社会交换理论，慷慨互惠关系强的供应商成员之间交换的资源内容一般是以社会情感资源为主的社会性交换（Wu 等，2006）。因此，在实施连带责任治理的情况下，虽然供应商成员之间承担着因某成员违约而负连带责任的经济损失风险，但与这种短期的经济利益相比，慷慨互惠关系强的供应商成员之间更加注重长期的社会情感资源。因此，由于横向监督会使连带责任小组内的社会关系变得紧张（Conning，2005），供应商成员相互之间往往不愿采取严格的监督措施。

综合以上分析，本研究认为，供应商成员之间的慷慨互惠关系越强，他们之间的连带责任对其横向监督的正向作用越弱。由此，提出以下假设：

> 假设 5a：随着供应商之间慷慨互惠关系的增强，他们之间的连带责任对其横向监督的正向作用减弱。

本研究提出，在对等价互惠关系强的供应商群体实施连带责任治理的过程中，由于供应商成员对连带责任的经济关系的重视程度超过对相互之间社会关系的重视程度，其社会关系具有潜在的不稳定性，会随着因连带责任产生的经济关系的变化而发生改变，因此，连带责任与横向监督的关系会因集群内供应商成员之间的等价互惠关系而得到强化。具体分析如下：

首先，由前文可知，处于显著的等价互惠关系中的行动者关注的是"一报还一报"的交换（Sparrowe & Liden，1997），即重视利益的相互性，因此，在连带责任小组中，如果供应商成员之间具有很强的等价互惠关系，他们的经济利益关系就要优先于其他诸如朋友、邻居等的社会关系，并且在这一点上达成高度共识。在这种情况下，供应商成员之间的相互监督便会成为被接受、被认可的行为，而无须顾忌是否会冒犯和损害彼此之间的其他社会关系。由此导致的结果便是，为了避免自己的经济利益因其他成员的机会主义行为而受损，供应商成员相互进行监督的积极性会大大提高，由此带来横向监督程度的增强。

其次，从社会交换理论的角度来看，与慷慨互惠关系对社会情感资源的高度重视不同，等价互惠关系中的资源内容更偏重于经济交易，意即处于其中的行动者更加注重相互之间在经济资源上的交换（Wu 等，2006）。因此，由于连带责任意味着集群内供应商之间存在着因其他成员违约而使自己经济利益受损的风险，出于对经济资源的追逐，供应商成员自然会主动加大相互监督的力度。

此外，根据 Wu 等（2006）的研究结果，等价互惠关系强的行动者之间也具有一定程度的信任。不过，这种信任是基于相互利益的考虑和经济交换的互动而产生的计算信任。Denise 等（1998）和 Lewicki 等（1998）一致认为，计算信任的基本特征是高水平信任与高水平不信任的同时存在，而且这两个维度的重要程度不是对称或静止不变，而是具有非均衡性、动态性的特点，会根据具体情境的不同而发生变化。进一步地，根据 Lewicki 等（1998）的观点，当行动者之间涉及直接的、重要的经济利益时，高水平不信任会起主导作用。因此，在对等价互惠关系强的供应商成员实施连带责任治理的情况下，由于直接涉及自己的经济利益，相对于彼此之间的信任程度来说，他们之间会显示出更高程度的不信任，驱使他们"努力地先发制人，并积极采取监管、监督、检查等控制机制"（Lewicki 等，1998）。

综合以上分析，本研究认为，供应商成员之间的等价互惠关系越强，连带责任与横向监督之间的正向关系也会越强。由此，提出以下假设：

> 假设 5b：随着供应商之间等价互惠关系的增强，他们之间的连带责任对其横向监督的正向作用增强。

本研究提出，当供应商群体内的消极互惠关系很强时，供应商成员之间的连带责任对其横向监督的正向作用会得到强化。具体从以下两个方面进行分析：

首先，在具有消极互惠特性的供应商群体中，利己倾向主导着供应商成员的行为，因此，一旦对他们实施连带责任治理，同一小组内的供应商成员会担心其他成员将一味地为了追求一己私利而采取不利于集体的机会主义行为。这种担心使供应商群体内的不信任气氛显著增强（Wu 等，2006）。而 Denise 等（1998）认为，不信任被视为"对伤害行动的积极预期"，可促使行动者基于这种确定的预期而理性地采取保护性行动，并通过一些社会性约束手段具体表现出来，如监督机制、科层或制度控制等。因此，在连带责任小组中，一旦供应商成员之间的不信任程度增强，他们对本组内可能出现损人利己的行为预期就越确定，因而会投入更多精力和资源加强监督，为预期会发生的破坏性行为做准备，以保护自己的利益不因之受牵连。

其次，根据前文可知，从社会交换理论的角度看，在消极互惠关系中，行动者之间只有纯粹的经济交换（Wu 等，2006）。因此，当集群内供应商之间的消极互惠关系很强时，他们往往以"百分之百的理性经济人"的身份来对待彼此（罗家德，2011）。在此种情况下，当核心企业对供应商成员实施连带责任治理时，他们会基于利益最大化原则，只关注与自身相关的经济利益，并积极利用信息和技术等优势，尽最大努力对其他成员进行监督，而根本不会顾忌任何规范或道德等社会性因素。正如萨林斯（2009）提出的，"从道德意义上讲"，消极互惠显然是极为"消极的"。关于这一点，常向群（2009）通过对我国江村的田野调查也进行了验证。他研究发现，"慷慨互惠有更高的道德价值，而在等价的和消极的互惠中其道德价值就逐渐降低"❶。可见，前人的研究成果都有力支持了本研究的这一观点。

综上所述，本研究认为，供应商之间的消极互惠关系越强，他们之间的连带责任与其横向监督之间的正相关关系就越明显。由此，提出以下假设：

> 假设 5c：随着供应商之间消极互惠关系的增强，他们之间的连带责任对其横向监督的正向作用增强。

## 七、供应商之间的不同互惠关系在连带责任通过横向监督影响机会主义行为的过程中的调节作用

根据前文分析，横向监督是连带责任有效制约供应商机会主义行为的核心中介因素，是连带责任治理模式得以有效运行的根本原因。因此，当集群内供应商相互为彼此的机会主义行为承担责任时，他们之间的不同互惠关系会强化或弱化横向监督活动，进而强化或弱化对集群内机会主义行为的抑制作用。这意味着，供应商之间的不同互惠关系在连带责任通过横向监督影响机会主义行为这一过程中起着不同的调节作用。具体分析如下：

首先，连带责任治理模式的实施能够有效地激发集群内供应商的"理性人"意识，促使他们为了避免个体利益受损而主动利用自身的有利条件采取横向监督活动，例如，观察、留意组内其他成员的行为表现；一旦发现某成员有违约倾向，就会当面指出、聚众议论，甚至向核心企业举报（Loughry & Tosi，2008）。而根据上文分析已知，不同供应商群体内的成员之间存在着慷慨互惠、等价互惠和消极互惠等三种不同的互惠关系；在实施连带责任治理的情况下，这三种互惠关系会分别与连带责任之间产生不同的交互作用，进而导致供应商成员之间横向监督程度的增加或减少。具体而言，在对供应商集群实施连带责任治理的情况下，当供应商之间的慷

---

❶ 常向群. 关系抑或礼尚往来？——江村互惠、社会支持网和社会创造的研究［M］. 沈阳：辽宁人民出版社，2009：224.

慨互惠关系增强时，他们之间的横向监督程度会降低；相反，当供应商之间的等价互惠关系或消极互惠关系增强时，他们之间的横向监督程度则会得到强化。

其次，如果供应商之间的横向监督程度增强，集群内的机会主义行为就会得到更好的控制；相反，一旦供应商之间的横向监督程度减弱，集群内机会主义行为的控制效果也会降低。具体而言，其一，如果供应商之间的横向监督增强，就可以更充分地利用他们自身的信息优势和监督技术优势。根据社会网络理论，集群内的供应商处于一个"共同网络"，在该网络中，他们之间的信息交换频率和共享程度很高（Stiglitz，1990；张维迎、邓峰，2003）。同时，由于以密集型交易为特征的经济空间更易成为专业化文化和惯例形成的客观载体（Scott，1999），因此，供应商之间随着社会关系日益紧密而会逐渐形成一种共同文化，使它们在活动倾向、行为惯例等方面具有相通性，从而在监督彼此的机会主义行为方面具备很强的技术优势（Barron & Gjerde，1997）。其二，供应商之间的横向监督具备激励功能，横向监督程度的增强能够对供应商的行为起到良好的引导作用。在供应商集群内，供应商之间的社会关系复杂，如兼具亲缘、友缘或合作关系等。那么，在连带责任治理情境下，如果某供应商因采取机会主义行为而被发现或举报，必然会对他在集群网络中的声誉以及今后的发展产生不良影响，从而促使供应商主动采取符合"集体期望"的行为（Loughry & Tosi，2008）。而在"核心企业+供应商集群"的合作关系情境中，供应商的"群体期望"就是表现良好（即避免机会主义行为），实现与核心企业合作关系的稳定、持续发展，这既符合了供应商群体层面的目标，实际上也将供应商的利益与核心企业的利益连接在了一起，减少了代理关系中委托人与代理人之间的目标冲突。而这一过程正是通过横向监督活动才得以实现。由此可见，如果供应商之间的横向监督程度增强，集群内的机会主义行为就会得到更好的控制；相反，如果供应商之间的横向监督程度减弱，集群内机会主义行为的控制效果也会降低。

综上所述，本研究认为，当供应商之间的慷慨互惠关系增强时，供应商之间的连带责任通过横向监督对机会主义行为产生的间接抑制作用就会变弱；相反，当供应商之间的等价互惠关系或消极互惠关系增强时，供应商之间的连带责任通过横向监督对机会主义行为产生的间接抑制作用也会得到增强。由此，提出以下三个假设：

假设 6a：随着供应商之间慷慨互惠关系的增强，他们之间的连带责任通过横向监督对机会主义行为产生的间接负向作用减弱；

假设 6b：随着供应商之间等价互惠关系的增强，他们之间的连带责任通过横向监督对机会主义行为产生的间接负向作用增强；

假设 6c：随着供应商之间消极互惠关系的增强，他们之间的连带责任通过横向监督对机会主义行为产生的间接负向作用增强。

# 第二节　研究设计与方法

## 一、问卷设计原则与过程

本研究采用实证研究方法，即通过科学的测量来实现对研究对象的数量化表达，以此对所有变量之间的各种关系进行观察、解释和预测。因此，根据实证主义的定量研究传统路径，本研究通过问卷调查的方式获取所需数据，以期对概念模型的基本假设进行检验，为供应链合作关系情境下实施连带责任治理模式的有效性提供实证支持。下面对本研究进行问卷设计时遵循的基本原则及其具体设计过程进行总结：

### （一）问卷设计原则

所谓问卷设计，就是为了能够准确而高效地得到用于实现研究目标所需要的信息、数据和资料，而有计划、有原则地将研究问题细致化、具体化的过程。为此，本研究在进行问卷设计时，主要根据李怀祖（2004）提出的建议，遵照问卷设计的几个原则，具体包括：第一，是总的原则，即所设计的问卷应尽可能简明扼要，以便于被调查者回答，并使被调查者产生回答的意愿。需要注意的是，不要设计出题目繁多、答案冗长的问卷，以及令人感到马马虎虎、草率设计的问卷。第二，所设计的问卷中只能包含与本研究的目的有直接关联的问题。第三，问卷中提出的每个问题不能包含多个意思，即一个问题里面只能包含一个定义。第四，如果所提问题中出现的某个词语或是定义可能让被调查者产生误解或提供几种解释，一定要在该问题后附加相应的解释，以保证对方能够准确理解问题的真实含义。第五，在答案的设计上，要注意所提供选项的完整性以及选项之间的非重复性，亦即，既要包括所有可能的答案，不要有遗漏或使被调查者无答案可选，又要保证备选答案之间没有出现互相重叠的情况，以免使被调查者可能选择一个以上的答案。

同时，本研究在进行问卷设计时，还注意严格遵守几项禁忌（李怀祖，2004），主要包括：第一，所设计的问题不带有倾向性，避免提问方式对被调查者形成诱导，以免让被调查者在回答问题时猜测研究者所想要得到的答案，或是感觉到自己有必要做出某种选择，而选择了违背自己意愿或真实情况的选项。因此，在词语的使用上应注意保持中性，不要使用反映出褒义或者贬义等感情色彩的词语。第二，不提有可能让被调查者难以提供真实答案的问题。第三，不能把未经确认的事情当作前提假设，如果因研究而确实需要，那么在这种情况下必须先提出一个过渡性问题。

### （二）问卷设计过程

对调查问卷进行科学设计是为了准确而有效地获取解决研究问题所需要的信息、数据和资料，所以，本研究在进行问卷设计时，严格遵循基本的操作程序，以保证所设计问卷的科学性和有效性。具体操作过程阐述如下：

第一步，明确调研目的和所需要收集的信息内容。在进行问卷设计之前，必须要明确调研的目的，并围绕这一目的将需要收集的信息具体化。由于本研究是为了探究供应商之间的连带责任对其机会主义行为的作用及其核心作用机制，以及供应商之间的不同互惠关系在其中的影响，因此，针对这些研究问题，本次调研设计的主要目的是想获取具有连带责任关系的供应商小组的基本情况、本研究的概念模型所涉及的主要变量信息，以及会对本研究的因变量产生影响的其他控制变量信息等内容。然后，根据这些调研目的和基本内容，列出所要调研的题目清单。

第二步，进行问卷的设计。主要是根据调研的题目清单确定每个变量的测量量表及具体题项。一般而言，问卷设计有两种途径，一种是根据研究情境自行开发所需要测量变量的量表，另一种是采纳前人已经研究设计出来并得到应用的成熟量表。由于前一种方法的实施难度较大、可操作性不强，因此，本研究采取的是后一种方法，即概念模型中所有关键变量的测量量表都来自于前人开发的成熟量表。为了获取与关键变量匹配的成熟量表，首先搜集并阅读了大量来自于国外权威期刊的关于连带责任、横向监督、机会主义行为、慷慨互惠、等价互惠、消极互惠等方面的文献。然后，通过对这些文献的梳理，明确了每一个关键变量的操作性定义，并根据操作性定义遴选出与之一致的量表及其具体题项。接着，根据本研究情境将英文量表翻译成中文，由此形成了问卷的初稿。以保证概念的等价性为目的，我们邀请两个市场营销研究领域之外的研究者对上述所有翻译成中文的题项再还原成英文，并与原文进行对照（Hoskisson 等，2000）。之后，我们邀请三个市场营销研究领域的专家检查了所设计的问卷。而且，在前往企业进行实地调查之前，我们通过场景设计与模拟的方式在学校进行了一次小规模的调查实验，实验参与者是本校 70 个即将走上工作岗位的应届毕业生（因为应届毕业生具有一定的实习经验，比其他年级的大学生更易理解本研究设计的情境），将他们分成 10 组（每组成员平均 7 人）进行。实验结束后，这些参与小组成员提供了不少有益的反馈意见，使得调查问卷在具体设计和行文措辞等方面都得到了一定程度的改进。最后，我们到达核心企业所在地之后，有幸得到了当地政府主管部门的大力支持与协助，得以根据设计好的调查问卷对该企业的总经理以及八个上游供应商代表分别进行了 1~2 个小时的深度访谈。通过对被访谈者的反馈意见进行整理和提炼，调查问卷得到了更好的改进。尤其是，由于我们之前对当地的语言文化习惯较为陌生，在调查问卷的措辞方面存在多处与当地表达不一致的地方，因此，根据这些被访谈者的反馈意见对调查问卷进行的完善工作确保了各个变量测量的内容效度和表面效度。至此，本研究的调查问卷设计基本完成。

第三步，进行小样本预调查。为了在保证测量量表的信度与效度的基础上得到精简、有效的测量量表，我们对所设计的调查问卷进行了小样本预调查。具体做法是，通过方便抽样的方式，在龙门镇的仙西村和仙东村选取了由 218 个毛茶供应商组成的 27 个连带责任小组作为预调查的对象。在问卷发放对象的选择上，每个供应商小组的被调查者是供应商组长和两名供应商成员，由他们完成问卷信息提供工作。回收问卷后，使用 SPSS 22.0 统计软件对问卷的信度和效度进行了简要分析，并根据分析结果再次对量表题项的内容与措辞进行了修正与完善，最后将正式用于大样本调研的问卷确定下来（见附录 1）。

## 二、变量的操作性定义与测量

本研究需要测量的变量共有 11 个，分别是：连带责任、慷慨互惠、等价互惠、消极互惠、横向监督、机会主义行为、管理监督、感知凝聚力、合理权威、成员同质性和小组规模。为了与本研究的具体情境相吻合，同时也为了减少共同方法偏差问题的影响，我们在现有文献的基础上对这些变量的题目进行了适当调整（Podsakoff 等，2003）。除了连带责任、机会主义行为和小组规模之外，其他变量都使用李克特 5 点量表计分。下面对这些变量的测量一一进行阐述。

（一）连带责任的测量

连带责任，是指在供应商小组内，若某一成员采取核心企业在合同中规定的违约行为，则其他所有成员对其违约行为共同承担责任（Pasupuleti，2010）。对连带责任的测量借鉴的是 Ahlin 和 Townsend（2007）在小团体贷款情境下使用的方法。根据本研究调查对象的实际情况可知，在连带责任小组内，任一供应商的违约风险是整个小组当季毛茶都被企业拒收。从单个成员的角度看，若其当季毛茶产出量较大，意味着它因本组违约成员的机会主义行为而遭受的利益损失较大，因而承担的连带责任较大。由此推断，对于整个小组来讲，当季毛茶产出量较大的成员越多，该组承担的连带责任就越大。由于各个小组成员数不尽相同，且不同生产区域的小组之间的毛茶产出量差别较大，所以，本研究以每组所有成员的季度毛茶产出量的均值为分界点将成员划为两类，一类是季度毛茶产出量大于或等于均值的"产出量较大的成员"，另一类是季度毛茶产出量小于均值的"产出量较小的成员"，然后计算出"产出量较大的成员"数占小组总成员数的比例。因此，最后用于统计分析的变量值是组内毛茶产出大于毛茶产出均值的供应商数在本组中所占比例，该比例越大，意味着该组所负的连带责任相对越大。

（二）横向监督的测量

横向监督是指供应商相互之间主动监察彼此的行为并积极做出反应，具体表现为观察、纠正、议论、举报等（Loughry & Tosi，2008）。横向监督的测量是在 Loughry 和 Tosi（2008）开发的量表的基础上修改而成的，测量题项共5 个，反映横向监督活动在四个方面的具体表现，包括：（1）观察组内成员的具体行为；（2）当场纠正组内成员的不良行为；（3）向组内其他成员或企业相关人员举报某成员的不良行为；（4）聚众议论组内每个成员的具体表现。具体题项如表 5-1 所示。

表 5-1　横向监督的测量题项

| 编码 | 测量题项 | 来源 |
|---|---|---|
| PM1 | 1. 本组成员相互访问以观察具体用药情况 | Loughry 和 Tosi，2008 |
| PM2 | 2. 如果有成员违反合同用药规定，本组其他成员会当面指出来 | |
| PM3 | 3. 如果有成员违反合同用药规定，本组其他成员会互相通告 | |
| PM4 | 4. 如果有成员违反合同用药规定，本组其他成员会向企业或组长举报 | |
| PM5 | 5. 本组会聚在一起讨论各位成员在用药方面的表现 | |

### （三）慷慨互惠的测量

根据萨林斯（2009）的观点，慷慨互惠是指存在于行动者之间的以不确定的回馈时限、不明确的回馈等价性以及很强的利他倾向为主要特征的互惠关系。本研究借鉴 Wu 等（2006）基于中国企业情境开发的相关量表对慷慨互惠进行测量，共 3 个题项，反映出供应商小组内部成员之间的慷慨互惠关系程度。具体测量题项如表 5-2 所示。

表 5-2　慷慨互惠的测量题项

| 编码 | 测量题项 | 来源 |
|---|---|---|
| GR1 | 1. 本组成员会为需要的成员提供帮助，即使对方不能马上回报 | Wu 等，2006 |
| GR2 | 2. 本组的成员之间会不加任何条件地相互付出 | |
| GR3 | 3. 本组成员相互之间的关心程度超过被关心成员所能给予的回报 | |

### （四）等价互惠的测量

等价互惠是指存在于行动者之间的以回馈的即时性、回馈资源的等价性及互利为主要特征的互惠关系（萨林斯，2009）。与慷慨互惠的测量一样，本研究根据 Wu 等（2006）基于中国企业情境开发的相关量表对等价互惠进行测量，通过 3 个题项来反映供应商小组内部成员之间的等价互惠关系程度。具体题项如表 5-3 所示。

表 5-3　等价互惠的测量题项

| 编码 | 测量题项 | 来源 |
|------|----------|------|
| BR1 | 1. 本组成员相互之间的关心程度与被关心者所能提供的利益相当 | Wu 等，2006 |
| BR2 | 2. 对本组成员而言，成员的努力程度与他获得的回报一致非常重要 | |
| BR3 | 3. 表现超过本组要求的会得到奖励，没有达到本组要求的会受到惩罚 | |

（五）消极互惠的测量

消极互惠是指存在于行动者之间的以回馈的即时性、回馈的等价性以及高度自利性为基本特征的互惠关系（萨林斯，2009）。同样，本研究根据 Wu 等（2006）基于中国企业情境开发的相关量表对消极互惠进行测量，共 3 个题项，反映的是供应商小组内部成员之间具有的消极互惠关系的程度。具体题项如表 5-4 所示。

表 5-4　消极互惠的测量题项

| 编码 | 测量题项 | 来源 |
|------|----------|------|
| NR1 | 1. 本组成员相互之间会做一些损害利益的事情 | Wu 等，2006 |
| NR2 | 2. 本组成员不会相互之间提供帮助，除非那样做对他自己有利可图 | |
| NR3 | 3. 本组成员只关心自己的利益，而从不考虑其他成员的利益 | |

（六）机会主义行为的测量

鉴于核心企业在合同中明确规定连带责任惩罚适用于供应商使用禁用农药的情况，以及根据前文有关机会主义的定义，本研究借鉴 Hermes 等（2005）在小团体贷款情境下测量小组违约行为的方法，通过统计"本组成员使用禁用农药的次数"来反映每组发生机会主义行为的实际情况。其信息来自每组组长对本组自成立以来每个成员的奖惩情况的客观记录。需要说明的是，由于每个连带责任小组成立的时间不一致，因此，最终用于数据分析的关于每组机会主义行为的数据是其年均违约次数。

（七）控制变量的测量

现有研究发现，管理监督（Loughry & Tosi，2008）、感知凝聚力（Chin

等，1999）、合理权威（Carson 等，2007；Zhang 等，2012）、成员同质性（Cassar 等，2007）和小组规模（Ahlin & Townsend，2007；Loughry & Tosi，2008）等因素会对组内成员的行为表现产生影响。因此，本研究将这五个因素作为控制变量。

管理监督是指由核心企业采取的对供应商小组进行监督的活动。对管理监督的测量，本研究是在 Loughry 和 Tosi（2008）的量表的基础上修改而成，共 2 个测量题项，分别反映核心企业对供应商小组进行行为监督、质量检查的频率。具体测量题项如表5-5所示。

表5-5 管理监督的测量题项

| 编码 | 测量题项 | 来源 |
|---|---|---|
| SM1 | 1. 企业经常派人来监督本组成员的用药情况 | Loughry 和 |
| SM2 | 2. 企业经常派人来检查本组成员的茶叶质量 | Tosi，2008 |

感知凝聚力的测量采用 Chin 等（1999）在小团体情境下开发的量表，共 3 个题项，反映出供应商小组内的成员对本组凝聚力的一种感知状态。具体测量题项如表5-6所示。

表5-6 感知凝聚力的测量题项

| 编码 | 测量题项 | 来源 |
|---|---|---|
| PC1 | 1. 本组成员很乐意加入本组 | |
| PC2 | 2. 本组成员感觉自己是这个小组的一部分 | Chin 等，1999 |
| PC3 | 3. 本组是所有供应商小组中最好的小组之一 | |

合理权威反映的是供应商小组内成员对本组组长的权威性、影响力和领导力的一种感知状态（Carson 等，2007；Zhang 等，2012）。由于在本研究情境中，供应商小组组长是由组内成员共同选举出来的不具有正式职位的非正式领导者，因此，对合理权威的测量借鉴的是 Zhang 等（2012）用于测量小组内非正式领导者的方法。首先，请求组内被调查者（不包括组长）对"本组成员对组长的依赖程度"进行计分；然后对其计分进行加权平均，计算出每组组长在其组内的合理权威程度。

由于在本研究情境中，供应商内部成员之间有亲属关系的情况较为普遍，根据 Ferrara（2003）的观点，亲属之间在很多方面具有相似性，同质性程度较高，因此，本研究用每个小组内属于亲属关系的供应商成员所占比例来测量成员同质性。

此外，根据 Ahlin 和 Townsend（2007）、Loughry 和 Tosi（2008）采用的测量方法，小组规模的测量即用每组供应商成员的数目来表示。

### 三、调查对象与数据收集

#### （一）调查对象

目前，在供应商集群治理上尝试采取连带责任治理模式的核心企业尚不多见。据调查，仅有我国的中粮集团、BM 茶业、HH 茶业等企业在黑龙江五常、福建安溪等地实施，以及日本、美国的一些水产企业在我国山东盛产水产产品的部分地区实施。由于调查便利性与成本等因素的制约，本研究选择位于福建省安溪县的 HH 茶业、BM 茶业及其毛茶供应商集群作为调查对象。安溪县位于福建省东南沿海，厦、漳、泉闽南金三角西北部，隶属泉州市，下辖 24 个乡镇 460 个村（居）委，位居中国重点产茶县第一位，是中国乌龙茶（名茶）之乡、名茶铁观音的发源地，尤其是安溪铁观音，名扬四海，香溢五洲，已成为中国茶叶第一品牌，也成为福建省的一张亮丽名片。

与 HH 茶业有限公司、BM 茶业股份有限公司合作的上游毛茶供应商主要聚集在安溪县的虎邱镇、龙门镇、大坪乡和龙涓乡等几个位置毗邻的地区。其中，虎邱镇地处县境中偏南部，位于"闽南金三角"中心地带，东连官桥、龙门两镇，西邻西坪镇、长坑乡，南与大坪乡和长泰县枫洋镇交界，北与尚卿乡、蓬莱镇接壤，全镇面积 161.77 平方千米，距安溪县城 27 千米，离泉州市 75 千米，离厦门市 80 千米，到漳州市仅 110 千米，省道 207 线贯穿全境，基础配套设施日臻完善，交通便捷。该镇属于丘陵地区，亚热带季风气候，雨量充沛，朝雾夕岚，温润舒适，土壤肥沃，自然条件十分优越，是安溪铁观音、本山、黄金桂和毛蟹"四大名茶"的主产区域，全国名茶黄金桂和佛手的发源地，也是国家级茶树良种繁育基地，特色产业突显。龙门镇位于安溪县南部的东岭北麓，东邻南安市翔云乡，南连厦门市同安区汀溪镇，西与虎邱镇、大坪乡交界，北和官桥镇接壤，地理位置优越。该镇的仙地、仙东、仙西、龙门、龙山、龙美等村都属于安溪铁观音的主产区域。大坪乡位于安溪县南部，距县城 50 千米，人口 23058 人，辖 7 个行政村。该乡海拔850 米，属中亚热带气候，年平均气温 16~18℃，日照时数 1875 小时，降雨量 1700~1900 毫米，相对湿度 78%～80%，土壤以红壤和黄壤为主，空气、土壤、水质均无任何污染，具有发展茶叶生产得天独厚的有利条件，是国家级茶叶良种、安溪"四大名茶"之一"毛蟹"的原产地，是安溪县开发生产高山富硒绿色食品茶叶的重要基地。此外，该乡还种植铁观音、黄旦、本山、肉桂等茶叶品种。龙涓乡位于安溪西南部，平均海拔高度 750 米，全年温暖湿润，年平均气温在 16~18℃之间，无霜期 300 多天，年降水量 1800 毫米左右，是安溪新生的茶叶主产区，全乡现有茶园 4 万亩，年产茶叶 5000 吨。其中，魏氏茗茶，华祥苑茗茶都在该乡建立生产基地，后田南崎、湖陵、长塔等地的铁观音已打出品牌，备受客商青睐。

虽然随着经济的开放与发展，安溪茶业已享誉国际市场，相关企业的国际化程度也非常高，但是，由于安溪历来被誉为"华侨之乡"，是台胞的主要祖籍地，认祖归宗和先祖崇拜的观念非常盛行，其表现特色之一就是浓厚的宗祠文化。例如，在我们调查的虎邱镇、龙门镇、大坪乡和龙涓乡等乡镇地区都有保存完好的不同姓氏的祠堂，绝大部分毛茶供应商们就世世代代居住在一个相对闭塞的地理区域，形成熟悉程度非常高的社会性活动圈子（费孝通、刘豪兴，1985），社会关系十分紧密，这些先天性特点使企业在对其上游的毛茶供应商集群实施连带责任治理上拥有了基础性条件（Hermes & Lensink，2007）。

据调查，HH 茶业和 BM 茶业分别自 2006 年和 2009 年起对其毛茶供应商群采取连带责任治理模式，简称为"联作制"。这种治理模式的具体操作方式是，在安溪县的虎邱镇、龙门镇、大坪乡和龙涓乡等地理区域内，以"自愿组合、捆绑签约"为原则，由聚居在同一区域的 6~12 家毛茶供应商自愿结合组成一个小组，小组内部再推选出一名该区域的供应商代表作为组长，除了负责农药发放、通知传达、奖惩记录等日常事宜之外，还负责以小组名义和该企业签订合作协议。其中，协议中第 8 条明确规定："本着优化组合的原则，乙方自愿组成一个小组，小组内部应相互监督，发现小组内有茶农违反农药使用规定，致使甲方收购进来的毛茶农残无法达到日本规定标准的要求，应自觉举报，否则，企业有权拒收整个小组的毛茶。"这意味着，如果企业是通过自身监督发现某供应商在合作过程中使用违反合作协议规定的农药，而不是通过该供应商所在小组的其他成员的举报获得违约信息，那么，企业就可以按照所签协议的规定拒绝收购该违约供应商所在小组的所有成员的当季毛茶。

## （二）数据收集

由于本研究的分析单位是具有连带责任关系的供应商小组，因此，问卷发放对象是符合此条件的与上述两家企业合作的 122 个供应商小组。选择调查对象时，我们按照 Hermes 等（2005）、Loughry 和 Tosi（2008）提出的关于小组内被调查者选取方法与数量的建议，从每个供应商小组中选择该组的组长和两名供应商负责人作为被调查者进行信息提供工作。因此，实际上发放问卷共 366（即 122×3）份，在回收问卷并剔除无效问卷后，得到有效问卷共 246（即 82×3）份，问卷回复率为 67.2%，最后得到 82 个具有连带责任关系的供应商小组的数据作为本研究的有效研究样本。在问卷填写方面，每组组长单独提供关于连带责任和机会主义行为的答案。其原因在于，连带责任与机会主义行为测量的是每组整体上的实际情况，而前文提到，每个供应商小组的组长负责奖惩记录等事宜，因此，组长单独提供这两个变量的信息能够防止信息不一致问题的出现（Hermes 等，2005）。另外，关于合理权威的答案由除组长之外的其他两个被调查者提供，以避免组长的自我评定偏见（Zhang 等，2012）。本研究模型中其他变量的题目则由每组的三个被调查者分别完成。由于组内被调查者不止一个，本研究检验了所有被调查者在这些变量上所提供答案之间的相关性。检验结果显示，两两被调查者之间在各个变量上的相关性显著为正，表明组内被调查者所提供同一变量答案的相似性程度都很高，满足对其进行合并以取平均值的条件。因此，最后计算出每组被调查者所提供答案的均值，作为用于检验本研究所有假设的数据。

# 第三节　数据分析与假设检验

## 一、样本与数据概况

本研究的调查问卷主要由两个部分的内容组成，第一部分是对连带责任、慷慨互惠、等价互惠、消极互惠、横向监督、机会主义行为、管理监督、感知凝聚力、合理权威、成员同质性、小组规模等主要研究变量进行测量。第二部分是样本的背景变量，由于本研究的分析单位是供应商小组，因此所获取的关于背景变量的数据都是以小组为单位进行的描述，包括供应商小组的来源、成立年数、年产量等小组层面的背景变量。在对所有有效问卷进行收集整理之后，本研究利用 SPSS 22.0 统计软件对样本的总体特征以及研究模型各相关变量的测量题项进行了描述性统计分析，并在下文进行具体情况的汇报。

（一）样本特征

1. 样本小组的来源分布

本次调研区域覆盖安溪县的四个乡镇，即虎邱镇、龙门镇、大坪乡和龙涓乡。在 82 份有效问卷中，来自虎邱镇的问卷数量最多，共 32 份，占有效样本总量的 39%；其次是来自大坪乡的问卷，共有 25 份，在有效样本总量中的比例是 30%；再次是来自龙门镇的问卷，共有 17 份，占有效样本总量的21%；排在最末的是来自龙涓乡的问卷，共 8 份，在有效样本总量中占 10%。

2. 样本小组的成立年数分布

由于核心企业是从 2006 年开始对作为调研对象的供应商集群实施连带责任治理模式，因此，截至本次调研正式开始的时间，供应商小组成立的最高年限不超过 7 年。同时，由于机会主义行为变量的值是以年为单位进行计算的，所以在选择有效样本时，遴选标准为供应商小组的成立年限最低为 1 年以上。经统计，样本小组成立年数的具体分布情况是：在 82 份有效样本中，成立年数为 1 年以上 3 年以下的供应商小组共 22 个，占有效样本总量的27%；成立年数为 3 年以上 5 年以下的供应商小组共 29 个，占有效样本总量的 35%；成立年数为 5 年以上 7 年以下的供应商小组共 31 个，占有效样本总量的 38%。

3. 样本小组的年产量分布

由于受自然条件差异显著以及小组成员数不一致的影响，所调研四个乡镇的供应商小组在毛茶年产总量上的差距较大。其中，毛茶年产量低于 5000公斤的供应商小组共 24 个，占有效样本总量的 29%；毛茶年产量在 5000 ~ 10000 公斤范围内的供应商小组共 36 个，占有效样本总量的 44%；毛茶年产量高于 10000 公斤的供应商小组共 22 个，占有效样本总量的 27%。

（二）测量题项数据的描述性统计

在进行问卷调查时，由于一些客观的不确定因素无法避免，给调查的实际操作活动带来各种偏差，即所谓的系统偏差。对此，需要对所收集的样本数据进行描述性统计分析，判断其是否服从正态分布以满足进行后续数据分析的基本条件。一般情况下，采取的判断标准是：样本各变量测量题项数据的偏度绝对值小于 3，且峰度绝对值小于 10，则认为样本服从正态分布（Kline，1998）。

本研究的调查问卷包括连带责任（JL）、慷慨互惠（GR）、等价互惠（BR）、消极互惠（NR）、横向监督（PM）、机会主义行为（OB）、管理监督（SM）、感知凝聚力（PC）、合理权威（LA）、成员同质性（MH）、小组规模（TS）等 11 个观测变量，共 23 个测量题项。各测量题项的均值、标准差、偏度、峰度等值如表 5-8 所示。从表 5-7 中可知，本研究所有变量的测量题项均达到 Kline（1998）提出的上述标准，表明本研究样本的测量数据服从正态分布，符合用于后续数据分析与处理的条件。

表 5-7　各测量题项数据的描述性统计

| | | 均值 | 标准差 | 偏度 | | 峰度 | |
|---|---|---|---|---|---|---|---|
| | | | | 统计值 | 标准误 | 统计值 | 标准误 |
| 横向监督（PM） | PM1 | 3.5671 | 0.98057 | −0.224 | 0.266 | −0.769 | 0.526 |
| | PM2 | 3.5569 | 0.94289 | −0.243 | 0.266 | −0.755 | 0.526 |
| | PM3 | 3.2947 | 1.13381 | −0.300 | 0.266 | −0.614 | 0.526 |
| | PM4 | 3.0203 | 1.07516 | 0.170 | 0.266 | −0.276 | 0.526 |
| | PM5 | 3.3821 | 0.97552 | 0.070 | 0.266 | −0.810 | 0.526 |
| 慷慨互惠（GR） | GR1 | 3.4837 | 0.95179 | 0.052 | 0.266 | −1.020 | 0.526 |
| | GR2 | 3.6176 | 0.83513 | 0.310 | 0.266 | −0.931 | 0.526 |
| | GR3 | 3.5506 | 0.83596 | .327 | .266 | −1.044 | 0.526 |
| 等价互惠（BR） | BR1 | 3.4594 | 1.01393 | −0.205 | 0.266 | −0.758 | 0.526 |
| | BR2 | 3.5118 | 0.96639 | −0.276 | 0.266 | −0.342 | 0.526 |
| | BR3 | 3.4815 | 0.97962 | −0.228 | 0.266 | −0.558 | 0.526 |
| 消极互惠（NR） | NR1 | 3.6199 | 1.08780 | −0.481 | 0.266 | −0.310 | 0.526 |
| | NR2 | 3.5936 | 1.05940 | −0.554 | 0.266 | −0.063 | 0.526 |
| | NR3 | 3.4675 | 1.00836 | −0.503 | 0.266 | −0.060 | 0.526 |
| 管理监督（SM） | SM1 | 3.1791 | 0.92692 | 0.597 | 0.266 | −0.537 | 0.526 |
| | SM2 | 3.4513 | 0.73967 | 0.428 | 0.266 | −0.169 | 0.526 |
| 感知凝聚力（PC） | PC1 | 3.8454 | 0.52933 | 0.131 | 0.266 | −0.568 | 0.526 |
| | PC2 | 3.6218 | 0.65316 | 0.772 | 0.266 | −0.258 | 0.526 |
| | PC3 | 3.7336 | 0.54932 | 0.669 | 0.266 | −0.177 | 0.526 |

续表

| | | 均值 | 标准差 | 偏度 | | 峰度 | |
|---|---|---|---|---|---|---|---|
| | | | | 统计值 | 标准误 | 统计值 | 标准误 |
| 连带责任（JL） | JL | 0.4862 | 0.14338 | 0.036 | 0.266 | -1.165 | 0.526 |
| 机会主义行为（OB） | OB | 1.7642 | 0.62960 | 0.308 | 0.266 | -0.805 | 0.526 |
| 合理权威（LA） | LA | 3.7439 | 1.14462 | -0.762 | 0.266 | -0.142 | 0.526 |
| 成员同质性（MH） | MH | 2.9256 | 1.31418 | 0.258 | 0.266 | -1.252 | 0.526 |
| 小组规模（TS） | TS | 7.5610 | 1.39751 | 0.664 | 0.266 | 0.900 | 0.526 |

## 二、相关分析

在进行回归分析之前，需要进行相关分析，即对两两变量之间线性相关的强弱程度进行检测。因此，本研究采用 Pearson 相关系数来度量变量之间的线性相关关系，目的是看变量之间的相关性是否与基本假设保持一致。表5-8 报告了连带责任（JL）、横向监督（PM）、慷慨互惠（GR）、等价互惠（BR）、消极互惠（NR）、机会主义行为（OB）、管理监督（SM）、感知凝聚力（PC）、合理权威（LA）、成员同质性（MH）、小组规模（TS）等变量的均值和标准差，以及两两变量之间的相关系数（表格左下方区域）。其中，连带责任与横向监督之间显著正相关（$r=0.512$，$P<0.01$），横向监督与机会主义行为之间显著负相关（$r=-0.535$，$P<0.01$），表明横向监督在连带责任与机会主义行为之间存在中介作用。同时，连带责任与慷慨互惠之间显著负相关（$r=-0.244$，$P<0.05$），而连带责任分别与等价互惠、消极互惠之间显著正相关（$r=0.218$，$P<0.05$；$r=0.282$，$P<0.05$），表明连带责任与三者之间存在显著不同的相关关系，与前文的研究假设趋势是一致的，说明本研究的研究思路可行。

表5-8 均值、标准差和相关系数

| | JL | PM | GR | BR | NR | OB | SM | PC | LA | MH | TS |
|---|---|---|---|---|---|---|---|---|---|---|---|
| JL | 1 | 0.506** | -0.253* | 0.209 | 0.273* | -0.190 | -0.413** | 0.031 | 0.263* | -0.208 | -0.223* |
| PM | 0.512** | 1 | -0.471** | 0.669** | 0.782** | -0.507** | -0.501** | -0.025 | 0.762 | -0.503** | 0.161 |
| GR | -0.244* | -0.446** | 1 | -0.223* | -0.330** | 0.137 | 0.322** | 0.173 | -0.341** | 0.851** | 0.088 |
| BR | 0.218* | 0.676** | -0.211 | 1 | 0.874** | -0.266* | -0.356** | -0.043 | 0.772** | -0.267* | 0.099 |
| NR | 0.282* | 0.786** | -0.316** | 0.877** | 1 | -0.305* | -0.460** | -0.057 | 0.932** | -0.380** | 0.168 |
| OB | -0.208 | -0.535** | 0.106 | -0.293** | -0.330** | 1 | -0.094 | -0.357** | -0.294** | 0.230* | -0.253* |

|  | JL | PM | GR | BR | NR | OB | SM | PC | LA | MH | TS |
|---|---|---|---|---|---|---|---|---|---|---|---|
| SM | −0.398** | −0.462** | 0.328** | −0.334** | −0.436** | −0.128 | 1 | 0.297** | −0.465** | 0.297** | 0.076 |
| PC | 0.062 | 0.055 | 0.187 | 0.012 | 0.000 | −0.436** | 0.319** | 1 | −0.074 | 0.119 | 0.193 |
| LA | 0.267* | 0.758** | −0.334** | 0.773** | 0.930** | −0.299** | −0.452** | −0.043 | 1 | −0.357** | 0.139 |
| MH | −0.196 | −0.467** | 0.851** | −0.248* | −0.358** | 0.181 | 0.306** | 0.152 | −0.347** | 1 | −0.025 |
| TS | −0.175 | 0.220* | 0.107 | 0.139 | 0.204 | −0.339** | 0.114 | 0.304** | 0.153 | 0.017 | 1 |
| AG | 0.089 | 0.202 | 0.072 | 0.134 | 0.136 | −0.321** | 0.123 | 0.385** | 0.065 | 0.112 | 0.358** |
| 均值 | 0.486 | 3.364 | 3.551 | 3.484 | 3.560 | 1.764 | 3.321 | 3.734 | 3.744 | 2.926 | 7.561 |
| 标准差 | 0.143 | 0.957 | 0.849 | 0.970 | 1.028 | 0.630 | 0.803 | 0.549 | 1.145 | 1.314 | 1.398 |

注：（1）＊＊$P<0.01$，＊$P<0.05$，双尾检验；（2）表格左下方区域是零阶相关系数；表格右上方区域是控制年龄变量（标记变量）后的二阶偏相关系数；（3）样本量 N＝82 个供应商小组。

### 三、共同方法偏差检验

为了确保本研究的分析结果不受共同方法偏差（Common Method Bias）问题的影响，我们首先在数据收集阶段进行程序上的控制，具体的做法是：在每个供应商小组内，自变量和因变量的信息仅由组长提供，其他变量的信息由包括两名组员在内的被调查者提供。这种做法能够有效降低共同方法偏差的影响（Kumar 等，2011）。然后，我们根据 Lindell 和 Whitney（2001）的建议，在数据收集并整理完成后，使用标记变量法（Mark Variable）对数据进行统计检验。具体的操作方法是，选择一个与概念模型中所有变量在理论上都不存在直接关联的变量作为标记变量，然后将标记变量控制之后重新对所有变量进行相关分析。如果相关分析结果显示，控制标记变量之前与控制标记变量之后概念模型中两两变量之间的相关系数没有产生显著变化，那么就说明研究的实证结果没有受到共同方法偏差问题的影响。据此，在本研究中，我们选择每组被调查者的平均年龄作为标记变量，然后对标记变量进行偏相关分析，分析结果如表 5-8 的右上方区域所示，本研究模型中的主要变量两两之间的相关系数没有发生显著变化，因此，本研究的数据分析结果受共同方法偏差问题的影响不大。

### 四、共线性检验

所谓多重共线性（Multicollinearity），意即概念模型中不同解释变量之间可能具有线性的相关关系（薛薇，2011）。多重共线性问题会给回归分析造成很多不良影响，比如，在偏回归系数估计上增加难度，或使其估计方差、置信区间变大，或使估计值的结果波动，或造成假设检验的结果不显著，等等。因此，在进行回归分析之前，由于本研究的概念模型中有四个解释变量，有必要检验它们之间是否存在多重共线性问题。

解释变量之间的多重共线性有多种测度方式，其中常用的有容忍度和方差膨胀因子两个指标。一般而言，某解释变量的容忍度越大，表明模型中的其他解释变量对该解释变量的可解释程度越低；反之，其容忍度越小，表明其他解释变量对该解释变量的可解释程度越高。容忍度的范围是大于 0 小于 1，如果容忍度的值趋向 0，说明存在严重的多重共线性问题；如果容忍度的值趋向 1，则说明多重共线性问题不明显。第二个常用指标是方差膨胀因子。由于方差膨胀因子是容忍度的倒数，因此，其取值范围大于 1。一般情况下，如果方差膨胀因子的值趋向 1，表明多重共线性问题不严重；如果方差膨胀因子的值大于 10，则表明多重共线性问题非常严重，会过度影响回归分析的结果。

本研究使用 SPSS 22.0 统计软件对多重共线性问题进行检验，检验结果如表 5-9 所示。根据上述的指标判断标准，连带责任、慷慨互惠、等价互惠和消极互惠这四个解释变量的容忍度和方差膨胀因子都在可接受范围之内，表明它们之间不存在严重的多重共线性问题（Neter 等，1990）。

**表 5-9　解释变量的共线性检验结果**

|  | 连带责任 | 慷慨互惠 | 等价互惠 | 消极互惠 |
|---|---|---|---|---|
| 容忍度 | 0.893 | 0.857 | 0.226 | 0.209 |
| 方差膨胀因子 | 1.120 | 1.167 | 4.420 | 4.784 |

## 五、信度与效度分析

### （一）信度分析

所谓信度（Reliability），是指经过多次测量所得结果的一致性和稳定性，或估计测量误差以反映其真实量数的指标（吴明隆、涂金堂，2012）。因此，信度分析的目的是检验量表所测结果的稳定性和一致性。它既包括外部信度（External Reliability），又包括内部信度（Internal Reliability）。前者通常是用于检验在不同时点对同一量表进行测量所得到的结果是否保持稳定与一致。

不过，由于现实条件的局限性，一般情况下很难进行多次抽样以检测量表的外部信度。因此，本研究的信度分析主要是对量表的内部信度进行检验。内部信度通常用于检测具有多个题项的量表是否测量的是同一个概念，以及量表的多个题项之间的内部是否一致。反映内部信度的指标有很多，使用频率较高的有 K-R 信度、折半信度、Cronbach's α 等。其中，Cronbach's α 是目前使用频率最高的内部信度指标。

目前，关于可接受的最小内部信度 α 系数值的标准尚不统一。例如，Bryman 和 Cramer（1999）认为如果内部信度系数 α 系数值在 0.80 以上，说明量表具有可接受的信度；Nunnally（1978）则认为可接受的最小内部信度 α 系数值是 0.70 以上。吴明隆、涂金堂（2012）在对前人的这些观点进行综合考量的基础上，提出了更具可行性的判断标准，具体是：在信度系数的可接受度方面，因子层面的 Cronbach's α 系数值最好大于 0.70，勉强接受值是大于 0.60；总量表层面的 Cronbach's α 系数值最好大于 0.80，最佳的信度值应大于 0.90。因此，本研究在对研究模型中横向监督、慷慨互惠、等价互惠、消极互惠、管理监督、感知凝聚力等具有多个测量题项的变量进行内部信度分析之后，按照此标准对分析结果进行判断。分别如表 5-10、表 5-11、表 5-12、表 5-13、表 5-14、表 5-15 所示，横向监督、慷慨互惠、等价互惠、消极互惠、管理监督、感知凝聚力这些变量的各测量题项层面的 Cronbach's α 系数值都大于 0.80，且各变量的总量表层面的 Cronbach's α 系数值都大于 0.80，说明本研究的量表具有良好的内部信度。

表 5-10　横向监督量表的信度分析结果

| | 均值 | 方差 | Cronbach's α 系数值 |
|---|---|---|---|
| PM1 | 13.254 | 15.093 | 0.955 |
| PM2 | 13.264 | 15.180 | 0.951 |
| PM3 | 13.526 | 13.990 | 0.956 |
| PM4 | 13.801 | 14.548 | 0.959 |
| PM5 | 13.439 | 15.158 | 0.956 |
| 横向监督 | | | 0.964 |

表 5-11　慷慨互惠量表的信度分析结果

|  | 均值 | 方差 | Cronbach's α 系数值 |
|---|---|---|---|
| GR1 | 7.168 | 2.694 | 0.963 |
| GR2 | 7.034 | 3.087 | 0.960 |
| GR3 | 7.101 | 3.015 | 0.936 |
| 慷慨互惠 |  |  | 0.968 |

表 5-12　等价互惠量表的信度分析结果

|  | 均值 | 方差 | Cronbach's α 系数值 |
|---|---|---|---|
| BR1 | 6.993 | 3.705 | 0.978 |
| BR2 | 6.941 | 3.878 | 0.975 |
| BR3 | 6.971 | 3.807 | 0.969 |
| 等价互惠 |  |  | 0.983 |

表 5-13　消极互惠量表的信度分析结果

|  | 均值 | 方差 | Cronbach's α 系数值 |
|---|---|---|---|
| NR1 | 7.061 | 4.088 | 0.953 |
| NR2 | 7.087 | 4.247 | 0.964 |
| NR3 | 7.214 | 4.491 | 0.973 |
| 消极互惠 |  |  | 0.976 |

表 5-14　管理监督量表的信度分析结果

|  | 均值 | 方差 | Cronbach's α 系数值 |
|---|---|---|---|
| SM1 | 3.451 | 0.547 | 0.835 |
| SM2 | 3.179 | 0.859 | 0.835 |
| 管理监督 |  |  | 0.898 |

表 5-15　感知凝聚力量表的信度分析结果

|  | 均值 | 方差 | Cronbach's α 系数值 |
|---|---|---|---|
| PC1 | 7.355 | 1.405 | 0.963 |
| PC2 | 7.579 | 1.112 | 0.954 |
| PC3 | 7.467 | 1.207 | 0.829 |
| 感知凝聚力 |  |  | 0.943 |

此外，Sijtsma（2009）认为，如果量表中包含多个子维度（即组合量表），那么，采用 Cronbach's α 系数值进行信度分析可能会出现低估现象。针对这一问题，可进一步采取组合信度（Composite Reliability）指标来反映研究模型中相关变量的内部一致性程度（Raykov，2004）。一般而言，研究者都是将组合信度作为判别概念模型内在质量的一个关键标准，如果相关变量的组合信度值都大于 0.60，说明概念模型的内在质量良好（吴明隆，2010）。本研究采用吴明隆（2010）提供的专门用于计算组合信度和平均方差抽取值的简易应用程序，对横向监督、慷慨互惠、等价互惠、消极互惠、管理监督、感知凝聚力等潜变量的组合信度进行计算，计算结果如表 5-16 所示。根据上述判断标准，本研究模型中所有潜变量的组合信度符合要求，进一步证明本研究量表的内部信度良好。

表 5-16　各潜变量的组合信度

|  | 横向监督 | 慷慨互惠 | 等价互惠 | 消极互惠 | 管理监督 | 感知凝聚力 |
|---|---|---|---|---|---|---|
| 组合信度 | 0.973 | 0.981 | 0.989 | 0.984 | 0.957 | 0.967 |

（二）效度分析

效度（Validity）反映的是测量题项对所测问题的测量精准程度。具体地讲，如果测量结果与所测问题高度吻合，则说明量表的效度高；与之相反，如果测量结果与所测问题的吻合程度低，则反映量表的效度也低。一般情况下，研究者使用内容效度（Content Validity）与建构效度（Construct Validity）这两个指标对量表的效度进行分析。

所谓内容效度，是指测量工具中的所有题项能反映所要测量的变量的准确性程度（Polit & Beck，2006）。一般而言，为确保测量工具的内容效度，需要做好两个方面的工作：一是要对研究变量的概念化、维度分析和题项的发展进行认真设计，二是通过专家评定的来确保内容效度。据此，本研究首先从概念入手，对所测变量进行准确定义，确定所包含的维度，并基于充分的理论基础和文献回顾确定组成每个维度的所有题项，确保不遗漏、不重复。然后，邀请市场营销领域的五个专家和管理学领域的三个专家分别对所设计的问卷进行审核和评分。具体的做法是，将相关资料提供给各位专家，既包括所有相关变量的定义及其文献来源、具体研究假设、测量的目的等内容，以让专家对相关的理论背景有一定程度的了解；又包括各测量变量的具体维度、题项、计分工具及其使用说明，以保证所有专家用于评判内容效度的标准一致。最后，本研究在对专家评判结果进行综合整理的基础上对问卷进行了完善。这些工作确保本研究的各测量量表具有较好的内容效度。

所谓建构效度，是指所测量构念的所有题项能够全面反映该构念的各个基本方面的程度，一般用于检验具有多个题项的构念的测量情况。建构效度包括两种类型，即聚合效度和区分效度。一般而言，研究者使用聚合效度来检测一个变量中的多个测量指标相互之间是否高度相关，如果各个测量指标落在同一个因素构面上，则说明它们之间存在高度相关性；与之相反，研究者使用区分效度来检测一个变量的多个测量指标相互之间是否具有差异性，以确保从不同的角度对该变量进行了全面的测量（吴明隆，2010）。

在测量方法上，聚合效度的测量一般使用平均方差抽取量这个指标进行判断。研究者使用平均方差抽取量来检测测量误差对潜变量的解释度所造成的变异程度。一般而言，平均方差抽取量的最低标准是大于 0.5，如果该值远远大于 0.5，就说明测量误差的程度较低，表示量表具有良好的聚合效度（吴明隆，2010）。因此，本研究使用吴明隆（2010）提供的专门用于计算组合信度和平均方差抽取值的简易应用程序，对模型中的横向监督、慷慨互惠、等价互惠、消极互惠、管理监督、感知凝聚力等潜变量的平均方差抽取量进行计算，计算结果如表 5-17 所示。按照上述的判断标准可以得知，这些变量的测量均具有良好的聚合效度。

表 5-17　各潜变量的平均方差抽取量

| | 横向监督 | 慷慨互惠 | 等价互惠 | 消极互惠 | 管理监督 | 感知凝聚力 |
|---|---|---|---|---|---|---|
| 平均方差抽取量 | 0.879 | 0.944 | 0.967 | 0.954 | 0.918 | 0.908 |

区分效度的测量一般使用卡方检验方法来判断。按照吴明隆（2010）提出的检验程序，首先设定两个模型，分别是未限制模型和限制模型。前者是指在不限制潜变量之间共变关系的情况下选择自由估计参数；后者是指将潜变量之间的共变关系限制为 1，且将共变参数设定为固定参数。然后，对两个模型的卡方值进行计算，并对二者之间的差异进行比较。一般而言，如果二者的卡方值之间具有显著差异（即 $P<0.05$），则说明两个模型之间具有显著差异。此外，未限制模型的卡方值越小，则表示潜变量的题项之间的相关性越低，其区分效度就越高；相反，未限制模型的卡方值越大，则说明其题项之间的相关性越高，其区分效度也就越低。本研究使用 AMOS 18.0 统计软件，对横向监督（PM）、慷慨互惠（GR）、等价互惠（BR）、消极互惠（NR）、

管理监督（SM）、感知凝聚力（PC）等潜变量以两两组合的方式进行区分效度检验，检验结果如表 5-18 所示。

表 5-18　各潜变量的区分效度检验结果

| | 未限制模型 | | 限制模型 | | △卡方值 | P 值 |
|---|---|---|---|---|---|---|
| | 卡方值 | 自由度 | 卡方值 | 自由度 | | |
| PM-GR | 70.425 | 19 | 315.804 | 20 | 245.379 | 0.000 |
| PM-BR | 58.319 | 19 | 64.768 | 20 | 6.449 | 0.011 |
| PM-NR | 53.265 | 19 | 63.022 | 20 | 9.757 | 0.013 |
| PM-SM | 61.405 | 13 | 160.100 | 14 | 98.695 | 0.000 |
| PM-PC | 64.096 | 13 | 542.328 | 14 | 478.232 | 0.000 |
| GR-BR | 13.549 | 8 | 68.487 | 9 | 54.938 | 0.000 |
| GR-NR | 23.539 | 8 | 87.901 | 9 | 64.362 | 0.000 |
| GR-SM | 23.771 | 4 | 57.966 | 5 | 34.195 | 0.000 |
| GR-PC | 7.271 | 4 | 35.415 | 5 | 28.144 | 0.000 |
| BR-NR | 10.128 | 8 | 20.611 | 9 | 10.483 | 0.001 |
| BR-SM | 11.026 | 4 | 98.944 | 5 | 87.918 | 0.000 |
| BR-PC | 11.251 | 4 | 78.585 | 5 | 67.334 | 0.000 |
| NR-SM | 10.270 | 4 | 99.368 | 9 | 89.098 | 0.000 |
| NR-PC | 19.440 | 8 | 89.043 | 9 | 69.603 | 0.000 |
| SM-PC | 19.057 | 8 | 48.521 | 9 | 29.464 | 0.000 |

从 5-19 可知，"横向监督—慷慨互惠"潜变量的未限制模型的自由度为 19，卡方值等于 70.425，限制模型的自由度为 20，卡方值等于 315.804，二者之间的卡方差异值等于 245.379，卡方值差异量显著性检验的概率值 $P = 0.000$，小于 0.05，达到统计上显著的标准，说明两个模型之间存在显著差异，"横向监督—慷慨互惠"两个潜变量的区分效度理想。

"横向监督—等价互惠"潜变量的未限制模型的自由度为 19，卡方值等于 58.319，限制模型的自由度为 20，卡方值等于 64.768，二者之间的卡方差异值等于 6.449，大于 3.84 的标准（Anderson & Gerbing, 1988），卡方值差异量显著性检验的概率值 $P = 0.011$，小于 0.05，达到统计上显著的标准，说明两个模型之间存在显著差异，"横向监督—等价互惠"两个潜变量之间具有较好的区分效度。

"横向监督—消极互惠"潜变量的未限制模型的自由度为 19，卡方值等于 53.265，限制模型的自由度为 20，卡方值等于 63.022，二者之间的卡方差异值等于 9.757，大于 3.84 的标准，卡方值差异量显著性检验的概率值 $P = 0.013$，小于 0.05，达到统计上显著的标准，说明两个模型之间存在显著差异，"横向监督—消极互惠"两个潜变量之间具有较好的区分效度。

"横向监督—管理监督"潜变量的未限制模型的自由度为 13，卡方值等于 61.405，限制模型的自由度为 14，卡方值等于 160.100，二者之间的卡方差异值等于 98.695，卡方值差异量显著性检验的概率值 $P = 0.000$，小于 0.05，达到统计上显著的标准，说明两个模型之间存在显著差异，"横向监督—管理监督"两个潜变量的区分效度理想。

"横向监督—感知凝聚力"潜变量的未限制模型的自由度为 13，卡方值等于 64.096，限制模型的自由度为 14，卡方值等于 542.328，二者之间的卡方差异值等于 478.232，卡方值差异量显著性检验的概率值 $P = 0.000$，小于 0.05，达到统计上显著的标准，说明两个模型之间存在显著差异，"横向监督—感知凝聚力"两个潜变量的区分效度理想。

"慷慨互惠—等价互惠"潜变量的未限制模型的自由度为 8，卡方值等于 13.549，限制模型的自由度为 9，卡方值等于 68.487，二者之间的卡方差异值等于 54.938，卡方值差异量显著性检验的概率值 $P = 0.000$，小于 0.05，达到统计上显著的标准，说明两个模型之间存在显著差异，"慷慨互惠—等价互惠"两个潜变量的区分效度理想。

"慷慨互惠—消极互惠"潜变量的未限制模型的自由度为 8，卡方值等于 23.539，限制模型的自由度为 9，卡方值等于 87.901，二者之间的卡方差异值等于 64.362，卡方值差异量显著性检验的概率值 $P = 0.000$，小于 0.05，达到统计上显著的标准，说明两个模型之间存在显著差异，"慷慨互惠—消极互惠"两个潜变量的区分效度理想。

"慷慨互惠—管理监督"潜变量的未限制模型的自由度为 4，卡方值等于 23.771，限制模型的自由度为 5，卡方值等于 57.966，二者之间的卡方差异值等于 34.195，卡方值差异量显著性检验的概率值 $P = 0.000$，小于 0.05，达到统计上显著的标准，说明两个模型之间存在显著差异，"慷慨互惠—管理监督"两个潜变量的区分效度理想。

"慷慨互惠—感知凝聚力"潜变量的未限制模型的自由度为 4，卡方值等于 7.271，限制模型的自由度为 5，卡方值等于 35.415，二者之间的卡方差异值等于 28.144，卡方值差异量显著性检验的概率值 $P = 0.000$，小于 0.05，达到统计上显著的标准，说明两个模型之间存在显著差异，"慷慨互惠—感知凝聚力"两个潜变量的区分效度理想。

"等价互惠—消极互惠"潜变量的未限制模型的自由度为 8，卡方值等于 10.128，限制模型的自由度为 9，卡方值等于 20.611，二者之间的卡方差异值等于 10.483，大于 3.84 的标准，卡方值差异量显著性检验的概率值 $P = 0.001$，小于 0.05，达到统计上显著的标准，说明两个模型之间存在显著差异，"等价互惠—消极互惠"两个潜变量之间具有较好的区分效度。

"等价互惠—管理监督"潜变量的未限制模型的自由度为 4，卡方值等于 11.026，限制模型的自由度为 5，卡方值等于 98.944，二者之间的卡方差异值等于 87.918，卡方值差异量显著性检验的概率值 $P = 0.000$，小于 0.05，达到统计上显著的标准，说明两个模型之间存在显著差异，"等价互惠—管理监督"两个潜变量的区分效度理想。

"等价互惠—感知凝聚力"潜变量的未限制模型的自由度为 4，卡方值等于 11.251，限制模型的自由度为 5，卡方值等于 78.585，二者之间的卡方差异值等于 67.334，卡方值差异量显著性检验的概率值 $P = 0.000$，小于 0.05，达到统计上显著的标准，说明两个模型之间存在显著差异，"等价互惠—感知凝聚力"两个潜变量的区分效度理想。

"消极互惠—管理监督"潜变量的未限制模型的自由度为 8，卡方值等于 10.270，限制模型的自由度为 9，卡方值等于 99.368，二者之间的卡方差异值等于 89.098，卡方值差异量显著性检验的概率值 $P = 0.000$，小于 0.05，达到统计上显著的标准，说明两个模型之间存在显著差异，"等价互惠—管理监督"两个潜变量的区分效度理想。

"消极互惠—感知凝聚力"潜变量的未限制模型的自由度为 8，卡方值等于 19.440，限制模型的自由度为 9，卡方值等于 89.043，二者之间的卡方差异值等于 69.603，卡方值差异量显著性检验的概率值 $P = 0.000$，小于 0.05，达到统计上显著的标准，说明两个模型之间存在显著差异，"消极互惠—感知凝聚力"两个潜变量的区分效度理想。

"管理监督—感知凝聚力"潜变量的未限制模型的自由度为 8，卡方值等于 19.057，限制模型的自由度为 9，卡方值等于 48.521，二者之间的卡方差异值等于 29.464，卡方值差异量显著性检验的概率值 $P = 0.000$，小于 0.05，达到统计上显著的标准，说明两个模型之间存在显著差异，"管理监督—感知凝聚力"两个潜变量的区分效度理想。

## 六、整体模型适配度检验

根据吴明隆（2010）的建议，衡量结构方程模型的适配度指标包括 GFI（Goodness-of-fit Index）、CFI（Comparative Fit Index）、IFI（Incremental Fit Index）、RMSEA（Root Mean Square Error of Approximation）等。其中，GFI 是良适性适配指标，如果 GFI 值大于 0.90，说明本研究的概念模型与实际所获取的数据之间具有良好的适配度。CFI 是比较适配指数，其判断标准是 CFI 值大于 0.90。IFI 是增值适配指数，其判断标准是 IFI 值大于 0.90。RMSEA 是渐进残差均方和平方根，其值的判别标准是：当 RMSEA<0.05 时，表示模型适配度良好；当 RMSEA<0.08 时，表示存在合理的近似误差，而模型适配度仍处于可接受范围之内；当 0.08<RMSEA<0.10 时，表示模型适配度处于普通水平；如果 RMSEA 的值大于 0.10，说明概念模型的适配度较差。

本研究使用 AMOS 18.0 统计软件对研究模型的整体模型适配度进行检验。检验结果显示，本研究模型的各项适配度指标值分别为：$x^2$（69）= 98.625，$P<0.011$；GFI = 0.865；CFI = 0.984；IFI = 0.984；RMSEA = 0.073。根据上述各项指标的评判标准可知，本研究的模型各适配指标均在可接受范围之内。

## 七、中介作用分析

本研究采取三步回归分析方法（Baron & Kenny，1986）对前三个研究假设进行检验。具体而言，在控制了管理监督、感知凝聚力、合理权威、成员同质性、小组规模等变量的影响后，第一步先检验连带责任对横向监督是否具有显著影响，第二步检验连带责任对机会主义行为是否具有显著影响。如果这两个检验通过则说明前两个假设得到支持。最后一步同时检验连带责任和横向监督对机会主义行为的影响。如果检验结果显示横向监督的回归系数显著，而连带责任的回归系数减小但仍达到显著水平，说明横向监督在连带责任影响机会主义行为的过程中只起到部分中介作用；如果检验结果显示横向监督的回归系数显著，而连带责任的回归系数不再显著，则说明横向监督在连带责任影响机会主义行为的过程中起到完全中介作用。

回归分析结果如表 5-19 所示。在回归分析的第一步（模型 1），控制变量和连带责任共同解释了横向监督的方差的 74.6%（F = 27.458，$P<0.001$）。

其中，连带责任与横向监督之间显著正相关（β=2.111，P<0.001），表明供应商之间连带责任的增加会导致其横向监督程度的增加。在回归分析的第二步（模型2），控制变量和连带责任一起解释了机会主义行为的方差的33.6%（F=5.557，P<0.001）。其中，连带责任与机会主义行为之间显著负相关（β=−1.002，P<0.05），表明供应商之间连带责任程度的提高会导致其机会主义行为的下降。因此，假设1和假设2得到支持。回归分析的第三步同时考察连带责任和横向监督对机会主义行为的影响。分析结果显示（模型3），控制变量、连带责任与横向监督共同解释了机会主义行为的方差的49%（F=8.796，P<0.001）。其中，横向监督对机会主义行为具有显著的解释能力（β=−0.524，P<0.001），而连带责任对机会主义行为的解释能力不再显著（β=0.105，P>0.1）。根据上文的中介作用判断标准，这一结果表明横向监督在连带责任影响机会主义行为的过程中起到完全中介作用。因此，假设3得到支持。

表5-19　回归分析结果

| | 模型1 | 模型2 | 模型3 |
| --- | --- | --- | --- |
| | 横向监督 | 机会主义行为 | 机会主义行为 |
| 管理监督 | −0.061<br>(0.086) | −0.216 *<br>(0.092) | −0.248 * * *<br>(0.081) |
| 感知凝聚力 | 0.073<br>(0.113) | −0.345 * *<br>(0.120) | −0.307 * *<br>(0.105) |
| 合理权威 | 0.190<br>(0.135) | −0.114<br>(0.143) | −0.015<br>(0.127) |
| 成员同质性 | −0.085<br>(0.080) | 0.110<br>(0.085) | 0.065<br>(0.075) |
| 小组规模 | 0.123 * *<br>(0.044) | −0.093<br>(0.047) | −0.028<br>(0.043) |
| 慷慨互惠 | −0.114<br>(0.125) | −0.050<br>(0.133) | −0.110<br>(0.117) |
| 等价互惠 | 0.126<br>(0.121) | −0.059<br>(0.129) | 0.007<br>(0.114) |
| 消极互惠 | 0.225<br>(0.205) | −0.006<br>(0.218) | 0.112<br>(0.192) |

| | 模型 1 横向监督 | 模型 2 机会主义行为 | 模型 3 机会主义行为 |
|---|---|---|---|
| 连带责任 | 2.111 * * * (0.438) | -1.002 * (0.466) | 0.105 (0.469) |
| 横向监督 | | | -0.524 * * * (0.110) |
| $R^2$ | 0.774 | 0.410 | 0.553 |
| Adjusted $R^2$ | 0.746 | 0.336 | 0.490 |
| $R^2$ change | | | 0.143 |
| F-statistic | 27.458 * * * | 5.557 * * * | 8.796 * * * |

注：（1） * * * $P<0.001$；* * $P<0.01$；* $P<0.05$，双尾检验；（2）括号中为标准误；（3）样本量 N = 82 个供应商小组。

关于上述研究结论，也可从本研究前期对供应商代表进行的深度访谈得到进一步证实。被访的供应商代表一致认为连带责任治理的实施极大地激发了供应商成员之间相互监督的积极性，促使其主动利用自身的信息、技术等优势采取各种监督措施，最终使集群内的机会主义行为得到有效控制。正如一位供应商代表所说："我的茶叶产量大，很怕其他成员使用禁用农药而使自己蒙受损失，因此会经常出去溜达，借机观察他们有没有购买禁用农药。""一旦发现，肯定会当面指责，或聚众议论，因此没有谁敢乱来。"另外，有一位受访者是某供应商小组组长，他谈道："我们组的成员已与企业合作六年，表现一向很好，就是因为大家平时都积极地相互监督，一有问题就主动向我举报。"这些访谈信息充分表明，连带责任治理对供应商集群内机会主义行为的影响通过横向监督这一中介机制而得以实现。

## 八、调节作用分析

根据 Baron 和 Kenny（1986）的建议，调节作用的检验方法是先将自变量与调节变量相乘得到交互项，然后进行因变量对交互项的回归分析，如果结果显示交互项对因变量的回归系数显著，则表示调节变量显著调节自变量与因变量之间的关系，即调节变量的调节效应显著。由于本研究认为集群内供应商之间的不同互惠关系——慷慨互惠、等价互惠和消极互惠对供应商之间的连带责任与其机会主义行为的关系、供应商之间的连带责任与其横向监督的关系都存在不同的调节作用，因此，下文将分别对这三种互惠关系的调节作用进行分析。需要指出的是，在进行数据处理时，对慷慨互惠、等价互惠和消极互惠三个调节变量的效应分析是分别进行的，即每次只做机会主义行为或横向监督对连带责任、其中一个调节变量以及二者的交互项的回归分析。具体的做法是，当进行关于慷慨互惠这一调节变量的数据分析时，将等价互惠和消极互惠两个调节变量与管理监督、感知凝聚力、合理权威、成员同质性和小组规模等变量一起作为控制变量或协变量放入模型。进行其他两个调节变量的分析时也是采取类似的步骤，在此不再赘述。

（一）慷慨互惠在连带责任与机会主义行为之间的调节作用

如表 5-20 所示，本研究在对连带责任与慷慨互惠两个变量进行标准化处理的基础上将二者相乘得到交互项（连带责任×慷慨互惠），将该交互项作为一个新的变量放入模型中，进行机会主义行为对它的回归分析。回归分析结果显示，该交互项的系数显著为正（$\beta = 1.523$，$P < 0.01$），表明慷慨互惠弱化连带责任与机会主义行为之间的关系，即随着供应商之间慷慨互惠关系的增强，他们之间的连带责任对其机会主义行为的负向作用减弱。因此，本研究的假设 4a 得到支持。

表 5-20　慷慨互惠对连带责任与机会主义行为之间关系的调节作用

| | | 机会主义行为 | | |
| --- | --- | --- | --- | --- |
| | | 模型 1 | 模型 2 | 模型 3 |
| 自变量 | 连带责任 | | -1.002 * (0.466) | -6.433 * * * (1.759) |
| 调节变量 | 慷慨互惠 | | -0.050 (0.133) | -0.821 * * (0.272) |
| 交互项 | 连带责任×慷慨互惠 | | | 1.523 * * (0.478) |

| | | 机会主义行为 | | |
| --- | --- | --- | --- | --- |
| | | 模型 1 | 模型 2 | 模型 3 |
| 控制变量 | 管理监督 | −0.152 (0.088) | −0.216 * (0.092) | −0.204 * (0.087) |
| | 感知凝聚力 | −0.415 * * (0.117) | −0.345 * * (0.120) | −0.322 * * (0.113) |
| | 合理权威 | −0.094 (0.145) | −0.114 (0.143) | −0.193 (0.137) |
| | 成员同质性 | 0.089 (0.049) | 0.110 (0.085) | 0.162 (0.082) |
| | 小组规模 | −0.070 (0.046) | −0.093 (0.047) | −0.077 (0.044) |
| | 等价互惠 | −0.044 (0.131) | −0.059 (0.129) | 0.050 (0.126) |
| | 消极互惠 | −0.060 (0.220) | −0.006 (0.218) | −0.030 (0.205) |
| $R^2$ | | 0.372 | 0.410 | 0.484 |
| Adjusted $R^2$ | | 0.312 | 0.336 | 0.411 |
| $R^2$ change | | | 0.038 | 0.074 |
| F-statistic | | 6.254 * * * | 5.557 * * * | 6.654 * * * |

注：(1) * * * $P<0.001$；* * $P<0.01$；* $P<0.05$，双尾检验；(2) 括号中为标准误；(3) 样本量 N=82 个供应商小组。

## （二）等价互惠在连带责任与机会主义行为之间的调节作用

如表 5-21 所示，本研究在对连带责任与等价互惠两个变量进行标准化处理的基础上将二者相乘得到交互项（连带责任×等价互惠），将该交互项作为一个新的变量放入模型中，进行机会主义行为对它的回归分析。回归分析结果显示，该交互项的系数显著为负（β = −0.870，$P< 0.05$），表明等价互惠强化连带责任与机会主义行为之间的负相关关系，即随着供应商之间等价互惠关系的增强，他们之间的连带责任对其机会主义行为的负向作用增强。因此，本研究的假设 4b 得到支持。

表 5-21　等价互惠对连带责任与机会主义行为之间关系的调节作用

| | | 机会主义行为 | | |
| --- | --- | --- | --- | --- |
| | | 模型 1 | 模型 2 | 模型 3 |
| 自变量 | 连带责任 | | −1.002 *<br>(0.466) | 1.991<br>(1.471) |
| 调节变量 | 等价互惠 | | −0.059<br>(0.129) | 0.373<br>(0.238) |
| 交互项 | 连带责任×等价互惠 | | | −0.870 *<br>(0.406) |
| 控制变量 | 管理监督 | −0.154<br>(0.088) | −0.216 *<br>(0.092) | −0.197 *<br>(0.090) |
| | 感知凝聚力 | −0.414 * *<br>(0.118) | −0.345 * *<br>(0.120) | −0.335 * *<br>(0.117) |
| | 合理权威 | −0.085<br>(0.141) | −0.114<br>(0.143) | −0.104<br>(0.140) |
| | 成员同质性 | 0.099<br>(0.087) | 0.110<br>(0.085) | 0.125<br>(0.083) |
| | 小组规模 | −0.066<br>(0.046) | −0.093<br>(0.047) | −0.089<br>(0.046) |
| | 广义互惠 | −0.021<br>(0.134) | −0.050<br>(0.129) | −0.095<br>(0.131) |
| | 消极互惠 | −0.109<br>(0.159) | −0.006<br>(0.218) | −0.062<br>(0.214) |
| $R^2$ | | 0.371 | 0.410 | 0.446 |
| Adjusted $R^2$ | | 0.311 | 0.336 | 0.368 |
| $R^2$ change | | | 0.039 | 0.036 |
| F-statistic | | 6.234 * * * | 5.557 * * * | 5.708 * * * |

注：（1）* * * $P<0.001$；* * $P<0.01$；* $P<0.05$，双尾检验；（2）括号中为标准误；（3）样本量 N＝82 个供应商小组。

### （三）消极互惠在连带责任与机会主义行为之间的调节作用

如表 5-22 所示，本研究在对连带责任与消极互惠两个变量进行标准化处理的基础上将二者相乘得到交互项（连带责任×消极互惠），将该交互项作为一个新的变量放入模型中，进行机会主义行为对它的回归分析。回归分析结果显示，该交互项的系数显著为负（β = -0.784，$P< 0.05$），表明消极互惠强化连带责任与机会主义行为之间的负相关关系，即随着供应商之间消极互惠关系的增强，他们之间的连带责任对其机会主义行为的负向作用增强。因此，本研究的假设 4c 得到支持。

表5-22 消极互惠对连带责任与机会主义行为之间关系的调节作用

| | | 机会主义行为 | | |
|---|---|---|---|---|
| | | 模型 1 | 模型 2 | 模型 3 |
| 自变量 | 连带责任 | | -1.002 *<br>（0.466） | 1.692<br>（1.333） |
| 调节变量 | 消极互惠 | | -0.006<br>（0.218） | 0.333<br>（0.265） |
| 交互项 | 连带责任×消极互惠 | | | -0.784 *<br>（0.365） |
| 控制变量 | 管理监督 | -0.148<br>（0.088） | -0.216 *<br>（0.092） | -0.205 *<br>（0.090） |
| | 感知凝聚力 | -0.417 * *<br>（0.117） | -0.345 * *<br>（0.120） | -0.330 * *<br>（0.117） |
| | 合理权威 | -0.127<br>（0.087） | -0.114<br>（0.143） | -0.134<br>（0.140） |
| | 成员同质性 | 0.104<br>（0.086） | 0.110<br>（0.085） | 0.122<br>（0.083） |
| | 小组规模 | -0.071<br>（0.045） | -0.093<br>（0.047） | -0.087<br>（0.046） |
| | 广义互惠 | -0.022<br>（0.134） | -0.050<br>（0.133） | -0.071<br>（0.130） |
| | 等价互惠 | -0.067<br>（0.095） | -0.059<br>（0.129） | -0.037<br>（0.126） |
| $R^2$ | | 0.371 | 0.410 | 0.446 |
| Adjusted $R^2$ | | 0.312 | 0.336 | 0.368 |
| $R^2$ change | | | 0.039 | 0.036 |
| F-statistic | | 6.244 * * * | 5.557 * * * | 5.715 * * * |

注：（1）* * * $P<0.001$；* * $P<0.01$；* $P<0.05$，双尾检验；（2）括号中为标准误；（3）样本量 N=82 个供应商小组。

（四）慷慨互惠在连带责任与横向监督之间的调节作用

如表 5-23 所示，本研究在对连带责任与慷慨互惠两个变量进行标准化处理的基础上将二者相乘得到交互项（连带责任×慷慨互惠），将该交互项作为一个新的变量放入模型中进行回归分析，回归分析结果显示该交互项的系数显著为负（β=-1.579，P<0.01），表明慷慨互惠负向调节连带责任与横向监督之间的关系，即随着供应商之间慷慨互惠关系的增强，他们之间的连带责任对其横向监督的正向作用减弱。因此，本研究的假设 5a 得到支持。

表 5-23　慷慨互惠对连带责任与横向监督之间关系的调节作用

| | | 横向监督 | | |
| --- | --- | --- | --- | --- |
| | | 模型 1 | 模型 2 | 模型 3 |
| 自变量 | 连带责任 | | 2.111 * * *<br>(0.438) | 7.742 * * *<br>(1.628) |
| 调节变量 | 慷慨互惠 | | -0.114<br>(0.125) | 0.685 * *<br>(0.252) |
| 交互项 | 连带责任×慷慨互惠 | | | -1.579 * *<br>(0.442) |
| 控制变量 | 管理监督 | -0.205 *<br>(0.093) | -0.061<br>(0.086) | -0.074<br>(0.080) |
| | 感知凝聚力 | 0.214<br>(0.124) | 0.073<br>(0.113) | 0.049<br>(0.105) |
| | 合理权威 | 0.174<br>(0.153) | 0.190<br>(0.135) | 0.272 *<br>(0.127) |
| | 成员同质性 | -0.159 * *<br>(0.052) | -0.085<br>(0.080) | -0.139<br>(0.076) |
| | 小组规模 | 0.063<br>(0.048) | 0.123 * *<br>(0.044) | 0.106 *<br>(0.041) |
| | 等价互惠 | 0.090<br>(0.139) | 0.126<br>(0.121) | 0.012<br>(0.117) |
| | 消极互惠 | 0.317<br>(0.233) | 0.225<br>(0.205) | 0.250<br>(0.190) |
| $R^2$ | | 0.695 | 0.774 | 0.809 |

| | 横向监督 | | |
|---|---|---|---|
| | 模型 1 | 模型 2 | 模型 3 |
| Adjusted $R^2$ | 0.666 | 0.746 | 0.782 |
| $R^2$ change | | 0.079 | 0.035 |
| F-statistic | 24.119 * * * | 27.458 * * * | 30.026 * * * |

注：（1）＊＊＊$P<0.001$；＊＊$P<0.01$；＊$P<0.05$，双尾检验；（2）括号中为标准误；（3）样本量 N＝82 个供应商小组。

### （五）等价互惠在连带责任与横向监督之间的调节作用

如表 5-24 所示，本研究在对连带责任与等价互惠两个变量进行标准化处理的基础上将二者相乘得到交互项（连带责任×等价互惠），将该交互项作为一个新的变量放入模型中进行回归分析，回归分析结果显示该交互项的系数显著为正（β＝0.796，$P<0.05$），表明等价互惠正向调节连带责任与横向监督之间的关系，即随着供应商之间等价互惠关系的增强，他们之间的连带责任对其横向监督的正向作用增强。因此，本研究的假设 5b 得到支持。

表 5-24　等价互惠对连带责任与横向监督之间关系的调节作用

| | | 横向监督 | | |
|---|---|---|---|---|
| | | 模型 1 | 模型 2 | 模型 3 |
| 自变量 | 连带责任 | | 2.111 * * * (0.438) | −0.629 (1.385) |
| 调节变量 | 等价互惠 | | 0.126 (0.121) | −0.270 (0.224) |
| 交互项 | 连带责任×等价互惠 | | | 0.796 * (0.383) |
| 控制变量 | 管理监督 | −0.205 * (0.093) | −0.061 (0.086) | −0.079 (0.085) |
| | 感知凝聚力 | 0.214 (0.124) | 0.073 (0.113) | 0.063 (0.110) |
| | 合理权威 | 0.174 (0.153) | 0.190 (0.135) | 0.181 (0.132) |

| | | 横向监督 | | |
| --- | --- | --- | --- | --- |
| | | 模型 1 | 模型 2 | 模型 3 |
| 控制变量 | 成员同质性 | −0.159 * * (0.052) | −0.085 (0.080) | −0.098 (0.079) |
| | 小组规模 | 0.063 (0.048) | 0.123 * * (0.044) | 0.119 * * (0.043) |
| | 慷慨互惠 | 0.090 (0.139) | −0.114 (0.125) | −0.072 (0.124) |
| | 消极互惠 | 0.317 (0.233) | 0.225 (0.205) | 0.275 (0.202) |
| R² | | 0.695 | 0.774 | 0.787 |
| Adjusted R² | | 0.666 | 0.746 | 0.757 |
| R² change | | | 0.079 | 0.013 |
| F-statistic | | 24.119 * * * | 27.458 * * * | 26.286 * * * |

注：（1）* * * $P<0.001$；* * $P<0.01$；* $P<0.05$，双尾检验；（2）括号中为标准误；（3）样本量 N=82 个供应商小组。

## （六）消极互惠在连带责任与横向监督之间的调节作用

如表 5-25 所示，本研究在对连带责任与消极互惠两个变量进行标准化处理的基础上将二者相乘得到交互项（连带责任×消极互惠），将该交互项作为一个新的变量放入模型中进行回归分析，回归分析结果显示该交互项的系数显著为正（$\beta=0.837$，$P<0.01$），表明消极互惠正向调节连带责任与横向监督之间的关系，即随着供应商之间消极互惠关系的增强，他们之间的连带责任对其横向监督的正向作用增强。因此，本研究的假设 5c 得到支持。

表 5-25　消极互惠对连带责任与横向监督之间关系的调节作用

| | | 横向监督 | | |
| --- | --- | --- | --- | --- |
| | | 模型 1 | 模型 2 | 模型 3 |
| 自变量 | 连带责任 | | 2.111 * * * (0.438) | −0.765 (1.241) |
| 调节变量 | 消极互惠 | | 0.225 (0.205) | −0.137 (0.246) |

| | | 横向监督 | | |
|---|---|---|---|---|
| | | 模型 1 | 模型 2 | 模型 3 |
| 交互项 | 连带责任×消极互惠 | | | 0.837 *<br>(0.339) |
| 控制变量 | 管理监督 | -0.205 *<br>(0.093) | -0.061<br>(0.086) | -0.073<br>(0.084) |
| | 感知凝聚力 | 0.214<br>(0.124) | 0.073<br>(0.113) | 0.057<br>(0.109) |
| | 合理权威 | 0.174<br>(0.153) | 0.190<br>(0.135) | 0.212<br>(0.130) |
| | 成员同质性 | -0.159 * *<br>(0.052) | -0.085<br>(0.080) | -0.098<br>(0.078) |
| | 小组规模 | 0.063<br>(0.048) | 0.123 * *<br>(0.044) | 0.117 * *<br>(0.042) |
| | 慷慨互惠 | 0.090<br>(0.139) | -0.114<br>(0.125) | -0.091<br>(0.121) |
| | 等价互惠 | 0.317<br>(0.233) | 0.126<br>(0.121) | 0.102<br>(0.118) |
| $R^2$ | | 0.695 | 0.774 | 0.792 |
| Adjusted $R^2$ | | 0.666 | 0.746 | 0.763 |
| $R^2$ change | | | | |
| F-statistic | | 24.119 * * * | 27.458 * * * | 27.061 * * * |

注：(1) * * * $P<0.001$；* * $P<0.01$；* $P<0.05$，双尾检验；(2) 括号中为标准误；(3) 样本量 N=82 个供应商小组。

## 九、有中介的调节作用分析

本研究还需要探讨的是横向监督是否中介了连带责任与三种互惠关系的交互效应与因变量机会主义行为之间的关系，即有中介的调节作用。具体的分析步骤是，首先将连带责任与慷慨互惠、等价互惠和消极互惠三个调节变量分别相乘，相应地得到三个交互项，即"连带责任×慷慨互惠""连带责任×等价互惠""连带责任×消极互惠"，成为三个新的解释变量；然后，按照 Baron和 Kenny (1986) 提出的三步回归分析方法进行横向监督的中介作用分析。

以"连带责任×慷慨互惠"为例，在控制了控制变量的影响后，第一步先检验"连带责任×慷慨互惠"对横向监督是否具有显著影响，第二步检验"连带责任×慷慨互惠"对机会主义行为是否具有显著影响。如果这两个检验通过的话，然后进行最后一步，即同时检验"连带责任×慷慨互惠"和横向监督对机会主义行为的影响。如果结果显示横向监督的回归系数显著，而"连带责任×慷慨互惠"的回归系数减小但仍达到显著水平，说明横向监督在"连带责任×慷慨互惠"影响机会主义行为的过程中只起到部分中介作用；如果结果显示横向监督的回归系数显著，而"连带责任×慷慨互惠"的回归系数不再显著，则说明横向监督在这一过程中起到完全中介作用。"连带责任×等价互惠""连带责任×消极互惠"两个新变量的分析步骤与之类似，在此不再赘述。具体回归分析结果分别如表5-26、表5-27、表5-28所示。

表5-26　回归分析结果

| | 模型 1 | 模型 2 | 模型 3 |
|---|---|---|---|
| | 横向监督 | 机会主义行为 | 机会主义行为 |
| 管理监督 | −0.088<br>(0.091) | −0.192 *<br>(0.094) | −0.239 * *<br>(0.081) |
| 感知凝聚力 | 0.133<br>(0.118) | −0.375 * *<br>(0.121) | −0.314 * *<br>(0.105) |
| 合理权威 | 0.158<br>(0.142) | −0.099<br>(0.146) | −0.013<br>(0.126) |
| 成员同质性 | −0.064<br>(0.085) | 0.100<br>(0.087) | 0.065<br>(0.075) |
| 小组规模 | 0.116 *<br>(0.047) | −0.085<br>(0.048) | −0.022<br>(0.043) |
| 慷慨互惠 | −0.359 *<br>(0.141) | 0.047<br>(0.144) | −0.146<br>(0.129) |
| 等价互惠 | 0.151<br>(0.129) | −0.065<br>(0.132) | 0.016<br>(0.114) |
| 消极互惠 | 0.242<br>(0.217) | −0.024<br>(0.222) | 0.106<br>(0.192) |
| 连带责任×慷慨互惠 | 0.457 * *<br>(0.126) | 0.169 *<br>(0.129) | 0.077<br>(0.120) |

续表

| | 模型 1 | 模型 2 | 模型 3 |
|---|---|---|---|
| | 横向监督 | 机会主义行为 | 机会主义行为 |
| 横向监督 | | | −0.539 * * * <br> (0.104) |
| $R^2$ | 0.748 | 0.387 | 0.556 |
| Adjusted $R^2$ | 0.716 | 0.310 | 0.493 |
| $R^2$ change | | | 0.169 |
| F−statistic | 23.724 * * * | 5.041 * * * | 8.877 * * * |

注：（1）* * * $P<0.001$；* * $P<0.01$；* $P<0.05$，双尾检验；（2）括号中为标准误；（3）样本量 N=82 个供应商小组。

从表 5-26 的模型 2 可以得知，机会主义行为对"连带责任×慷慨互惠"的回归系数值为 0.169，且显著为正（$P<0.05$）。这表明，当其他所有因素保持不变时，交互项"连带责任×慷慨互惠"增加一个单元会导致机会主义行为增加 0.169 个单元。将横向监督（中介变量）加入模型后（模型 3），"连带责任×慷慨互惠"的回归系数值降为 0.077，且不再显著（$P>0.05$），而横向监督的回归系数显著为负（$\beta=-0.539$，$P<0.001$），说明横向监督中介了连带责任与慷慨互惠之间的交互关系对机会主义行为的影响，在统计上证实了有中介的调节效应（Hayes，2013），效应值为 0.169−0.077=0.092。

表 5-27　回归分析结果

| | 模型 1 | 模型 2 | 模型 3 |
|---|---|---|---|
| | 横向监督 | 机会主义行为 | 机会主义行为 |
| 管理监督 | −0.071 <br> (0.083) | −0.221 * <br> (0.089) | −0.256 * * <br> (0.080) |
| 感知凝聚力 | 0.061 <br> (0.110) | −0.328 * * <br> (0.116) | −0.297 * * <br> (0.105) |
| 合理权威 | 0.184 <br> (0.131) | −0.114 <br> (0.140) | −0.022 <br> (0.127) |

| | 模型 1 | 模型 2 | 模型 3 |
|---|---|---|---|
| | 横向监督 | 机会主义行为 | 机会主义行为 |
| 成员同质性 | −0.096 (0.078) | 0.117 (0.084) | 0.070 (0.076) |
| 小组规模 | 0.122 * * (0.042) | −0.096 * (0.046) | −0.035 (0.043) |
| 慷慨互惠 | −0.079 (0.122) | 0.074 (0.131) | −0.133 (0.117) |
| 等价互惠 | 0.187 (0.129) | 0.110 (0.138) | 0.017 (0.125) |
| 消极互惠 | 0.262 (0.198) | −0.018 (0.213) | 0.112 (0.192) |
| 连带责任×等价互惠 | 0.631 * * * (0.118) | −0.347 * * (0.126) | −0.033 (0.133) |
| 横向监督 | | | −0.498 * * * (0.113) |
| $R^2$ | 0.787 | 0.431 | 0.553 |
| Adjusted $R^2$ | 0.760 | 0.360 | 0.491 |
| $R^2$ change | | | 0.122 |
| F-statistic | 29.509 * * * | 6.068 * * * | 8.799 * * * |

注：（1）* * * $P<0.001$；* * $P<0.01$；* $P<0.05$，双尾检验；（2）括号中为标准误；（3）样本量 N=82 个供应商小组。

从表 5-27 的模型 2 可以得知，机会主义行为对"连带责任×等价互惠"的回归系数值为 0.347，且显著为负（$P<0.01$）。这表明，当其他所有因素保持不变时，交互项"连带责任×等价互惠"增加一个单元会导致机会主义行为减少 0.347 个单元。将横向监督（中介变量）加入模型后（模型 3），"连带责任×等价互惠"的回归系数值降为 0.033，符号为负，但不再显著（$P>0.05$），而横向监督的回归系数显著为负（β=−0.498，$P<0.001$），说明横向监督中介了连带责任与等价互惠之间的交换关系对机会主义行为的影响，在

统计上证实了有中介的调节效应（Hayes，2013），效应值为-0.347+0.033=-0.314。

表 5-28　回归分析结果

| | 模型 1 横向监督 | 模型 2 机会主义行为 | 模型 3 机会主义行为 |
|---|---|---|---|
| 管理监督 | -0.064 (0.082) | -0.224 * (0.089) | -0.256 * * (0.080) |
| 感知凝聚力 | 0.055 (0.109) | -0.325 * * (0.118) | -0.298 * * (0.105) |
| 合理权威 | 0.208 (0.130) | -0.127 (0.140) | -0.023 (0.128) |
| 成员同质性 | -0.095 (0.077) | 0.117 (0.084) | 0.069 (0.076) |
| 小组规模 | 0.120 * * (0.042) | -0.095 * (0.045) | -0.035 (0.043) |
| 慷慨互惠 | -0.094 (0.120) | -0.065 (0.130) | -0.112 (0.117) |
| 等价互惠 | 0.109 (0.117) | -0.052 (0.126) | 0.002 (0.114) |
| 消极互惠 | -0.057 (0.208) | 0.155 (0.225) | 0.127 (0.202) |
| 连带责任×消极互惠 | 0.640 * * * (0.115) | -0.349 * * (0.125) | -0.030 (0.133) |
| 横向监督 | | | -0.498 * * * (0.114) |
| $R^2$ | 0.791 | 0.433 | 0.553 |
| Adjusted $R^2$ | 0.765 | 0.363 | 0.490 |
| $R^2$change | | | 0.120 |
| F-statistic | 30.287 * * * | 6.119 * * * | 8.796 * * * |

注：（1）* * * $P<0.001$；* * $P<0.01$；* $P<0.05$，双尾检验；（2）括号中为标准误；（3）样本量 N=82 个供应商小组。

从表 5-28 的模型 2 可以得知，机会主义行为对"连带责任×消极互惠"的回归系数值为 0.349，且显著为负（$P<0.01$）。这表明，当其他所有因素保

持不变时，交互项"连带责任×消极互惠"增加一个单元会导致机会主义行为减少0.349个单元。将横向监督（中介变量）加入模型后（模型3），"连带责任×等价互惠"的回归系数值降为0.030，符号为负，但不再显著（$P>0.05$），而横向监督的回归系数显著为负（$\beta=-0.498$，$P<0.001$），说明横向监督中介了连带责任与消极互惠之间的交换关系对机会主义行为的影响，在统计上证实了有中介的调节效应（Hayes，2013），效应值为$-0.349+0.030=-0.319$。

为了进一步分析有中介的调节效应，本研究还参照Preacher等（2007）和Hayes（2013）提出的有中介的调节分析模型对连带责任与慷慨互惠、等价互惠、消极互惠的交互项分别对机会主义行为产生的间接效应进行Bootstrap中介变量检验。具体地说，本研究采用他们编写的SPSS宏"INDIRECT"，选择5000的样本量以及95%置信区间，然后进行回归分析，分析结果如表5-30、表5-31、表5-32所示。其中，间接效应等于连带责任与慷慨互惠、等价互惠、消极互惠的交换项到横向监督这一路径（路径a）的系数与横向监督到机会主义行为这一路径（路径b）的系数的乘积，若95%置信区间内不包含零，则说明间接效应显著（Preacher等，2007）。

表5-29　有中介的调节作用的Bootstrap检验结果

| | 连带责任×慷慨互惠<br>→横向监督<br>（路径 a） | 横向监督→机会主义行为<br>（路径 b） | 间接效应<br>（路径 a×路径 b） | 直接效应<br>（路径 c） | 总效应<br>（路径 c'） |
|---|---|---|---|---|---|
| β<br>（CI） | −1.5791*** | −0.4454*** | 0.7033<br>（0.2680，1.4082） | 0.8196 | 1.5229* |

注：（1）CI=间接效应的95%置信区间；如果CI不包含零，表示间接效应具有统计上的显著性（粗体表示）；（2）* $P<0.05$；（3）样本量N=82个供应商小组。

从表5-29可以看出，"连带责任×慷慨互惠"对机会主义行为的间接效应值为0.7033；且95%置信区间内不包含零（LLCI=0.2680，ULCI=1.4082），说明间接效应显著。这一结果充分表明横向监督中介了连带责任与慷慨互惠的交互项对机会主义行为的间接影响，具体地说，随着慷慨互惠关系的增强，供应商之间的连带责任通过横向监督对其机会主义行为产生的间接抑制作用减弱。因此，假设6a得到支持。

表 5-30　有中介的调节作用的 Bootstrap 检验结果

| | 连带责任×等价互惠→横向监督（路径 a） | 横向监督→机会主义行为（路径 b） | 间接效应（路径 a×路径 b） | 直接效应（路径 c） | 总效应（路径 c′） |
|---|---|---|---|---|---|
| β（CI） | 0.7960* | -0.4899*** | -0.3900（-0.9192，-0.0665） | -0.4799 | -0.8699* |

注：（1）CI=间接效应的 95% 置信区间；如果 CI 不包含零，表示间接效应具有统计上的显著性（粗体表示）；（2）* P<0.05；（3）样本量 N=82 个供应商小组。

从表 5-30 可以看出，"连带责任×等价互惠"对机会主义行为的间接效应值为-0.3900；且 95% 置信区间内不包含零（LLCI = -0.9192，ULCI = -0.0665），说明间接效应显著。这一结果充分表明横向监督中介了连带责任与等价互惠的交互项对机会主义行为的间接影响，具体地说，随着等价互惠关系的增强，供应商之间的连带责任通过横向监督对其机会主义行为产生的间接抑制作用增强。因此，假设 6b 得到支持。

表 5-31　有中介的调节作用的 Bootstrap 检验结果

| | 连带责任×消极互惠→横向监督（路径 a） | 横向监督→机会主义行为（路径 b） | 间接效应（路径 a×路径 b） | 直接效应（路径 c） | 总效应（路径 c′） |
|---|---|---|---|---|---|
| β（CI） | 0.8366* | -0.4892*** | -0.4093（-0.9359，-0.1002） | -0.3745 | -0.7838* |

注：（1）CI=间接效应的 95% 置信区间；如果 CI 不包含零，表示间接效应具有统计上的显著性（粗体表示）；（2）* P<0.05；（3）样本量 N=82 个供应商小组。

从表 5-31 可以看出，"连带责任×消极互惠"对机会主义行为的间接效应值为-0.4093；且 95% 置信区间内不包含零（LLCI = -0.9359，ULCI = -0.1002），说明间接效应显著。这一结果充分表明横向监督中介了连带责任与消极互惠的交互项对机会主义行为的间接影响，具体地说，随着消极互惠关系的增强，供应商之间的连带责任通过横向监督对其机会主义行为产生的间接抑制作用增强。因此，假设 6c 得到支持。

# 本章小结

本章共有三大部分，每一部分的内容总结如下：

在概念模型与研究假设部分，首先在上一章探索性案例研究的基础上，提出了关于连带责任治理的概念模型，明确了基本的研究思路，即：在供应链合作关系情境下研究核心企业针对供应商集群所实施的连带责任治理的作用及其核心作用机制，并在此基础上探讨供应商之间的不同互惠关系对连带责任治理效果的不同影响。然后，基于提出的概念模型与研究思路，通过理论推导，提出了本研究的相关研究假设，总结如表 5-32 所示：

表 5-32　本研究的主要研究假设

| |
|---|
| **关于供应商之间的连带责任与其机会主义行为之间的关系的研究假设**<br>假设 1：供应商之间的连带责任对其机会主义行为具有负向作用。 |
| **关于供应商之间的连带责任与其横向监督之间的关系的研究假设**<br>假设 2：供应商之间的连带责任对其横向监督具有正向作用。 |
| **关于横向监督的中介作用的研究假设**<br>假设 3：供应商之间的横向监督在连带责任影响机会主义行为的过程中具有中介作用。 |
| **关于供应商之间的不同互惠关系在连带责任与机会主义行为之间的调节作用的研究假设**<br>假设 4a：随着供应商之间慷慨互惠关系的增强，他们之间的连带责任对机会主义行为的负向作用减弱；<br>假设 4b：随着供应商之间等价互惠关系的增强，他们之间的连带责任对机会主义行为的负向作用增强；<br>假设 4c：随着供应商之间消极互惠关系的增强，他们之间的连带责任对其机会主义行为的负向作用增强。 |
| **关于供应商之间的不同互惠关系在连带责任与横向监督之间的调节作用的研究假设**<br>假设 5a：随着供应商之间慷慨互惠关系的增强，他们之间的连带责任对其横向监督的正向作用减弱；<br>假设 5b：随着供应商之间等价互惠关系的增强，他们之间的连带责任对其横向监督的正向作用增强；<br>假设 5c：随着供应商之间消极互惠关系的增强，他们之间的连带责任对其横向监督的正向作用增强。 |
| **关于供应商之间的不同互惠关系在连带责任通过横向监督影响机会主义行为的过程中的调节作用的研究假设**<br>假设 6a：随着供应商之间慷慨互惠关系的增强，他们之间的连带责任通过横向监督对机会主义行为产生的间接负向作用减弱；<br>假设 6b：随着供应商之间等价互惠关系的增强，他们之间的连带责任通过横向监督对机会主义行为产生的间接负向作用增强；<br>假设 6c：随着供应商之间消极互惠关系的增强，他们之间的连带责任通过横向监督对机会主义行为产生的间接负向作用增强。 |

在研究设计与方法部分，首先介绍了本研究为确保调查问卷的科学性和有效性而在设计问卷时所遵循的基本原则以及具体的操作步骤；然后，阐述了连带责任、慷慨互惠、等价互惠、消极互惠、横向监督、机会主义行为、管理监督、感知凝聚力、合理权威、成员同质性和小组规模等 11 个研究变量的操作性定义，以及每个变量的具体测量题项及其文献来源；最后，简要介绍了本研究的调查对象，即福建安溪两家茶企的毛茶供应商集群，并概述了本研究在数据收集方面的执行时间、任务部署以及最终得到的有效研究样本情况。

在数据分析与假设检验部分，主要是使用 SPSS 22.0 和 AMOS 18.0 等统计软件对所收集的数据进行整理与分析，并据此对第一节提出的相关研究假设进行检验。具体包括九个部分的内容：（1）是对有效研究样本即 82 个供应商小组的来源分布、成立年数分布、年产量分布等基本特征进行分析，然后对各个变量的测量题项数据进行描述性统计分析，包括均值、标准差、偏度、峰度等统计指标方面的情况；（2）汇报了两两变量之间的相关系数，分析结果反映出了本研究思路的可行性，为接下来的回归分析奠定了基础；（3）使用标记变量法进行共同方法偏差检验，确定本研究的数据分析结果不会受到共同方法偏差问题的影响；（4）使用容忍度和方差膨胀因子两个指标对多重共线性问题进行检验，以确定本研究的解释变量之间不存在多重共线性问题；（5）对各个潜变量的测量量表进行信度与效度分析，汇报了各测量表的 Cronbach's α 系数值以及组合信度、聚合效度与区分效度的检验结果，结果表明本研究的测量量表均具有良好的信度与效度；（6）对研究模型的整体模型适配度进行检验，结果表明卡方值、GFI、CFI、IFI 和 RMSEA 等适配度指标均在可接受范围之内；（7）使用三步回归分析方法对本研究的前三个研究假设进行了检验，检验结果显示，连带责任与机会主义行为之间显著负相关，连带责任与横向监督之间显著正相关，而且横向监督在连带责任影响机会主义行为的过程中起到完全中介作用，这表明相关研究假设均得到支持；（8）对关于慷慨互惠、等价互惠与消极互惠在连带责任与机会主义行为之间的调节作用的相关研究假设进行检验，检验结果显示，慷慨互惠弱化连带责任与机会主义行为之间的负相关关系，而等价互惠与消极互惠均强化连带责任与机会主义行为之间的负相关关系，这表明相关研究假设均得到支持；（9）对关于慷慨互惠、等价互惠与消极互惠在连带责任与横向监督之间的调节作用的相关研究假设进行检验，检验结果显示，慷慨互惠负向调节连带责任与横向监督之间的正相关关系，而等价互惠与消极互惠均正向调节连带责任与横向监督之间的正相关关系，这表明相关研究假设均得到支持；（10）对本研究中有中介的调节作用进行了检验，检验结果显示，随着慷慨互惠关系的增强，供应商之间的连带责任通过横向监督对其机会主义行为产生的间接抑制作用减弱，相反，随着等价互惠关系与消极互惠关系的增强，供应商之间的连带责任通过横向监督对其机会主义行为产生的间接抑制作用增强，这说明相关研究假设都得到了支持。本研究的实证研究结果汇总如表 5-33 所示。

表 5-33  本研究的相关研究假设验证情况

| 关于供应商之间的连带责任与其机会主义行为之间的关系的研究假设 | 结果 |
|---|---|
| 假设 1：随着供应商之间连带责任的增加，他们的机会主义行为减少。 | 支持 |
| 关于供应商之间的连带责任与其横向监督之间的关系的研究假设 | |
| 假设 2：随着供应商之间连带责任的增加，他们的横向监督程度提高。 | 支持 |
| 关于横向监督的中介作用的研究假设 | |
| 假设 3：供应商之间的横向监督在连带责任影响机会主义行为的过程中具有中介作用。 | 支持 |
| 关于供应商之间的不同互惠关系在连带责任与机会主义行为之间的调节作用的研究假设 | |
| 假设 4a：随着供应商之间慷慨互惠关系的增强，他们之间的连带责任对其机会主义行为的负向作用减弱； | 支持 |
| 假设 4b：随着供应商之间等价互惠关系的增强，他们之间的连带责任对其机会主义行为的负向作用增强； | 支持 |
| 假设 4c：随着供应商之间消极互惠关系的增强，他们之间的连带责任对其机会主义行为的负向作用增强。 | 支持 |
| 关于供应商之间的不同互惠关系在连带责任与横向监督之间的调节作用的研究假设 | |
| 假设 5a：随着供应商之间慷慨互惠关系的增强，他们之间的连带责任对其横向监督的正向作用减弱； | 支持 |
| 假设 5b：随着供应商之间等价互惠关系的增强，他们之间的连带责任对其横向监督的正向作用增强； | 支持 |
| 假设 5c：随着供应商之间消极互惠关系的增强，他们之间的连带责任对其横向监督的正向作用增强。 | 支持 |
| 关于供应商之间的不同互惠关系在连带责任通过横向监督影响机会主义行为的过程中的调节作用的研究假设 | |

| | |
|---|---|
| 假设 6a：随着供应商之间慷慨互惠关系的增强，他们之间的连带责任通过横向监督对机会主义行为产生的间接负向作用减弱； | 支持 |
| 假设 6b：随着供应商之间等价互惠关系的增强，他们之间的连带责任通过横向监督对机会主义行为产生的间接负向作用增强； | 支持 |
| 假设 6c：随着供应商之间消极互惠关系的增强，他们之间的连带责任通过横向监督对机会主义行为产生的间接负向作用增强。 | 支持 |

▶ 第六章

# 研究结论

## 第一节　主要结论

本研究以我国福建省两家茶企及其毛茶供应商集群为研究对象，在供应链合作关系情境下探讨了核心企业针对供应商集群实施的连带责任治理的效果以及产生这种效果的核心作用机制，并在此基础上分析了供应商之间的不同互惠关系对连带责任治理效果产生的不同影响。通过理论分析与实证检验，本研究主要得到以下几点结论：

（1）随着供应商之间连带责任的增加，他们的机会主义行为减少。本研究通过实证分析发现，若核心企业规定供应商相互之间为彼此的违约行为负连带责任，那么，供应商集群内的机会主义行为能够得到有效抑制。根据委托代理理论，核心企业（委托人）与集群内供应商（代理人）之间的信息不对称是导致供应商机会主义猖獗的关键条件（Bergen 等，1992）。而由于连带责任的实施对象——供应商群体具有地理临近或强关系嵌入的特征，彼此之间接触频繁，信息透明度非常高，因而降低了他们采取机会主义行为的可能性。此外，遵守合同规定以维持与核心企业的长期合作关系是所有供应商的一致利益目标，因此，集群网络内的社会性压力对不良行为可能带来的严重后果使供应商的机会主义倾向得到有效抑制。正如 Stiglitz（1990）、Giné 和 Karlan（2009）等的研究结果显示，贷款机构对借款人以小组的形式实施连带责任治理，能够显著提高他们的还款率，使其违约行为减少。本研究则通过供应链合作关系情境进一步验证了这一结论。

（2）随着供应商之间连带责任的增加，他们的横向监督程度增强。本研究通过实证研究发现，供应商之间的连带责任会促使供应商基于个体利益的考虑，主动利用自身的有利条件对其他成员的行为进行积极的监督。本研究主要是从委托代理理论的角度，认为连带责任会从根本上激发供应商的"理性人"意识，促使他们为避免自己的经济利益受牵连而主动采取横向监督活动。这与 Kumar 等（2011）的研究结论保持高度一致，即渠道成员的行动决策都是基于对潜在的收益和成本进行权衡之后的结果。同时，正如 Armendariz（1999）的研究所示，连带责任小组内的借款成员因地理优势和关系优势而具有横向监督的能力，本研究也同样发现，处于同一集群这一条件也为供应商的横向监督提供了有利时机，促使他们能够有效地进行相互监督。

（3）横向监督在连带责任影响机会主义行为的过程中起到完全中介作用。本研究的实证结果表明，供应商之间的连带责任之所以能够有效抑制其机会主义行为，根本原因在于连带责任治理在实施过程中催生出来的横向监督因素的作用。具体而言，连带责任治理的实施促使供应商相互之间进行监督，而这种监督因供应商之间地理毗邻且联系紧密而能够有效降低信息不对称问题，使机会主义行为的产生缺失有利条件；同时，处于强关系网络当中的供应商成员常以横向监督为途径来获取有利于未来合作的信誉方面的信息，客观上实现对他们的机会主义行为的控制（Che & Yoo，2001）；此外，连带责任将供应商成员的利益目标捆绑在一起，促使其横向监督的积极性提高，进而利用核心企业所不具备的信息优势和监督技术优势，以及"群体期望"的激励作用（Loughry & Tosi，2008），使供应商集群内的机会主义行为受到有效制约。

（4）慷慨互惠弱化供应商之间的连带责任对其机会主义行为的负向作用。本研究通过实证研究发现，随着供应商之间慷慨互惠关系的增强，他们之间的连带责任对其机会主义行为的抑制作用被削弱。其原因主要有两点：第一，在慷慨互惠程度高的连带责任小组中，供应商成员因预期其他成员对自己的不良行为更倾向于采取包容、原谅甚至包庇的态度而感知到较小的社会性压力，因而导致其机会主义行为倾向更强；第二，慷慨互惠带来的高度信任导致连带责任小组中的供应商成员有更多的机会为谋求私利而采取机会主义行为。因此，本研究得到以下结论，即供应商之间的慷慨互惠关系会削弱连带责任对机会主义行为的治理效果。

（5）等价互惠强化供应商之间的连带责任对其机会主义行为的负向作用。本研究通过实证研究发现，随着供应商之间等价互惠关系的增强，他们之间的连带责任对其机会主义行为的抑制作用得到增强。这主要是因为，由于等价互惠关系中的供应商成员一致认可彼此之间的经济利益关系高于社会关系，因此，在连带责任小组中，责任共担的存在使供应商成员能够预料到，若是行使机会主义行为，必然会招致其他成员不顾牺牲社会关系而对自己采取集体性制裁。这种预期会对他产生更强大的社会性压力，使其更加不敢贸然采取机会主义行为。由此，本文得到以下结论，认为供应商之间的等价互惠关系会强化连带责任对机会主义行为的治理效果。

（6）消极互惠强化供应商之间的连带责任对其机会主义行为的负向作用。本研究通过实证研究发现，随着供应商之间消极互惠关系的增强，他们之间的连带责任对其机会主义行为的抑制作用更强。原因在于：由于消极互惠关系是一种典型的"工具型关系"，即纯粹的经济利益关系，因此，在连带责任小组内，一旦某个供应商成员采取机会主义行为，其他成员除了对他采取集体性制裁之外，还会想方设法在其他方面对他采取报复性行动，以尽一切可能弥补他们的经济损失。这种巨大的惩罚威胁迫使理性的供应商成员主动抑制自身的机会主义行为倾向。因此，关于这一点，本研究得到的结论是，与等价互惠关系一样，供应商之间的消极互惠关系也会使连带责任对机会主义行为的抑制效果更佳。

（7）慷慨互惠弱化供应商之间的连带责任对其横向监督的正向作用。本研究通过实证检验发现，随着供应商之间慷慨互惠关系的增强，他们之间的连带责任对其横向监督的正向作用减弱。其主要原因在于：第一，在慷慨互惠程度高的连带责任小组中，供应商成员会因为相互之间的高度信任而认为没有进行严格监督的必要性，从而导致横向监督强度的下降；第二，连带责任小组内的供应商成员会因慷慨互惠关系催生的"齐美尔连带"而形成较高的群体内认同感，使相互监督被相互袒护和包庇所取代；第三，连带责任小组内的供应商成员会因慷慨互惠关系而具有明显的利他倾向，从而降低了他们相互监督的积极性；第四，慷慨互惠关系使供应商成员之间的连带责任带来的经济损失风险让位于他们之间更长期的社会情感资源，使其不愿采取严厉的监督行动。因此，本研究得到的结论是，当供应商成员之间的慷慨互惠程度很高时，他们之间的连带责任对其横向监督的作用会显著下降。

（8）等价互惠强化供应商之间的连带责任对其横向监督的正向作用。本研究通过实证研究发现，随着供应商之间等价互惠关系的增强，他们之间的连带责任对其横向监督的正向作用也会增强。其原因主要有：第一，由于等价互惠关系强调利益的相互性，同一连带责任小组内的供应商成员普遍认为他们之间的经济利益高于其他社会关系，致使横向监督活动因得到共同认可与支持而得到强化；第二，由于等价互惠关系注重经济资源的交换，因此，连带责任涉及的经济受损风险促使供应商成员进行横向监督的积极性提高；

第三，由于在等价互惠关系中高水平信任与高水平不信任并存，当连带责任意味着潜在利益受损时，供应商成员之间的不信任程度会超过信任程度，促使其横向监督力度增大。因此，本研究得出结论，当供应商成员之间的等价互惠程度很高时，他们之间的连带责任对其横向监督的作用会更显著。

（9）消极互惠强化供应商之间的连带责任对其横向监督的正向作用。本研究的实证结果表明，随着供应商成员之间消极互惠关系的增强，他们之间的连带责任对其横向监督的正向作用也会增强。本研究主要从两个方面进行分析：其一，由于消极互惠关系的显著特点是"损人利己"，因此，当连带责任意味着利益受损风险时，供应商成员相互之间存在非常高的不信任，从而使他们具有投入更多时间和精力进行横向监督的强烈动机；其二，由于消极互惠关系中只有经济交换关系，没有规范或道德等社会性因素的制约，因此，供应商成员之间的连带责任会促使他们本着自身利益最大化原则加大横向监督的力度。因此，本研究得出结论，当供应商成员之间的消极互惠程度很高时，他们之间的连带责任对其横向监督的作用也会更加显著。

（10）供应商之间的三种互惠关系在连带责任通过横向监督影响机会主义行为这一过程中起着不同的调节作用。本研究通过实证检验证实，当供应商成员之间的慷慨互惠关系增强时，他们之间的连带责任通过横向监督对其机会主义行为产生的间接抑制作用就会变弱；相反，当供应商成员之间的等价互惠关系或消极互惠关系增强时，他们之间的连带责任通过横向监督对其机会主义行为产生的间接抑制作用也会得到增强。其原因主要在于：在供应商成员相互之间为彼此的机会主义行为负连带责任的情况下，当他们之间的慷慨互惠关系增强时，其横向监督程度会降低，当他们之间的等价互惠关系或消极互惠关系增强时，其横向监督程度则会得到强化；而由于供应商成员之间的横向监督活动具有很强的信息优势和技术优势，并起着激励机制的作用，能有效制约供应商集群内的机会主义行为，因此，如果供应商成员之间的横向监督程度增强，集群内的机会主义行为就会得到更好的控制；相反，如果供应商之间的横向监督程度减弱，集群内机会主义行为的控制效果也会降低。综上所述可以推断，当供应商成员之间的慷慨互惠关系较强时，核心企业对他们实施的连带责任治理会因他们之间横向监督程度的减弱而降低对其机会主义行为的抑制作用；只有当供应商成员之间的等价互惠关系或消极互惠关系较强时，核心企业对他们实施的连带责任治理才会通过更高强度的横向监督对集群内的机会主义行为起到更有效的抑制作用。

# 第二节　理论贡献

本研究基于网络治理理论、委托代理理论和社会交换理论在供应链合作关系情境下探讨连带责任治理在抑制供应商集群内机会主义行为上的效果以及产生这种效果的核心作用机制，并在此基础上将萨林斯（2009）的互惠理论纳入本研究的概念模型，深入分析供应商之间的不同互惠关系对连带责任治理有效性的影响；然后，运用 SPSS 22.0 和 AMOS 18.0 等统计软件对 82 个供应商小组的有效样本数据进行处理和分析，从实证的角度对本研究提出的概念模型和相关研究假设进行了检验。总体而言，在理论贡献上，本研究对连带责任治理、网络治理以及互惠理论等领域的研究都具有一定的促进作用，依次分析如下：

首先，本研究对连带责任治理研究的贡献：在小额贷款领域盛行的连带责任治理近年来被我国的中粮集团、八马茶业、华虹茶业等企业引入对上游供应商集群的管理实践当中，可理论研究者们对这一现象尚缺乏应有的关注，现有关于连带责任治理的研究仍聚焦在小额贷款问题上（Hossain，1988；Stiglitz，1990；Wenner，1995；Ahlin & Townsend，2007；Hermes & Lensink，2007；Giné & Karlan，2009；Pasupuleti，2010）。本研究首次探讨了连带责任治理在供应链合作关系情境中的影响，研究发现，随着供应商之间连带责任的增加，他们相互监督的动机增强，并会积极利用自身优势监督彼此的行动，使集群内的机会主义行为得到有效控制。这一结论证实了连带责任治理模式在上游供应商集群管理中的可行性和有效性。因此，本研究是对连带责任治理研究在供应链合作关系情境中的一次有力推进。

其次，本研究对网络治理研究的贡献：第一，在供应链合作关系治理研究领域，网络治理的重要性日益受到研究者们的关注（Heide，1994；Wilkinson，2001；Crisan 等，2011），但现有文献偏向于分析核心企业对合作伙伴所嵌入社会网络的影响的消极应对，如基于区域网络考虑资源配置的均衡性（Vinhas 等，2012），或根据网络密度及网络中心性程度调整违约执行策略等（Antia & Frazier，2001）。它们并没有探讨核心企业如何主动利用合作伙伴之间的横向网络关系对其机会主义行为进行治理，更遑论提出具有可操作性的网络治理模式。针对这一研究缺口，本研究对核心企业主动"组织"的以供应商小组为治理单位的连带责任治理进行分析，并揭示了该治理模式基于非正式网络关系形成的核心作用机制。这是基于核心企业的角度对具体可行的网络治理模式的一次探索性实证研究，丰富了网络治理理论研究领域的文献。第二，Provan 和 Kenis（2008）明确提出，网络治理模式研究应以网络关系为分析单位。但在供应链合作关系治理研究领域中，现有相关文献仅是将核心企业与焦点合作伙伴的垂直二元关系置于网络关系情境当中，以此为背景探讨核心企业的治理措施（Antia & Frazier, 2001；Caniëls & Gelderman, 2007；Vinhas 等, 2012）。例如，Caniëls 和 Gelderman（2007）基于供应商网络情境分析产业购买者与强势供应商之间的相对权力与依赖关系及其应对策略。究其本质，这些研究并没有脱离将二元关系作为研究焦点的窠臼。因此，本研究以供应商小组为分析单位对连带责任治理进行探讨，弥补了以横向网络关系为研究焦点的研究缺口。第三，在对比分析网络、层级、市场等治理模式的研究中，普遍认为网络治理的独特优势在于网络内部存在的非正式社会机制，如限制进入、文化氛围、横向监督、集体制裁、声誉等（Jones 等, 1997）。但鲜有文献对具体的网络内部特征进行深入探讨，更多的是认为所有网络之间具有趋同性，因而将网络治理视为没有区别的治理模式（Provan & Kenis, 2008）。而根据 Jones 等（1997）的观点，不同的社会机制在网络治理中的作用不尽相同，例如，限制进入、文化氛围等有利于网络内部的协调，集体制裁、声誉等则在保障交易进行方面更具优势。基于此，Provan 和 Kenis（2008）推断，网络治理并非是千篇一律的，而是具有不同的特征，会因不同的社会机制而产生不同的治理效果。但是，尚未有文献探寻不同社会机制与具体网络治理模式之间的匹配关系，并对之进行实证检验。因此，本研究通过实证分析发现横向监督在连带责任与机会主义行为之间的关系中具有完全中介作用，是连带责任治理的核心作用机制，这不仅从实证的角度呼应了Jones 等（1997）的观点，而且实现了横向监督这一社会机制与基于连带责任关系形成的特定网络情境的关系对接，实质上是对网络治理理论的一次推进与深化。

最后，本研究对互惠理论研究的贡献：第一，本研究将萨林斯（2009）的互惠理论与我国的供应商集群情境结合起来，据此将供应商之间错综复杂的社会关系分为具体的三种类型，即慷慨互惠、等价互惠和消极互惠，并分别探究它们在连带责任与机会主义行为之间、连带责任与横向监督之间的不同调节作用。已有一些研究者发现，萨林斯（2009）的互惠理论体现了"差序"的思想，与我国以"差序格局"为主要特点的社会关系以及儒家"爱有等差"的传统观念相吻合，因而对我国的交换关系现象具有较强的解释力。但是，现有研究仅局限于组织内交换关系情境，将萨林斯（2009）的互惠理论应用于对员工与员工之间、员工与组织之间交换关系问题的分析与探讨。因此，本研究将萨林斯（2009）提出的三种互惠类型纳入概念框架，作为分析核心企业对供应商集群实施连带责任治理的有效性的关键影响因素，实际上是对该互惠理论在我国供应链合作关系情境中的首次应用。第二，本研究结果显示，当供应商之间的慷慨互惠关系增强时，他们之间的连带责任对横向监督、机会主义行为的作用都会变弱；与之相反，当供应商之间的等价互惠关系增强时，他们之间的连带责任对横向监督、机会主义行为的作用都会增强。而 Wu 等（2006）在研究我国组织内情境下员工与组织之间的关系时发现，等价互惠与心理授权、情感承诺、组织信任、退出意向这四个外部变量的关系，较之慷慨互惠与它们之间的关系来说，具有高度一致性。由此可见，虽然本研究与他们的研究同样是在我国传统文化背景下进行的，但关于慷慨互惠与等价互惠之间关系的结论却正好相反。出现这种相反结论的原因可能在于：Wu 等（2006）的研究是基于我国组织内交换关系情境，关注的是个体与组织之间的关系，而本研究是基于我国组织间交换关系情境，关注的是供应商与供应商之间的关系特征。一般而言，与组织内员工重视组织对自己的信任与支持不同，供应商作为独立的经济主体，其核心目标是自身利益最大化，因此，即使组成同一连带责任小组的供应商成员相互之间存在朋友、邻居、合作伙伴等较亲密的社会交换关系，但因连带责任关系而可能导致的经济利益损失风险相较而言处于更受关注的位置。所以，对于供应商成员而言，在这种经济交换与社会交换并存的等价互惠关系中，他们会更偏重于经济交换带来的经济利益，而非社会交换背后的情感与规范因素。由此可以认为，本研究对萨林斯（2009）的互惠理论的应用，无疑为我国传统文化背景下组织内与组织间交换关系的不同表征找到了一个更具解释力的理论视角。第三，萨林斯（2009）认为，互惠是一个连续体，具体的互惠类型"通常使用的范围由其两个端点和中点决定"；其中，慷慨互惠是"人人有份的极端"，消极互惠是"非社会化的极端"，而等价互惠处于"互惠体系中的中点"。但是，本研究的实证结果表明，等价互惠在连带责任与横向监督之间、连带责任与机会主义行为之间的调节作用强度，与消极互惠在其间的调节作用强度几乎是一样的。这说明等价互惠并非处于由慷慨互惠与消极互惠构成的互惠连续体的中间位置，与上述萨林斯的观点存在显著的不一致。这一不同结论的产生根源应该与我国的传统文化有关。儒家五经之一《礼记·曲礼上》中提到"往而不来，非礼也；来而不往，亦非礼也"（戴圣，1997），因此，"礼尚往来"这一传统儒家观念自古以来就深刻影响着我国人们的经济和社会生活，成为建立与维系良好人际关系的一个普遍准则。至于"礼"的具体内容，既包括社会情感方面，又包括物质方面（Wu 等，2006）。所以，如本文的研究结果所示，在涉及直接经济利益的情况下，人们对待等价互惠关系与对待消极互惠关系的态度是一样的，相互之间会要求对方予以即时的、对等的回报。这种规则合乎我国传统的社会情理，而所谓"在商言商"正是这一规则的具体体现，在以自身利益最大化为导向的独立经济主体（如供应商）之间自然成为不言自明的共识。由此可见，本研究应用萨林斯的互惠理论揭示了我国经济主体之间交换关系的内在经济特性。

## 第三节　实践意义

在实践方面，基于资源要素优势形成的供应商集群作为一种有效的组织形式与同一家核心企业进行合作，已是我国区域经济发展中普遍存在的现象。但集群内数量多、规模小的供应商长期存在着机会主义行为这一难以治愈的"痼疾"，给核心企业带来非常不利的影响，也是相伴而生的难题。例如，近年频发的"三聚氰胺""瘦肉精""毒姜"等产品质量事件，严重影响消费者对相关企业与产品的信任以及相关行业的健康发展。在此背景下，本研究探讨连带责任治理对供应商集群内机会主义行为的抑制作用及其核心作用机制，并深入分析供应商之间的不同互惠关系对连带责任治理效果的影响，这对于与供应商集群合作的核心企业来说，无疑具有非常重要的实践意义，具体体现在以下几个方面：

首先，本研究有利于启发核心企业在供应链合作关系治理模式上的创新。近年来，为了保证稳定的供销关系以及降低交易成本，越来越多的企业纷纷与聚集在同一地理区域的多个供应商进行合作，这在农产品行业表现得尤为突出。据农业部调查统计结果显示，"核心企业+供应商集群"合作模式是我国当前农业产业化发展过程中最常采用的经营模式，比例高达45%（高阔、甘筱青，2012）。对核心企业来说，这种合作经营模式在规避市场风险、实现规模经营等方面发挥着积极作用，但在实践中，其弊端也日渐显露，突出表现就是市场上的产品安全问题愈演愈烈。究其根源，一般都出现在供应链的源头——上游供应商。他们为了最大限度地攫取经济利益，常常利用核心企业的信息劣势而实施偷工减料、掺假甚至非法使用禁用原料等各种机会主义行为，致使核心企业防不胜防，疲于监督。针对这一棘手问题，核心企业一般是采取与每个供应商——签署合作合同，或是着力于与当地供应商构建良好关系等方法对它们进行管理，而频频发生的诸多产品质量事件表明这些治理方法的实施效果并不理想（张广玲、胡琴芳，2014）。由此可见，核心企业急需一种更有效的治理模式来控制集群内供应商猖獗的机会主义行为。那么，根据本研究的具体情境，即在"核心企业+供应商集群"的合作经营关系中，核心企业一般是基于目标市场需求与数量众多的小规模供应商签订"订单"合同，为供应商们生产经营利益的实现提供了基本保障。这意味着核心企业拥有供应商们需要的非常有价值的资源，等同于具有了对他们进行影响或控制的权力（张闯等，2012）。而 Gaski 和 Nevin（1985）、Frazier 和 Summers（1986）都通过实证研究发现，当供应链上的一个成员具有权力或地位优势时，就能够使另一成员去做他不情愿做的事情。因此，核心企业可以利用这一相对权力优势或地位优势对供应商集群采取连带责任治理模式，让供应商在自愿的基础上自行分成多个小组，并规定每组内的供应商成员相互之间对合作期间的机会主义行为共同承担责任。本研究的实证结果显示，连带责任治理模式的实施能够使集群内的机会主义行为得到有效控制，从而从供应链的源头消除了对核心企业的产品质量管理产生不利影响的因素（Noordewier等，1990；Kumar 等，2011）。此外，正如前文所提到的，连带责任治理已被我国少数知名企业引入管理实践当中，并在治理它们与上游供应商集群的合作关系方面取得了初步成效。这无疑为本研究所具有的实践意义提供了最有力的证明和支持。

其次，核心企业可利用非正式网络中的横向影响因素来实现对集群内供应商机会主义行为的有效抑制。在我国，供应商集群往往依托于资源要素优势形成稳定的区域化生产基地，具有典型的地理集中性特征（Gereffi 等，2005），如福建安溪的铁观音供应商集群、黑龙江五常的稻米供应商集群等。在这种特定的地理环境中，集群内的供应商成员之间日常接触频繁，关系嵌入程度高，随着时间推移而形成了一个相对封闭和稳定的非正式网络系统，而这类网络的独特优势在于其内部存在非正式的社会机制（Jones 等，1997）。正如本研究通过实证分析所发现的，在连带责任治理中起关键作用的是集群内供应商相互之间的横向监督活动。因此，核心企业可采取措施鼓励集群内的供应商积极采取以下几个方面的行为，具体包括：第一，平时注意观察其他供应商成员的行为；第二，一旦发现某供应商成员有采取机会主义行为的倾向或正在实施机会主义行为，可当场纠正或制止；第三，当发现某供应商成员正在实施机会主义行为时，可向本组组长或直接向核心企业的具体负责人汇报；第四，定期或不定期地聚众讨论本组内每个供应商成员在遵守企业合同方面的具体体现，互相交换自己掌握的相关信息。核心企业应该认识到，若仅仅依靠自身的渠道权力对供应商进行直接监督，不仅由于供应商数量多、分布零散且规模较小而导致监督成本颇高，而且容易引起供应商的反感甚至集体性抵制，致使效果不佳。相较而言，供应商之间的横向监督不仅使核心企业在监督上的人力成本与物质成本下降，而且供应商能够利用自身的信息共享条件获得核心企业不能得到的内部信息，从而比核心企业的直接监督更易实施，实施效果也更好。可见，在供应商集群网络环境中，供应商之间的相互监督能够有效抑制它们的机会主义行为。关于这一点，也可从本研究前期对供应商代表进行的深度访谈中得到进一步证实。被访的供应商代表一致认为连带责任治理的实施极大地激发了供应商成员之间相互监督的积极性，促使其主动利用自身的信息、技术等优势采取各种监督措施，从而使机会主义行为得到了有效控制。正如一位供应商代表所说："我的茶叶产量大，很怕其他成员使用禁用农药而使自己蒙受损失，因此会经常出去溜达，借机观察他们有没有购买禁用农药。""一旦发现，肯定会当面指责，或聚众议论，因此没有谁敢乱来。"另外，有一位受访者是某供应商小组组长，他谈道："我们组的成员已与企业合作六年，表现一向很好，就是因为大家平时都积极地相互监督，一有问题就主动向我举报。"这些访谈信息充分表明，针对当前供应商集群内猖獗的机会主义行为，核心企业在实施连带责任治理模式时，应该借力打力，依靠集群网络内供应商成员具有的监督技术、信息、声誉等优势去影响和控制其他供应商成员的态度与行为，从而在抑制机会主义行为上取得事半功倍的效果。

最后，核心企业在具体实施连带责任治理时必须考虑供应商小组内部成员之间的关系。在集群内，供应商们长期处于一个较为狭窄的地理空间内，日常交往频繁，形成了慷慨互惠、等价互惠和消极互惠等不同的交换关系。根据本研究得到的结论，连带责任治理在具有不同互惠关系的供应商小组内的效果是不一样的，甚至截然相反。具体而言，供应商集群内的等价互惠关系和消极互惠关系都会强化连带责任与横向监督之间、连带责任与机会主义行为的关系，实际上对连带责任治理的效果起着强化作用；而慷慨互惠关系则会弱化连带责任与横向监督之间、连带责任与机会主义行为之间的关系，实际上弱化了连带责任治理的效果。因此，核心企业在对供应商集群具体实施连带责任治理时，应着眼于供应商之间不同的互惠关系特点来制定合适的小组成员准入制度，具体可围绕以下几项工作进行：首先，在连带责任具体落实之前，由核心企业选派合适的负责人深入当地了解集群内供应商之间的社会关系情况，也可与供应商集群所在地的相关人员合作，利用他对当地情况的了解来获取关于供应商之间社会关系的信息；然后，在允许供应商自愿组成连带责任小组的情况下，从家族、年龄、生产规模、地理位置等多个方面合理控制同一个小组内供应商成员的构成，尽量降低供应商成员之间的同质性程度；最后，尤其值得注意的是，要尽可能排除具有直系亲属关系的供应商成员加入同一个连带责任小组，以免严重削弱连带责任治理的有效性（Ahlin & Townsend，2007）。唯有这样，具有连带责任关系的供应商成员才会产生更大的监督动机和意愿，并主动利用自身的信息优势和监督技术优势对组内其他供应商成员的生产或经营行为进行监督，使集群内的机会主义行为得到有效控制，最终产生符合核心企业预期的结果。

# 本章小结

本章共有三个部分，包括主要结论、理论贡献和实践意义。首先，主要结论部分系统性地概括和总结了本研究通过理论分析与实证检验得到的研究结论。研究表明，供应商之间的连带责任能够通过横向监督对其机会主义行为产生有效的抑制作用，同时，供应商之间的不同互惠关系对连带责任与机会主义行为之间的关系、连带责任与横向监督之间的关系、连带责任通过横向监督对机会主义行为产生的抑制作用起着不同的调节作用。理论贡献部分主要剖析了本研究结论对连带责任治理研究、网络治理研究和互惠理论研究的贡献。实践意义部分则重点探讨了本研究结论对核心企业在供应商管理实践中的几点意义，包括：启发核心企业在供应链合作关系治理模式上的创新；利用非正式网络中的横向影响因素来实现对集群内供应商机会主义行为的有效抑制；在具体实施连带责任治理时必须考虑供应商小组内部成员之间的关系。

► 第七章

# 研究展望

## 第一节　研究局限

从第三章的文献综述来看，关于连带责任治理的研究由远及近大致可分为两个阶段。第一阶段自 20 世纪 80 年代末起，在之后的 20 年中，关于连带责任治理的研究一直集中在小额贷款领域。在该领域，研究者们主要围绕连带责任治理的实施效果及其影响因素等问题展开了较充分的研究（如 Bond & Rai，2008；Ghatak & Guinnane，1999；Hermes & Lensink，2005，2006，2007；Hossain，1988；Stiglitz，1990；Wydick，1999，2002），而鲜有文献对连带责任治理的影响机制进行系统性探讨。第二阶段是指近几年来供应链合作关系治理领域对连带责任治理的研究（如：张广玲等，2014）。在该领域，少数研究者尝试将受连带责任治理约束的供应商集群视为一种非正式网络（Vinhas 等，2012；Hu 等，2016），从网络治理理论的角度对连带责任治理的核心中介机制进行探讨，并提出了连带责任治理是一种适用于供应链合作关系情境的网络治理模式的观点（胡琴芳等，2016）。这无疑为本项目研究提供了非常好的理论基础和研究视角。但是，对照网络治理理论的基本观点，我们发现，目前这些研究还处于对连带责任治理的初步探索阶段，尚存在很大研究空间（如图 7-1 所示）：

第一，Provan 和 Kenis（2007）提出，网络治理模式并非千篇一律，而是具有不同特征，但现有研究偏向于强调连带责任治理作为一种网络治理模式的总体特性，将连带责任治理本身视为毫无区别的治理模式（Provan 等，2007），未讨论它的分类问题。

第二，根据 Jones 等（1997）的观点，网络治理模式往往通过多种社会机制达到良好的治理效果，如限制进入、横向监督、集体制裁、声誉等，但现有研究仅探讨了连带责任治理的横向监督机制，忽视了基于不同类型连带责任治理形成的网络内其他社会机制及其相应的作用机理（Provan & Kenis，2007）。

第三，不少研究者发现，在企业实践中，任何一种治理模式都不是单独实施的，而是与其他治理模式混合使用，并产生不同于单独实施时的效果（Sewell & Barker，2006；Wallenburg & Schäffler，2014）。据此推断，不同类型连带责任治理组合起来实施也会产生不同于单独实施时的效果，但现有研究尚未涉及这一问题。

最后，连带责任治理作为一种适用于供应链合作关系情境的网络治理模式，其组合的实施应具有特定的适用条件，尤其会受到供应商所处社会网络中某些因素的显著影响（Wathne & Heide，2004），因而有必要进一步从供应商网络层面探寻适用连带责任治理组合的边界条件。

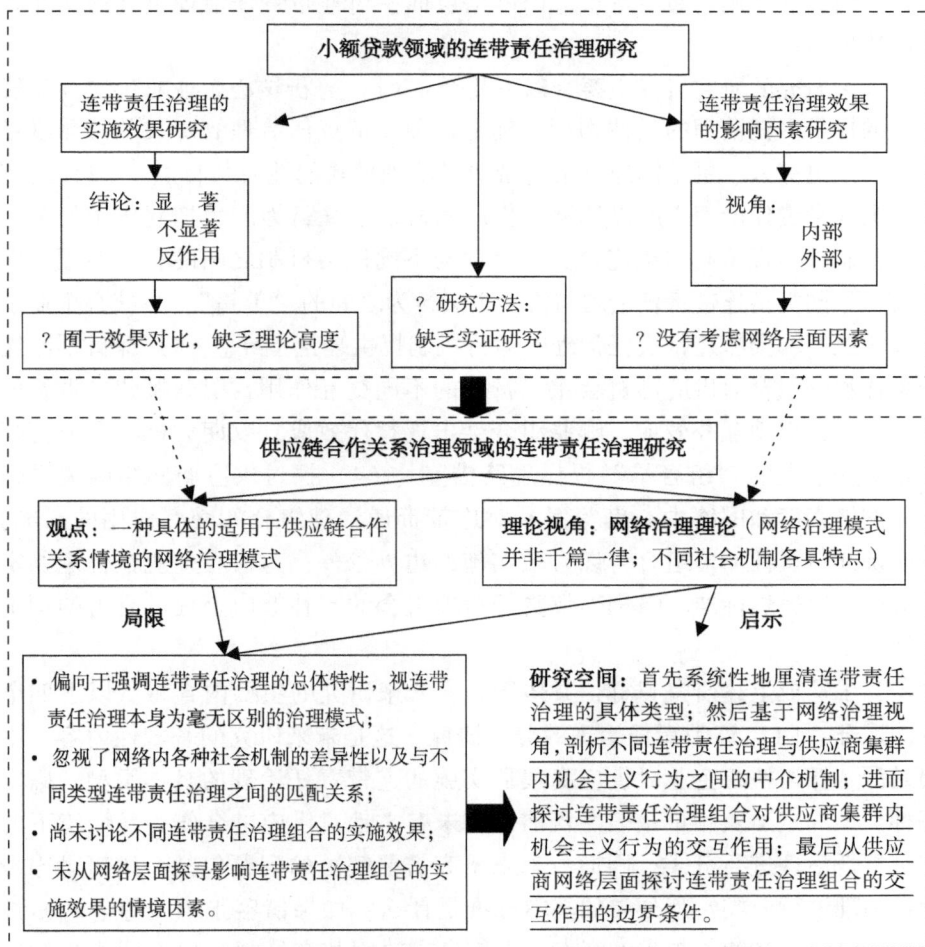

图 7-1：现有研究存在的问题、带来的启示及可能的研究空间

# 第二节　未来研究方向

基于本研究存在的以上几点局限，未来研究拟在借鉴现有研究成果的基础上，首先从信息、效用和交易规模的角度对连带责任治理进行分类，然后基于网络治理视角，深入剖析不同类型连带责任治理与供应商集群内机会主义行为之间的中介机制，进而探讨连带责任治理组合对供应商集群内机会主义行为的交互作用，最后从供应商网络层面探讨连带责任治理组合的交互作用的边界条件。

未来研究的研究目标主要有以下几个：（1）分析核心企业对供应商集群实施的连带责任治理的具体类型，确定每种连带责任治理的定义及其测量量表，以期更深入、更全面地界定连带责任治理模式的性质与特点。（2）剖析每一类连带责任治理之所以能够对供应商机会主义行为产生抑制作用的关键中介机制，实现不同类型连带责任治理与不同社会机制之间的有效匹配，以期打开不同类型连带责任治理与机会主义行为之间的"黑箱"，为核心企业了解和掌握不同类型连带责任治理的运行机制提供理论指导。（3）探析不同连带责任治理组合对供应商机会主义行为的不同交互作用，明确哪些连带责任治理组合会出现互补效应，哪些组合会出现替代效应，以期为核心企业打好连带责任治理的"组合拳"提供思路借鉴。（4）探讨供应商网络的关系强度、网络密度和网络中心度等因素对连带责任治理组合的交互作用的影响，以明确连带责任治理组合得以有效实施的边界条件，为核心企业在合理制定供应商小组遴选标准、强化连带责任治理组合的互补效应上提供有力的理论支持。

为了达成上述研究目标，具体而言，未来研究的主要内容将从以下四个方面展开：（1）连带责任治理的分类研究。这是未来研究的基础性内容，主要是深入探讨核心企业对供应商集群实施的连带责任治理的具体类型，确定每种类型的定义及测量量表。目前，尚未有文献对供应链合作关系情境下的连带责任治理进行分类，因此，未来研究需要解决的问题包括：如何对连带责任治理进行分类？其分类的基本标准是什么？如果借鉴张维迎等（2003）、Bond 和 Rai（2008）提出的观点，将信息、效用和交易规模的不同作为对连带责任治理进行分类的基本标准，那么，依照信息、效用和交易规模等标准

162

划分的连带责任治理的具体类型包括哪些？进而，如何确定这些标准下每一种连带责任治理的操作性定义？如何对每一种连带责任治理进行准确测量？可见，对连带责任治理的分类问题进行研究将是未来研究的一个基本方向。（2）不同类型的连带责任治理与供应商机会主义行为之间的中介机制研究。在对连带责任治理进行分类的基础上，需要进一步剖析不同类型的连带责任治理分别是通过哪些不同的社会机制来抑制供应商集群内的机会主义行为，明确不同连带责任治理与不同社会机制之间的一一匹配关系，具体包括以下几个方面的问题：基于信息的连带责任治理类型与供应商集群内机会主义行为之间的中介机制；基于效用的连带责任治理类型与供应商集群内机会主义行为之间的中介机制；基于交易规模的连带责任治理类型与供应商集群内机会主义行为之间的中介机制。因此，不同类型的连带责任治理与供应商机会主义行为之间的中介机制研究构成了另一个基本的研究方向。（3）连带责任治理组合对供应商机会主义行为的交互作用研究。这一部分拟在中介机制研究的基础上，进一步探讨不同连带责任治理组合交互对供应商集群内机会主义行为产生的不同影响。由于连带责任治理的种类是根据不同标准划分的，且每一类连带责任治理的作用机制不尽相同，因此，有些类型之间可能存在显著的交互作用，若核心企业在同一个供应商集群中同时实施，或出现"相得益彰"的互补效应，或出现"相互蚕食"的替代效应。具体有以几个问题值得探讨：基于交易规模的连带责任治理类型与基于信息的连带责任治理类型两两之间对供应商机会主义行为产生的交互作用；基于效用的连带责任治理类型与基于信息的连带责任治理类型两两之间对供应商机会主义行为产生的交互作用；基于交易规模的连带责任治理类型与基于效用的连带责任治理类型两两之间对供应商机会主义行为产生的交互作用。显然，连带责任治理组合对供应商机会主义行为的交互作用研究也是今后一个基本的研究方向。（4）连带责任治理组合的交互作用的边界条件研究。为了能够给核心企业在打好连带责任治理"组合拳"方面提供更具体的决策依据，未来研究应在交互作用研究的基础上，进一步从供应商网络层面探讨实施连带责任治理组合的边界条件，尤其应重点探讨连带责任治理组合的互补效应的关键影响因素。那么，从社会网络分析视角来看，反映供应商网络特征的指标有很多，但总的来说可分为两大类，一类是网络关系指标，如关系强度（Granovetter，1992），另一类是网络结构指标，如网络密度、网络中心度（Antia & Frazier，2001）。因此，未来研究应将供应商网络的关系特征因素（如关系强度）和结构特征因素（如网络密度、网络中心度）对连带责任治理组合实施效果的影响研究作为另一个重要的研究方向。

根据以上研究内容，未来研究拟解决的关键问题主要包括以下几个方面：（1）每种连带责任治理的操作性定义及其测量量表开发。由于连带责任治理的分类研究是未来研究的基础内容，因此首先要解决的就是每种连带责任治理的定义与测量问题。虽然张维迎等（2003）、Bond 和 Rai（2008）分别对连带责任治理的类型及其内涵略有提及，但笔墨不多，且属于规范分析，没有进一步探究具体构念以及测量问题。因此，未来研究需要在借鉴现有相关研究的基础上，对基于信息、效用和交易规模的连带责任治理类型的操作性定义进行准确界定，并结合深度访谈和焦点小组访谈，初步开发每种连带责任治理的测量量表。随后，还需要使用问卷调查法收集数据，并通过对数据的定量分析来验证所设计量表的可靠性和有效性。（2）不同类型的连带责任治理与不同社会机制之间的匹配关系分析。未来研究拟解决的第二个关键问题是明确不同类型连带责任治理与不同社会机制之间的匹配关系。已有研究者基于规范分析提出，网络治理模式并非千篇一律，其中的社会机制也各具特点，治理作用亦不尽相同（Jones 等，1997；Provan & Kenis，2008）。据此推断，不同类型的连带责任治理可能因社会机制的不同而形成不同的影响机理，并产生不一样的治理效果。为了对这一观点进行实证检验，未来研究需要在连带责任治理分类研究的基础上，剖析每一种连带责任治理到底是通过哪些社会机制对供应商集群内机会主义行为起到有效的抑制作用，实现不同连带责任治理与不同社会机制之间关系的对接。（3）不同连带责任治理组合交互对机会主义行为产生的不同影响分析。未来研究拟解决的第三个关键问题是探讨不同连带责任治理组合交互对供应商集群内机会主义行为产生的影响。由于连带责任治理的种类是根据不同标准划分的，且每一类连带责任治理的作用机制不尽相同，因此，一旦将不同类型的连带责任治理组合起来实施，可能会出现不一样的交互作用，并导致不一样的治理效果。那么，到底哪些连带责任治理组合会出现互补效应，哪些组合会出现替代效应？未来研究需深入剖析不同连带责任治理组合交互对供应商集群内机会主义行为产生的不同影响及其影响机理，以对这些问题进行解答。（4）不同调节变量（如关系强度、网络密度、网络中心度等）对连带责任治理组合的交互效应的影响分析。未来研究拟解决的第四个关键问题是分析关系强度、网络密度、网络中心度等因素对连带责任治理组合的交互效应的影响。连带责任治理作为适用于供应链合作关系情境的一种网络治理模式，其组合的实施效果也必定会受到供应商所处社会网络的影响（Wathne & Heide，2004）。因此，未来研究拟选择反映供应商网络特征的几个关键指标，如关系强度、网络密度、网络中心度等，重点讨论它们对连带责任治理组合的互补效应的影响。但由于关系强度、网络密度、网络中心度等变量分别反映的是供应商网络的不同特征，因此，它们对连带责任治理组合的实施效果是否存在不一样的影响，也是未来研究需要特别关注的问题。

在研究设计与方法上，未来研究将主要通过定性研究与定量研究相结合的方式来实现研究目标。其中，在定性研究方面，主要采取案例研究方法，通过二手数据、深度访谈和焦点小组访谈等方式收集资料，并对资料进行编码分析和归纳分析；在定量研究方面，将主要通过问卷调查的方式收集数据，使用统计软件进行数据分析。

# 本章小结

本章为研究展望部分，主要是针对本研究存在的局限性，提出未来有价值的研究方向，具体包括连带责任治理的分类研究、不同类型的连带责任治理与供应商机会主义行为之间的中介机制研究、连带责任治理组合对供应商机会主义行为的交互作用研究和连带责任治理组合的交互作用的边界条件研究等。此外，还初步探讨了未来研究拟实现的研究目标、拟解决的关键科学问题以及拟采取的研究设计与方法等。

# 参考文献

［1］ Abrahamson, E., Fombrun, Charles J. Forging the iron cage: interorganizational net-works and the production of macro-culture ［J］. Journal of Management Studies, 1992, 29 (2): 175-194.

［2］ Abrahamson, E., Fombrun, Charles J.. Macro cultures: determinants and consequences ［J］. Academy of Management Review, 1994, 19 (4): 728.

［3］ Achrol Ravi S.. Changes in the theory of interorganizational relations in marketing: toward a network paradigm ［J］. Journal of the Academy of Marketing Science, 1997, 25 (1): 56-71.

［4］ Ahlin C.. Townsend R. M. Using repayment data to test across models of joint liability lending ［J］. The Economic Journal, 2007, 117 (517): 11-51.

［5］ Ahearne Michael, MacKenzie Scott B., Podsakoff Philip M., Mathieu John E., Lam Son K.. The role of consensus in sales team performance ［J］. Journal of Marketing Research, 2010, 47 (3): 458-469.

［6］ Ahuja Gautam. Collaboration networks, structural holes, and innovation: a longitudinal study ［J］. Administrative Sciense Quarterly, 2000, 45 (3): 425-445.

［7］ Alter C., Hage J.. Organizations working together ［M］. Newbury Park: CA: Sage, 1993.

［8］ Amihud Y., Lev B.. Risk reduction as a managerial motive for conglomerate mergers ［J］. Bell Journal of Economics, 1981, 12 (2): 605-616.

［9］ Anderson J. C., Narus J. A.. A model of the distributor's perspective of distributor-man-ufacturer working relationships ［J］. Journal of Marketing, 1984, 48 (4): 62-74.

［10］ Anderson James C., Gerbing David W.. Structural equation modeling in practice: a re-view and recommended two-step approach ［J］. Psychological Bulletin, 1988, 103 (3): 411.

［11］ Andrea Attar, Eloisa Campioni, Gwenal Piaser, Uday Rajand. On multiple-principal multiple-agent models of moral hazard ［J］. Games & Economic Behavior, 2010, 68 (1): 376-380.

［12］ Andrew J. Noblet, John J. Rodwell. Integrating job stress and social exchange theories to predict employee strain in reformed public sector contexts ［J］. Journal of Public Administration Research and Theory, 2009, 19 (3): 555-578.

[13] Ansari Asim, Koenigsberg Oded, Stahl Florian. Modeling multiple relationships in social networks [J]. Journal of Marketing Research, 2011, 48 (4): 713-728.

[14] Anselmi K., Marquardt R. A.. A manufacturer's dependence advantage and the reduction in distributor opportunism: The role of a benevolent perspective of governance [C]. American Marketing Association, Conference Proceedings, 2000 (11): 325-337.

[15] Antia Kersi D, Frazier Gary L.. The severity of contract enforcement in interfirm channel relationships [J]. Journal of Marketing, 2016, 5 (4): 67-81.

[16] Antia Kersi D., Zheng Xu, Frazier Gary L.. Conflict Management and Outcomes in Franchise Relationships: The Role of Regulation [J]. Journal of Marketing Research, 2013, 50 (5): 577-589.

[17] Ariane Lambert-Mogiliansky. On optimality of illegal collusion in contracts [J]. Review of Economic Design, 1998, 3 (4): 303-328.

[18] Armendariz de Aghion, Beatriz. On the design of a credit agreement with peer monitoring [J]. Journal of Development Economics, 1999, 60 (1): 79-104.

[19] Arnott Richard, Stiglitz Joseph E.. Moral hazard and nonmarket institutions: Dysfunctional crowding out of peer monitoring? [J]. The American Economic Review, 1991, 81 (1): 179-190.

[20] Arrow, Kenneth J.. Essays on the theory of risk bearing [M]. Amsterdam: North Holland Publishing Company, 1974.

[21] Arrow Kenneth J.. The economics of agency [C]. Principals and Agents: The Structure of Business, Boston: Harvard Business School Press, 1985.

[22] Axelrod R.. An evolutionary approach to norms [J]. American Political Science Review, 1985, 80 (4): 1055-1111.

[23] Baron Reuben M, Kenny David A.. The moderator-mediator variable distinction in social psychological research: conceptual, strategic, and statistical considerations [J]. Journal of Personality and Social Psychology, 1986, 51 (6): 1173-1182.

[24] Barron J. M., Gjerde K. P.. Peer pressure in an agency relationship [J]. Journal of Labor Economics, 1997, 15 (2): 234-254.

[25] Befu H.. Social exchange [J]. Annual Review of Anthropology, 1977, 6 (1): 255-281.

[26] Bell S. J., Tracey P., Heide J. B.. The organization of regional clusters [J]. Academy of Management Review, 2009, 34 (4): 623-642.

[27] Bergen M., Dutta S., Walker Jr O. C.. Agency relationships in marketing: a review of the implications and applications of agency and related theories [J]. Journal of Market-

ing, 1992, 56 (3): 1-24.

[28] Bergman, E. M.. Industrial cluster sustainability at austria's accession edge: better or worse than regional sustainability? [C]. Environment and Sustainable Development in the New Central Europe: Austria and Its Neighbors, 2002, September: 19-21.

[29] Besley Timothy, Coate Stephen. Group lending, repayment incentives and social collateral [J]. Journal of Development Economics, 1995, 46 (1): 1-18.

[30] Blau Peter M.. Exchange and power in social life [M]. New York: John Wiley & Sons, Inc, 1964.

[31] Bodla Mahmood A., Afza T., Danish R. Q.. Relationship between organizational politics perceptions and employees' performance; mediating role of social exchange perceptions [J]. Pakistan Journal of Commerce & Social Sciences, 2014, 8 (2): 426-444.

[32] Bond, P., Rai, A.. Cosigned vs. group loans [J]. Journal of Development Eeonomics, 2008, 85 (1-2): 58-80.

[33] Borgatti, S. P., Foster, P. C.. The network paradigm in organizational research: a review and typology [J]. Journal of Management, 2003, 29 (6): 991-1013.

[34] Braddon Derek. The Role of Economic Interdependence in the Origins and Resolution of Conflict [J]. Revue D'économie Politique, 2012, 122 (2): 299-319.

[35] Brown, R.. Cluster dynamics in theory and practice with application to Scotland [M]. European Policies Research Centre, University of Strathclyde, 2000.

[36] Bruseo S.. The idea of industrial districts: its genesis [A]. In Pyke F. and Sengenberger W. (eds) Industrial districts and cooperation [C]. ILO, Geneva, 1990 (11).

[37] Bryman Alan, Cramer Duncan. Quantitative data analysis with spss release 8 for windows. A guide for social scientists [M]. London and New York: Taylor & Francis Group, 1999.

[38] Cai S., Yang Z., Hu Z.. Exploring the governance mechanisms of quasi-integration in buyer-supplier relationships [J]. Journal of Business Research, 2009, 62 (6): 660-666.

[39] Camerer C., Vepsalainen A.. The economic efficiency of corporate culture [J]. Strategic Management Journal, 1988, 9 (S1): 115-126.

[40] Caniëls Marjolein C. J., Gelderman Cees J.. Power and interdependence in buyer supplier relationships: a purchasing portfolio approach [J]. Industrial Marketing Management, 2007, 36 (2): 219-229.

[41] Carson Jay B., Tesluk Paul E., Marrone Jennifer A.. Shared leadership in teams: An investigation of antecedent conditions and performance [J]. Academy of Management Journal, 2007, 50 (5): 1217-1234.

[42] Cassar A., Crowley L., Wydick B.. The effect of social capital on group loan repayment: Evidence from field experiments [J]. The Economic Journal, 2007, 117 (517): 85-106.

[43] Catarina Roseira, Carlos Brito, Stephan C. Henneberg. Managing interdependencies in supplier networks [J]. Industrial Marketing Management, 2010, (39): 925-935.

[44] Che Y-K., Yoo S-W.. Optimal incentives for teams [J]. American Economic Review, 2001, 91 (3): 525-541.

[45] Chin Wynne W., Salisbury Wm David, Pearson Allison W., Stollak Matthew J.. Perceived cohesion in small groups adapting and testing the perceived cohesion scale in a small-group setting [J]. Small Group Research, 1999, 30 (6): 751-766.

[46] Choi T. Y., Wu Z.. Taking the leap from dyads to triads: Buyer-supplier relationships in supply networks [J]. Journal of Purchasing and Supply Management, 2009, 15 (4): 263-266.

[47] Chowdhury P. R.. Group-lending: Sequential financing, lender monitoring and joint liability [J]. Journal of Development Economics, 2005, 77 (2): 415-439.

[48] Chua C., Lim W. K., Soh C., Sia S. K.. Enacting clan control in complex it projects: A social capital perspective [J]. Management Information Systems Quarterly, 2012, 36 (2): 577-600.

[49] Conning Jonathan.. Monitoring by delegates or by peers? Joint liability loans under moral hazard, working paper, 2005.

[50] Cook, T. D., Campbell, D. T.. Quasi-Experimentation: Design and Analysis Issues for Field Settings [M]. Chicago: Rand McNally, 1979.

[51] Corbin Juliet, Strauss Anselm. Basics of Qualitative Research: Techniques and Procedures for Developing Grounded Theory [J]. Thousand Oaks Ca Sage Tashakkori A & Teddlie C, 1998, 36 (100): 137—140.

[52] Coughlan Anne T.. Pricing and the role of information in market, D. T. M., Issues in Pricing [M]. Lexington: MA: Lexington Books, 1988.

[53] Coyle S., J., Conway N.. Exchange relationships: Examining psychological contracts and perceived organizational support [J]. Journal of Applied Psychology, 2005, 90 (4): 774-781.

[54] Crisan E., Parpucea I., Ilies L.. The relation between supply chain performance and supply chain governance practices [J]. Management & Marketing Challenges for the Knowledge Society, 2011, 6 (4): 637-644.

[55] Crisan Emil, Parpucea Ilie, Ilies Liviu.. The relation between supply chain performance and supply chain governance practices [J]. Management & Marketing Challenges for the

Knowledge Society, 2011, 6 (4): 637−644.

[56] Crosby Lawrence A., Evans Kenneth R., Cowles Deborah. Relationship quality in services selling: an interpersonal influence perspective [J]. Journal of Marketing, 1990, 54 (July): 68−81.

[57] Crosno J. L., Dahlstrom R.. A meta−analytic review of opportunism in exchange relationships [J]. Journal of the Academy of Marketing Science, 2008, 36 (2): 191−201.

[58] Cui Anna S., O'Connor Gina.. Alliance portfolio resource diversity and firm innovation [J]. Journal of Marketing, 2012, 76 (4): 24−43.

[59] Czinkota, M., Kaufmann, H. R., Basile, G.. The Relationship Between Legitimacy, Reputation, Sustainability and Branding for Ccompanies and Their Supply Chains. Industrial Marketing Management, 2014, 43 (1): 91−101.

[60] Dahlstrom R., Nygaard A.. An empirical investigation of ex post transaction costs in franchised distribution channels [J]. Journal of marketing Research, 1999, 36 (2): 160−170.

[61] David W. Wallace, Jean L. Johnson, U. N. Umesh. Multichannels Strategy Implementation: The Role of Channel Alignment Capabilities [J]. Decision Sciences, 2009, 40 (4): 869−900.

[62] De Langen, P. The Performance of Seaport Clusters: A Framework to Analyze Cluster Performance and an Application to the Seaport Clusters of Durban, Rotterdam and the Lower Mississippi [D]. Unpublished Doctoral Thesis, Erasmus University, 2004.

[63] De Propris, L., Wei, P. Governance and Competitiveness in the Birmingham Jewellery District [J]. Urban Studies, 2007, 44 (12): 2465−2486.

[64] Dei Ottati, G. Trust, interlinking transactions and credit in the industrial district [J]. Cambridge Journal of Economics, 1994, 18 (6): 529−546.

[65] Delgado J. A. P., Greer R. D.. The effects of peer monitoring training on the emergence of the capability to learn from observing instruction received by peers [J]. The Psychological Record, 2010, 59 (3): 407−434.

[66] Denise M. Rousseau, Sim B. Sitkin, Ronald S. Burt, Colin Camerer.. Not so different after all: A cross−discipline view of trust [J]. Academy of Management Review, 1998, 23 (3): 393−404.

[67] Dimmock James A, Grove J Robert, Eklund Robert C.. Reconceptualizing team identification: New dimensions and their relationship to intergroup bias [J]. Group Dynamics: Theory, Research, and Practice, 2005, 9 (2): 75−86.

[68] Dimoka Angelika. What does the brain tell us about trust and distrust? Evidence from a functional neuroimaging study [J]. Mis Quarterly, 2010, 34 (2): 373−396.

[69] Dwyer F. Robert, Schurr Paul H., Oh Sejo.. Developing buyer–seller relationships [J]. Journal of Marketing, 1987, 51 (2): 11–27.

[70] Eccles R. G.. The quasifirm in the construction industry [J]. Journal of Economic Behavior and Organization, 1981, 2 (4): 335–357.

[71] Eisenhardt K. M.. Agency theory: An assessment and review [J]. Academy of Management Review, 1989, 14 (1): 57–74.

[72] Eisenhardt K. M.. Building theories from case study research [J]. Academy of Management Reviewl, 1989, Vol. 14 No. 4, pp. 532–550.

[73] Elie Ofek, Zsolt Katona, Miklos Sarvary. "Bricks and Clicks": The Impact of Product Returns on the Strategies of Multichannel Retailers [J]. Marketing Science, 2011, 30 (1): 42–60.

[74] Emerson Richard M.. Social exchange theory [J]. Annual Review of Sociology, 1976 (2): 335–362.

[75] Enrighi, M. J. The Globalization of Competition and the Localization of Competitive Advantage: Policies toward Regional Clustering [M].. University of Strathclyde, 1998.

[76] Enright, M. J. Survey on the characterization of regional clusters: initial results. Institute of Economic Policy and Business Strategy [M]. University of Hong Kong, 2000.

[77] Erica L. Plambeck, Stefanos A. Zenios. Performance–Based incentives in a dynamic Principal–Agent Model [J]. Manufacturing & Service Operations Management, 2000, 2 (2): 240–263.

[78] Fama E. Agency problems and the theory of the firm [J]. Journal of Political Economy, 1980, 88: 288–307.

[79] Fama E., Jensen M.. Separation of ownership and control [J]. Journal of Law and Economics, 1983, 26 (2): 301–325.

[80] Ferrara Eliana, La.. Kin groups and reciprocity: A model of credit transactions in ghana, working paper, 2003.

[81] Frazier Gary L., Maltz E., Antia K. D., Rindfleisch A.. Distributor sharing of strategic information with suppliers [J]. Journal of Marketing, 2009, 73 (4): 31–43.

[82] Frazier Gary L, Summers John O.. Perceptions of interfirm power and its use within a franchise channel of distribution [J]. Journal of Marketing Research, 1986, 23 (2): 169–176.

[83] Fred Kofman, Jacques Lawarrée. On the Optimality of Allowing Collusion [J]. Journal of Public Economics, 1991, 61 (3): 383–407.

[84] Fritz H., Mahringer M T, Valderrama A. Risk–oriented Analysis of Regional Clusters. Clusters and Regional Specialisation, Published by Pion Limited, 207 Brondesbury

Park, London NW25JM, 1998.

[85] Fudenberg, D., Holmstrom B., Milgrom P. Short-Term Contracts and Long-Term Agency Relationship [J]. Journal of Economic Theory, 1990 (51): 1-31.

[86] Ganesan Shankar, Brown Steven P., Mariadoss Babu John, Ho Hillbun. Buffering and amplifying effects of relationship commitment in business-to-business relationships [J]. Journal of marketing research, 2010, 47 (2): 361-373.

[87] Gargiulo M., Ertug G.. The dark side of trust [M]. Cheltenham: Edward Elgar, 2006.

[88] Gaski John F, Nevin John R.. The differential effects of exercised and unexercised power sources in a marketing channel [J]. Journal of marketing Research, 1985, 22 (2): 130-142.

[89] Gassenheimer J. B., Baucus D. B., Baucus M. S.. Cooperative arrangements among entrepreneurs: An analysis of opportunism and communication in franchise structures [J]. Journal of Business Research, 1996, 36 (1): 67-79.

[90] Gereffi Gary, Humphrey John, Sturgeon Timothy. The governance of global value chains [J]. Review of International Political Economy, 2005, 12 (1): 78-104.

[91] Geyskens I., Steenkamp JBEM, Scheer L. K., Kumar N.. The effects of trust and interdependence on relationship commitment: A trans-Atlantic study [J]. International Journal of Research in Marketing, 1996, 13 (4): 303-317.

[92] Ghatak M., Guinnane T. W.. The economics of lending with joint liability: Theory and practice [J]. Journal of Eevelopment Economics, 1999, 60 (1): 195-228.

[93] Ghosh M., John G.. When should original equipment manufacturers use branded component contracts with suppliers? [J]. Journal of Marketing Research, 2009, 46 (5): 597-611.

[94] Giné Xavier, Karlan Dean S.. Group versus individual liability: Long term evidence from philippine microcredit lending groups, working paper, 2009.

[95] Glaser and Strauss. The Discovery of Grounded Theory: Strategies for Qualitative Research [J]. London, Wisdenfeld and Nicholson, 1967.

[96] Gomez R., Santor E.. Do peer group members outperform individual borrowers?: A test of peer group lending using canadian micro-credit data [J]. Bank of Canada, 2003.

[97] Gonzalez Gabriel R., Claro Danny P., Palmatier Robert W.. Synergistic Effects of Relationship Managers´ Social Networks on Sales Performance [J]. Journal of Marketing, 2014, 78 (1): 76-94.

[98] Gordon G. C.. Industry determinants of organizational culture [J]. Academy of Management Review, 1991, 16 (2): 396-415.

[99] Gouldner A. W.. The norm of reciprocity: A preliminary statement [J]. American Socio-

logical Review, 1960, 25 (2): 161-178.

[100] Graen G. B., Uhl-Bien M.. Relationship-based approach to leadership: development of leader-member exchange theory of leadership over 25 years: applying a multi-level multi-domain perspective [J]. The Leadership Quarterly, 1995, 6 (2): 219-247.

[101] Granovetter M.. Problems of explanation in economic sociology [C]. Networks & Organizations Structure Form & Action Boson. Boston: Harvard Business School Press, 1992.

[102] Grewal Rajdeep, Chakravarty Anindita, Saini Amit. Governance mechanisms in business-to-business electronic markets [J]. Journal of Marketing, 2010, 74 (4): 45-62.

[103] Grossman S., Hart O. D.. An analysis of the principal-agent problem [J]. Econometric, 1983, 51 (1): 7-46.

[104] Gu F. F., Kim N., Tse D. K., Wang D. T.. Managing distributors' changing motivations over the course of a joint sales program [J]. Journal of Marketing, 2010, 74 (5): 32-47.

[105] Gundlach G. T., Cadotte E. R.. Exchange interdependence and interfirm interaction: research in a simulated channel setting [J]. Journal of Marketing Research, 1994, 31 (4): 516-532.

[106] Hada Mahima, Grewal Rajdeep, Lilien Gary L.. Supplier-Selected Referrals [J]. Journal of Marketing, 2014, Vol. 78 (March): 34-51.

[107] Harmon Dion, Stacey Blake, Bar-Yam Yavni, Bar-Yam Yaneer. Networks of economic market interdependence and systemic risk [C]. Papers, 2010.

[108] Hayes Andrew F. Introduction to mediation, moderation, and conditional process analysis: a regression-based approach [M]. Guilford Press, 2008.

[109] Hayes Andrew F.. Mediation, moderation, and conditional process analysis [M]. New York, NY: Guilford, 2013.

[110] Heide J. B.. Interorganizational governance in marketing channels [J]. Journal of Marketing, 1994, 58 (1): 71-85.

[111] Heide J. B., Wathne K. H., Rokkan A. I.. Interfirm monitoring, social contracts, and relationship outcomes [J]. Journal of Marketing Research, 2007, 44 (3): 425-433.

[112] Hermes N., Lensink R.. The empirics of microfinance: what do we know? [J]. The Economic Journal, 2007, 117 (517): 1-10.

[113] Hermes N., Lensink R., Mehrteab H. T.. Peer monitoring, social ties and moral hazard in group lending programs: evidence from eritrea [J]. World Development, 2005,

33 (1)：149-169.

[114] Hermes Niels, Lensink Robert, Mehrteab Habteab T.. Does the group leader matter? the impact of monitoring activities and social ties of group leaders on the repayment performance of group-based lending in eritrea [J]. African Development Review, 2006, 18 (1)：72-97.

[115] Hermes N., Lensink R.. The empirics of microfinance：what do we know？ [J]. The Economic Journal, 2007, 117 (517)：1-10.

[116] Hodgson G. M.. Competence and contract in the theory of the firm [J]. Journal of Economic Behavior and Organization, 1998, 35 (2)：179-201.

[117] Holmstrom B.. Moral hazard and observability [J]. Bell Journal of Economics, 1979, 10 (1)：74-91.

[118] Homans George C.. Social behavior as exchange [J]. American Journal of Sociology, 1958, 63 (6)：597-606.

[119] Homans George C.. Social behavior [M]. New York：Harcourt-Brace, 1974.

[120] Homburg, C., Klarmann, M., Reimann, M., Schilke, O.. What Drives Key Informant Accuracy？ [J]. Journal of Marketing Research, 2012, Vol. XLIX (August)：594-608.

[121] Hoppner Jessica J., Griffith David A.. The role of reciprocity in clarifying the performance payoff of relational behavior [J]. Journal of Marketing Research, 2011, 48 (5)：920-928.

[122] Hoskisson Robert E., Eden Lorraine, Lau Chung Ming, Wright Mike. Strategy in emerging economies [J]. Academy of Management Journal, 2000, 43 (3)：249-267.

[123] Hossain Mahabub. Credit for alleviation of rural poverty：the grameen bank in bangladesh [M]. Intl Food Policy Res Inst, 1988.

[124] House R. J., Aditya R. N.. The social scientific study of leadership：quo vadis？ [J]. Journal of Management, 1997, 23 (3)：409-473.

[125] Hu Qinfang, Chan S. Fiona, Zhang Guangling, Yang Zhilin. The joint-liability mechanism：controlling opportunism through peer monitoring among Chinese supplier groups [J]. Journal of Business & Industrial Marketing, 2016, 31 (5)：640-65

[126] Huang Q., Nijs V. R., Hansen K., Anderson E. T.. Wal-Mart's Impact on Supplier Profits [J]. Journal of Marketing Research, 2012, 49 (2)：131-143.

[127] Humphreys A.. Megamarketing：The creation of markets as a social process [J]. Journal of Marketing, 2010, 74 (2)：1-19.

[128] Jagdish N. Sheth. Impact of Emerging Markets on Marketing：Rethinking Existing Per-

spectives and Practices [J]. Journal of Marketing, 2011, 75 (July): 166-182.

[129] Jap S. D., Robertson D. C., Worline M. C.. The dark side of rapport: agent misbehavior face-to-face and online [D]. Philadelphia: University of Pennsylvania, 2009.

[130] Jap S. D., Anderson E.. Safeguarding interorganizational performance and continuity under ex post opportunism [J]. Management Science, 2003, 49 (12): 1684-1701.

[131] Jap Sandy D., Robertson Diana C., Rindfleisch Aric, Hamilton Ryan. Low-stakes opportunism [J]. Journal of Marketing Research, 2013, 50 (2): 216-227.

[132] Jaworski B. J.. Toward a theory of marketing control: environmental context, control types, and consequences [J]. Journal of Marketing, 1988, 52 (3): 23-39.

[133] Jensen M., Meckling W.. Theory of the firm: managerial behavior, agency costs, and ownership structure [J]. Journal of Financial Economics, 1976, 3 (4): 305-360.

[134] Jiang Ruihua Joy, Tao Qingjiu Tom, Santoro Michael D.. Alliance portfolio diversity and firm performance [J]. Strategic Management Journal, 2010, 31 (10): 1136-1144.

[135] Jick T. D. Mixing qualitative and methods: triangulation in action [J]. Administrative Science Quarterly, 1979, 24 (4): 602-611.

[136] Johnson Colleen Leahy. Gift giving and reciprocity among the Japanese Americans in Honolulu 1 [J]. American Ethnologist, 1974, 1 (2): 295-308.

[137] Jones C., Hesterly W. S., Borgatti S. P.. A general theory of network governance: Exchange conditions and social mechanisms [J]. Academy of Management Review, 1997, 22 (4): 911-945.

[138] Joshi A. W., Arnold S. J.. The impact of buyer dependence on buyer opportunism in buyer-supplier relationships: the moderating role of relational norms [J]. Psychology & Marketing, 1997, 14 (8): 823-845.

[139] Jung D. F., Lake D. A.. Markets, Hierarchies, and Networks: An Agent - Based Organizational Ecology [J]. American Journal of Political Science, 2011, 55 (4): 972-990.

[140] Kahneman D., Slovic P., Tversky A.. Heuristics and biases [M]. Cambridge University Press, 2002.

[141] Kandel E., Lazear E. P.. Peer pressure and partnership [J]. Journal of Political Economy, 1992, 100 (4): 801-817.

[142] Karlan Dean S.. Social connections and group banking [J]. The Economic Journal, 2007, 117 (517): 52-84.

[143] Kashyap V., Antia K. D., Frazier G. L.. Contracts, extracontractual incentives, and ex post behavior in franchise channel relationships [J]. Journal of Marketing Research, 2012, 49 (2): 260-276.

[144] Kelley H. H., Thibaut J. W.. Interpersonal relations： a theory of interdependence [M]. New York： Wiley, 1978.

[145] Kim S. K., McFarland R. G., Kwon S., Son S., Griffith D. A.. Understanding Governance Decisions in a Partially Integrated Channel： A Contingent Alignment Framework [J]. Journal of Marketing Research, 2011, 48 (3)： 603-616.

[146] Kirsch L. J.. Deploying common systems globally： the dynamics of control [J]. Information Systems Research, 2004, 15 (4)： 374-395.

[147] Kirsch L. J., Ko D. G., Haney M. H.. Investigating the antecedents of team-based clan control： Adding social capital as a predictor [J]. Organization Science, 2010, 21 (2)： 469-489.

[148] Kline R. B.. Software review： software programs for structural equation modeling： Amos, EQS, and LISREL [J]. Journal of Psychoeducational Assessment, 1998, 16 (4)： 343-364.

[149] Krackhardt D.. Groups, roles, and simmelian ties in organizations [D]. Pittsburgh： Carnegie Mellon University, 1995.

[150] Kreiner K., Schultz M.. Informal collaboration in R & D： the formation of networks across organizations [J]. Organization Studies, 1993, 14 (2)： 189-209.

[151] Kumar A., Heide J. B., Wathne K. H.. Performance implications of mismatched governance regimes across external and internal relationships [J]. Journal of Marketing, 2011, 75 (2)： 1-17.

[152] Kwortnik Jr. R. J., Lynn W. M., Ross Jr. W. T.. Buyer monitoring： A means to insure personalized service [J]. Journal of Marketing Research, 2009, 46 (5)： 573-583.

[153] Laffont J. J.. Collusion and group lending with adverse selection [J]. Journal of Development Economics, 2003, 70 (2)： 329-348.

[154] Lam S., Kraus F., Ahearne M.. The diffusion of market orientation throughout the organization： A social learning theory perspective [J]. Journal of Marketing, 2010, 74 (5)： 61-79.

[155] Larson A.. Network dyads in entrepreneurial settings： a study of the governance of exchange relationships [J]. Administrative Science Quarterly, 1992, 37 (1)： 76-104.

[156] Lebra T. S.. An alternative approach to reciprocity [J]. Am. Anthrop, 1975, 77 (3)： 550-565.

[157] Lee J.. The Alignment of Contract Terms for Knowledge-Creating and Knowledge-Appropriating Relationship Portfolios [J]. Journal of Marketing, 2011, 75 (4)： 110-127.

[158] Lewicki Roy J., McAllister Daniel J., Bies Robert J.. Trust and distrust: new relation-ships and realities [J]. Academy of Management Review, 1998, 23 (3): 438-458.

[159] Liang Guo, Ganesh Iyer. Multilateral Bargaining and Downstream Competition [C]. Working paper, 2013.

[160] Liedorp F., Koetter M., Lelyveld I., Medema L., Koning R. H.. Peer monitoring or contagion? Interbank market exposure and bank risk [C]. Working Paper, 2010.

[161] Lim Noah. Social loss aversion and optimal contest design [J]. Journal of Marketing Research, 2010, 47 (4): 777-787.

[162] Lindell Michael K., Whitney David J.. Accounting for common method variance in cross-sectional research designs [J]. Journal of Applied Psychology, 2001, 86 (1): 114.

[163] Loughry M. L., Tosi H. L.. Performance implications of peer monitoring [J]. Organi-zation Science, 2008, 19 (6): 876-890.

[164] Luo Y.. Are joint venture partners more opportunistic in a more volatile environment? [J]. Strategic Management Journal, 2007, 28 (1): 39-60.

[165] Luo Y. D.. Opportunism in inter-firm exchanges in emerging markets [J]. Manage-ment and Organization Review, 2006, 2 (1): 121-147.

[166] Macneil Ian R.. Contracts: adjustment of long-term economic relations under classical, neoclassical and relational contract law [J]. Northwestern University Law Review, 1978, 72 (6): 854-902.

[167] Macneil Ian R.. The new social contract, an inquiry into modern contractual relations [M]. New Haven, CT: Yale University Press, 1980.

[168] March J. G., Simon H. A.. Organizations [M]. New York: Wiley, 1958.

[169] Marshall A.. Principles of Economics (8th edition) [M]. London: Macmillan, 1920.

[170] Masclet D., Noussair C., Tucker S., Villeval M. C.. Monetary and nonmonetary pun-ishment in the voluntary contributions mechanism [J]. American Economic Review, 2001, 93 (1): 366-380.

[171] McFarland R. G., Bloodgood J. M., Payan J. M.. Supply chain contagion [J]. Journal of Marketing, 2008, 72 (2): 63-79.

[172] Miles R. E., Snow C. C.. Organizations: new concepts for new forms [J]. California Management Review, 1986, 28 (3): 62-73.

[173] Miles R. E., Snow C. C.. Causes of failures in network organizations [J]. California Management Review, 1992, 34 (4): 53-72.

[174] Mirrless J.. The optimal structure of incentives and authority within an organization [J]. Bell Journal of Economics, 1976, 7 (1): 105-131.

[175] Mitnick Barry M.. The theory of agency and organizational analysis [C]. Annual Meeting of the American Political Science Association, 1987.

[176] Molitemo T. P., Mahony D. M.. Network Theory of Organization: A Multilevel Approach [J]. Journal of Management, 2011, 37 (2): 443-467.

[177] Mooi E. A., Ghosh M.. Contract specificity and its performance implications [J]. Journal of Marketing, 2010, 74 (2): 105-120.

[178] Morgan R. T., Hunt S. D.. The commitment-trust theory of relationship marketing [J]. Journal of Marketing, 1994, 58 (3): 20-38.

[179] Müllersdorf M., Zander V., Eriksson H.. The magnitude of reciprocity in chronic pain management: experiences of dispersed ethnic populations of Muslim women [J]. Scandinavian Journal of Caring Sciences, 2011, 25 (4): 637-645.

[180] Mytelka L., Farinelli F.. Local Clusters, Innovation systems and sustained competitiveness [C]. UNU-INTECH Discussion Paper Series, 2000 (4): 561-562.

[181] Nair Harikesh S., Manchanda Puneet, Bhatia Tulikaa. Asymmetric social interactions in physician prescription behavior: The role of opinion leaders [J]. Journal of Marketing Research, 2010, 47 (5): 883-895.

[182] Neter John, Wasserman William, Kutner Michael H.. Applied linear statistical models: regression, analysis of variance, and experimental designs [M]. Homewood: Richard D. Irwin Inc, 1990.

[183] Noordewier Thomas G., John George, Nevin John R.. Performance outcomes of purchasing arrangements in industrial buyer-vendor relationships [J]. Journal of Marketing, 1990, 54 (4): 80-93.

[184] Noordhoff C., Kyriakopoulos K., Moorman C., Pauwels P., Dellaert B.. The Bright Side and Dark Side of Embedded Ties in Business-to-Business Innovation [C]. ERIM Report Series Reference No. ERS-2011-008-MKT, 2011.

[185] Nunnally. Psychometric theory [M]. New York: McGraw-Hill, 1978.

[186] Okura M., Zhang W.. Group lending model under sequential moves [J]. International Journal of Economics & Finance, 2012, 4 (5): 1-13.

[187] Ouchi W. G.. A conceptual framework for the design of organizational control mechanisms [J]. Management Science, 1979, 25 (9): 833-848.

[188] Ouchi W. G.. Markets, bureaucracies, and clans [J]. Administrative Science Quarterly, 1980, 25 (1): 129-141.

[189] Palmatier Robert W.. Interfirm relational drivers of customer value [J]. Journal of Marketing, 2011, 72 (July): 76-89.

[190] Palmatier Robert W.. Interfirm Relational Drivers of Customer Value [J]. Journal of

Marketing, 2011, 72 (July): 76-89.

[191] Palmatier Robert W., Dant Rajiv P., Grewal Dhruv, Evans Kenneth R.. Factors influencing the effectiveness of relationship marketing: a meta-analysis [J]. Journal of Marketing, 2006, 70 (July): 136-153.

[192] Pasupuleti V.. A study of joint liability versus individual liability in micro finance institute with respect to default rate (loan repayment) [D]. Available at SSRN 1745442, 2010.

[193] Paxton Julia, Graham Douglas, Thraen Cameron. Modeling group loan repayment behavior: New insights from burkina faso [J]. Economic Development and Cultural Change, 2000, 48 (3): 639-655.

[194] Pechmann Cornelia, Wang Liangyan. Effects of indirectly and directly competing reference group messages and persuasion knowledge: Implications for educational placements [J]. Journal of Marketing Research, 2010, 47 (1): 134-145.

[195] Pekka Y. la—Anttila. Industrial in change-how to stay competitive in the global competition [R]. The Seareh Institute of the Finnish eeonomy (ETLA), Opening Seminar, Helsinki: Marina Congress Center, 2004 (6).

[196] Peter A. Bamberger., Racheli Levi. Team-based reward allocation structures and the helping behaviors of outcome-interdependent team members [J]. Journal of Managerial Psychology, 2009, 24 (4): 300-327.

[197] Philip Bond, Ashok S. Rai. Cosigned vs. group loans [J]. Journal of Development Economics, 2008, 85 (1-2): 58-80.

[198] Piore M. J., Sabel C. F.. The second industrial divide [M]. New York: Basic Books, 1984.

[199] Podsakoff Philip M, MacKenzie Scott B., Lee Jeong-Yeon, Podsakoff Nathan P.. Common method biases in behavioral research: a critical review of the literature and recommended remedies [J]. Journal of Applied Psychology, 2003, 88 (5): 879-903.

[200] Polit D. F, Beck C. T.. The content validity index: Are you sure you know what's being reported? critique and recommendations [J]. Research in Nursing & Health, 2006, 29 (5): 489-497.

[201] Pollack Jeffrey M., Vanepps Eric M., Hayes Andrew F.. The moderating role of social ties on entrepreneurs´ depressed affect and withdrawal intentions in response to economic stress [J]. Journal of Organizational Behavior, 2012, 33 (6): 789-810.

[202] Porter M. E.. Clusters and the new economics of competition [M]. Watertown: Harvard Business Review, 1998.

[203] Porter M. E.. On competition [M]. Boston: Harvard Business School Publishing,

1998.

［204］Pouder R., St. John C.. Hot spots and blind spots：Geographical clusters of firms and innovation ［J］. Academy of Management Review, 1996, 2（4）：1192-1196.

［205］Powell W.. Neither market nor hierarchy：the sociology of organizations：classic, contemporary, and critical readings ［J］. Research in Organizational Behavior, 2003, 315：104-117.

［206］Pratt John W.. Risk aversion in the small and the large firm ［J］ Econometrica, 1964, 32（12）：122-136.

［207］Preacher Kristopher J., Rucker Derek D., Hayes Andrew F.. Addressing moderated mediation hypotheses：theory, methods, and prescriptions ［J］. Multivariate Behavioral Research, 2007, 42（1）：185-227.

［208］Prouder Richard, John C. H. S.. Hot spots and blind spots：geographical clusters of firms and innovation ［J］. Academy of Management Review, 1996, 21（4）：1192.

［209］Provan K. G., Amy F., Joerg S.. Interorganizational networks at the network level：a review of the empirical literature on whole networks ［J］. Journal of Management, 2007, 33（3）：479-516.

［210］Provan Keith G., Kenis Patrick. Modes of network governance：Structure, management, and effectiveness ［J］. Journal of Public Administration Research and Theory, 2008, 18（2）：229-252.

［211］Rai Ashok S., Sjöström Tomas. Is Grameen Lending Efficient? Repayment Incentives and Insurance in Village Economies ［J］. Review of Economic Studies, 2004, 71（1）：217-234.

［212］Rao Raghunath Singh, Chandy Rajesh K., Prabhu Jaideep C.. The fruits of legitimacy：Why some new ventures gain more from innovation than others ［J］. Journal of Marketing, 2008, 72（4）：58-75.

［213］Raykov T.. Behavioral sacle reliability and measurement invariane evaluation using latent variable modeling ［J］. Behavior Therapy, 2004, 35（2）：299-331.

［214］Rhoades L., Eisenberger R.. Perceived organizational support：a review of the literature ［J］. Journal of Applied Psychology, 2002, 87（4）：698-714.

［215］Rindfleisch Aric, Antia Kersi, Bercovitz Janet, Brown James R, Cannon Joseph, Carson Stephen J., Ghosh Mrinal, Helper Susan, Robertson Diana C., Wathne Kenneth H.. Transaction costs, opportunism, and governance：Contextual considerations and future research opportunities ［J］. Marketing Letters, 2010, 21（3）：211-222.

［216］Rios Kimberly, Ybarra Oscar, Sanchez-Burks Jeffrey. Outgroup primes induce unpredictability tendencies under conditions of distrust ［J］. Journal of Experimental Social

Psychology, 2013, 49 (3): 372-377.

[217] Roberta Dessi. Implicit contracts, managerial incentives and financial structure [J]. Journal of Economics & Management Strategy, 2001, 10 (3): 359-390.

[218] Rodolfo Vázquez-Casielles, Iglesias Victor, Varela-Neira Concepción. Collaborative manufacturer-distributor relationships: The role of governance, information sharing and creativity [J]. Journal of Business & Industrial Marketing, 2013, 28 (8): 620-637.

[219] Rogerson W. The first-order approach to principal-agent problems [J]. Econometrica, 1985 (53).

[220] Rokkan A. I., Heide J. B., Wathne K. H. Specific investments in marketing relationships: Expropriation and bonding effects [J]. Journal of marketing Research, 2003, 40 (2): 210-224.

[221] Ross S. The economic theory of agency: The principals' problem [J]. American Economic Review, 1973, 63: 134-139.

[222] Ryu S., Min, S., Zushi N. The moderating role of trust in manufacturer-supplier relationships [J]. Journal of Business & Industrial Marketing, 2008, 23 (1): 48-58.

[223] Sacchetti, S., Tomlinson, P.. Economic Governance and the Evolution of Industrial Districts Under Globalization: The Case of Two Mature European Industrial Districts [J]. European Planning Studies, 2009, 17 (12), 1837-1859

[224] Sahlins M.. Stone age economics [M]. New York: Aldine De Gruyter, 1972.

[225] Samaha S. A., Palmatier R. W., Dant R. P.. Poisoning relationships: Perceived unfairness in channels of distribution [J]. Journal of Marketing, 2011, 75 (3): 99-117.

[226] Sappington D. Incentives in principal-agent relationships [J]. Journal of Economic Perspectives, 1991, 5: 45-66.

[227] Sarin Shikhar, Challagalla Goutam, Kohli Ajay K.. Implementing Changes in Marketing Strategy: The Role of Perceived Outcome-and Process-Oriented Supervisory Actions [J]. Journal of Marketing Research, 2012, 49 (4): 564-580.

[228] Scott Allen J. Regions and the world economy: The coming shape of global production, competition, and political order [M]. OUP Catalogue, 1999.

[229] Schxnitz, H.. Collective Effieiency: Growth Path for Small-scale Industry [J]. Journal of Development Studies, 1995, 31 (4): 529-566.

[230] Schul Yaacov, Mayo Ruth, Burnstein Eugene. The value of distrust [J]. Journal of Experimental Social Psychology, 2008, 44 (5): 1293-1302.

[231] Scott A. J.. New Industrial Spaces: Flexible Production Organization and Regional Development in North America and Western Europe [M]. London: Pion, 1989.

［232］Seggie Steven H, Griffith David A, Jap Sandy D. Passive and active opportunism in interorganizational exchange ［J］. Journal of Marketing, 2013, 77（6）：73-90.

［233］Sewell G, Barker JR. Coercion versus Care: Using Irony to Make Sense of Organizational Surveillance ［J］. Academy of Management Review, 2006, 31（4）：934-961.

［234］Sharma Manohar, Zeller Manfred. Repayment performance in group-based credit programs in bangladesh: An empirical analysis ［J］. World Development, 1997, 25（10）：1731-1742.

［235］Sheng S., Zhou K. Z., Li J. J.. The effects of business and political ties on firm performance: Evidence from China ［J］. Journal of Marketing, 2011, 75（1）：1-15.

［236］Sidanius J, Pratto F, Laar CV, Levin S. Social Dominance Theory: Its Agenda and Method ［J］. Political Psychology, 2004, 25（6）：845-880.

［237］Sidanius Jim, Van Laar Colette, Levin Shana, Sinclair Stacey. Ethnic enclaves and the dynamics of social identity on the college campus: The good, the bad, and the ugly ［J］. Journal of Personality and Social Psychology, 2004, 87（1）：96-110.

［238］Sijtsma K. Reliability beyond theory and into practice ［J］. Pcychometrika, 2009. 74（1）：169-173.

［239］Skarmeas D. The role of functional conflict in international buyer-seller relationships: Implications for industrial exporters ［J］. Industrial Marketing Management, 2006, 35（5）：567-575.

［240］Skarmeas D., Katsikeas C. S., Schlegelmilch B. B. Drivers of commitment and its impact on performance in cross-cultural buyer-seller relationships: The importer' s perspective ［J］. Journal of International Business Studies, 2002, 33（4）：757-783.

［241］Sloane A., O' Reilly S.. The emergence of supply network ecosystems: a social network analysis perspective ［J］. Production Planning & Control, 2012,（1）：1-19.

［242］Slotegraaf R. J., Atuahene-Gima K.. Product development team stability and new product advantage: The role of decision - making processes ［J］. Journal of Marketing, 2011, 75（1）：96-108.

［243］Soda Giuseppe, Zaheer Akbar. A network perspective on organizational architecture: performance effects of the interplay of formal and informal organization ［J］. Strategic Management Journal, 2012, 33（6）：751-771.

［244］Sparrowe R. T., Liden R. C. Process and structure in leader-member exchange ［J］. Academy of Management Review, 1997, 22（2）：522-552.

［245］Stamer Jorg Meyer. Understanding the determinants of vibrant business development: the systemic competitiveness perspective ［R］. www. mesopar2ner. com, Draft Paper, 2003.

[246] Stephen A. T., Galak J.. The Effects of Traditional and Social Earned Media on Sales: A Study of a Microlending Marketplace [J]. Journal of Marketing Research, 2012: 1-16.

[247] Stephen A. T., Toubia O.. Deriving value from social commerce networks [J]. Journal of Marketing Research, 2010, 47 (2): 215-228.

[248] Stiglitz J. E.. Peer monitoring and credit markets [J]. The World Bank Economic Review, 1990, 4 (3): 351-366.

[249] Storper M., Harrison B.. Flexibility, hierarchy and regional development: the changing structure of industrial production systems and their forms of governance in the 1990s. Research Policy [J], 1991, 20 (5): 407-422.

[250] Strauss Anselm. Qualitative analysis for social scientists: presenting case materials: data and interpretations [M]. Cambridge, UK: Cambridge University Press, 1987.

[251] Strauss Anselm, Corbin Juliet. Basis of qualitative research: grounded theory pocedures and techniques [J]. Modern Language Journal, 2006, 77 (2): 129.

[252] Strauss Anselm, Corbin Juliet. Grounded theory research: procedures, canons and evaluative criteria [J]. Qualitative Sociology, 1998, 13 (1): 3-21.

[253] Tassel E. V.. Group lending under asymmetric information [J]. Journal of Development Eeonomics, 1999, 60 (1): 3-25.

[254] Thibaut John W., Kelley Harrold.. The social psychology of groups [M]. New York: Wiley, 1959.

[255] Tracey Paul, Clerk Gordon L.. Alliances, networks and competitive strategy: rethinking clusters of innovation [J]. Growth & Change, 2003, 34 (1): 1-16.

[256] Tsui A. S.. Contextualization in Chinese management research [J]. Management and Organization Review, 2006, 2 (1): 1-13.

[257] Ulaga W., Reinartz W. J.. Hybrid offerings: how manufacturing firms combine goods and services successfully [J]. Journal of Marketing, 2011, 75 (6): 5-23.

[258] Uslay Can, Altintig Z. Ayca, Winsor Robert D.. An Empirical Examination of the "Rule of Three": Strategy Implications for Top Management, Marketers, and Investors [J]. Journal of Marketing, 2010, 74 (2): 20-39.

[259] Uzzi B.. The sources and consequences of embeddedness for the economic performance of organizations: the network effect [J]. American Sociological Review, 1996, 61 (4): 674-698.

[260] Uzzi B.. Social structure and competition in interfirm networks: the paradox of embeddedness [J]. Administrative Science Quarterly, 1997, 42 (1): 35-67.

[261] Vinhas Alberto Sa, Heide Jan B., Jap Sandy D.. Consistency judgments, embedded-

ness, and relationship outcomes in interorganizational networks ［J］. Management Science, 2012, 58 (5): 996-1011.

［262］Wallenburg C. M., Schäffler T.. The interplay of relational governance and formal control in horizontal alliances: a social contract perspective ［J］. Journal of Supply Chain Management, 2014, 50 (2): 41-58.

［263］Wang Danny T., Gu Flora F., Dong Maggie Chuoyan. Observer Effects of Punishment in a Distribution Network ［J］. Journal of Marketing Research, 50 (5): 627-643.

［264］Wang Xuehua, Yang Zhilin. Inter-firm opportunism: a meta-analytic review and assessment of its antecedents and effect on performance ［J］. Journal of Business & Industrial Marketing, 2013, 28 (2): 137-146.

［265］Wathne K. H., Heide J. B.. Opportunism in interfirm relationships: forms, outcomes, and solutions ［J］. Journal of Marketing, 2000, 64 (4): 36-51.

［266］Wathne K. H., Heide J. B.. Relationship governance in a supply chain network ［J］. Journal of Marketing, 2004, 64 (4): 73-89.

［267］Weber Alfred, Theory of the location of industries ［M］. Chicago: University of Chicago Press, 1909.

［268］Weijters, B., Baumgartner, H.. Misresponse to Reversed and Negated Items in Surveys: A Review ［J］. Journal of Marketing Research, 2012, Vol. XLIX (October): 1-11.

［269］Weitzman M. L.. The "ratchet principle" and performance incentives ［J］. The Bell Journal of Economics, 1980, 11 (1): 302-308.

［270］Wenner Mark D.. Group credit: a means to improve information transfer and loan repayment performance ［J］. Journal of Development Studies, 1995, 32 (2): 263-281.

［271］Wilkinson Ian. A history of network and channels thinking in marketing in the 20th century ［J］. Australasian Marketing Journal, 2001, 9 (2): 23-52.

［272］Williamson Oliver E., Ouchi William G.. The markets and hierarchies program of research: Origins, implications, prospects ［C］. University of Pennsylvania, Center for the Study of Organizational Innovation, 1980.

［273］Wilson R.. The structure of incentives for decentralization under uncertainty ［M］. La Decision, 1969.

［274］Wong A., Tjosvold D., Yu Z.. Organizational partnerships in china: self-interest, goal interdependence, and opportunism ［J］. Journal of Applied Psychology, 2005, 90 (4): 782-791.

［275］Wu F., Sinkovics R. R., Cavusgil S. T., Roath A. S.. Overcoming export manufacturers' dilemma in international expansion ［J］. Journal of International Business

Studies, 2007, 38 (2): 283-302.

[276] Wu J. B., Hom P. W., Tetrick L. E., Shore L. M., Jia L., Li C., Song L. J.. The norm of reciprocity: Scale development and validation in the chinese context [J]. Management and Organization Review, 2006, 2 (3): 377-402.

[277] Wydick Bruce. Can social cohesion be harnessed to repair market failures? evidence from group lending in guatemala [J]. The Economic Journal, 1999, 109 (457): 463-475.

[278] Wydick Bruce. Group lending under dynamic incentives as a borrower discipline device [J]. Review of Development Economics, 2002, 5 (3): 406-420.

[279] Xu Jiang, Mei Li, Shanxing Gao, Yongchuan Bao, Jiang Feifei. Managing knowledge leakage in strategic alliances: the effects of trust and formal contracts [J]. Industrial Marketing Management, 2013, 42 (6): 983-991.

[280] Yang Z., Su C., Fam K. S.. Dealing with institutional distances in international marketing channels: Governance strategies that engender legitimacy and efficiency [J]. Journal of Marketing, 2012, 76 (3): 41-55.

[281] Yi Liu, Yadong Luo, Pianpian Yang, Vladislav Maksimov. Typology and Effects of Co-opetition in Buyer-Supplier Relationships: Evidence from the Chinese Home Appliance Industry [J]. Management and Organization Review, 2014, 10 (3): 439-465.

[282] Yin, R. K.. The Case Study Crisis: Some Answers [J]. Administrative Science Quarterly, 1981, 26 (1): 58-65.

[283] Yin, R. K.. Case study research: design and methods [M]. Beverly Hills, Calif: Sage Publications, 1984.

[284] Zaheer Akbar, Gözübüyük Remzi, Milanov Hana. It's the connections: The network perspective in interorganizational research [J]. The Academy of Management Perspectives, 2010, 24 (1): 62-77.

[285] Zeller Manfred. Determinants of repayment performance in credit groups: the role of program design, intragroup risk pooling, and social cohesion [J]. Economic Development and Cultural Change, 1998, 46 (3): 599-620.

[286] Zhang Zhen, Waldman David A., Wang Zhen. A multilevel investigation of leader-member exchange, informal leader emergence, and individual and team performance [J]. Personnel Psychology, 2012, 65 (1): 49-78.

[287] Zhao Min, Xie Jinhong. Effects of social and temporal distance on consumers' responses to peer recommendations [J]. Journal of Marketing Research, 2011, 48 (3): 486-496.

[288] Zhao Xinshu, Lynch John G, Chen Qimei. Reconsidering Baron and Kenny：Myths and truths about mediation analysis [J]. Journal of Consumer Research, 2010, 37（2）：197-206.

[289] Zhilin Yang., Chenting Su. Institutional theory in business marketing：A conceptual framework and future directions [J]. Industrial Marketing Management, 2014, 43：721-725.

[290] Zhilin Yang, Chenting Su. Understanding Asian business strategy：Modeling institution-based legitimacy-embedded efficiency [J]. Journal of Business Research, 2013, 66：2369-2374.

[291] Zhou Kevin Zheng, Poppo Laura. Exchange hazards, relational reliability, and contracts in China：The contingent role of legal enforceability [J]. Journal of International Business Studies, 2010, 41（5）：861-881.

[292] Zhou Kevin Zheng, Poppo L., Yang Z.. Relational ties or customized contracts? An examination of alternative governance choices in China [J]. Journal of International Business Studies, 2008, 39（3）：526-534.

[293] 彼得．德鲁克．管理——任务、责任、实践 [M]. 北京：社会科学出版社，1987.

[294] 蔡宁，杨旭．协作行为对企业集群竞争力的影响 [J]. 徐州建筑积业技术学院学报，2002, 2（3）：1-2.

[295] 常向群．关系抑或礼尚往来？——江村互惠、社会支持网和社会创造的研究 [M]. 沈阳：辽宁人民出版社，2009.

[296] 陈伟，周文，郎益夫．集聚结构、中介性与集群创新网络抗风险能力研究——以东北新能源汽车产业集群为例 [J]. 管理评论，2015, 27（10）：204-217.

[297] 陈晓萍，徐淑英，樊景立．组织与管理研究的实证方法 [M]. 北京：北京大学出版社，2008.

[298] 党兴华，常红锦．网络位置、地理临近性与企业创新绩效——一个交互效应模型 [J]. 科研管理，2013, 34（3）：7-13.

[299] 戴圣．礼记 [M]. 崔高维，点校．沈阳：辽宁教育出版社，1997.

[300] 费孝通，刘豪兴．乡土中国 [M]. 北京：生活·读书·新知三联书店，1985.

[301] 冯根福．双重委托代理理论：上市公司治理的另一种分析框架——兼论进一步完善中国上市公司治理的新思路 [J]. 经济研究，2004（12）：16-25.

[302] 冯小东．柔性制造背景下组织支持与员工绩效关系研究——基于社会交换理论以汽车产业一线生产员工为对象的研究 [D]. 吉林大学，2014.

[303] 高阔，甘筱青．"公司+农户"模式：一个文献综述（1986-2011）[J]. 经济问题探索，2012（2）：109-115.

[304] 高维和，黄沛，王震国．渠道冲突管理的"生命周期观"——机会主义及其治理机制 [J]．南开管理评论，2006，9 (3)：28-33.

[305] 工秉安．产业集群竞争力构成要素模型研究——以晋江运动鞋产业集群为例 [J]．福建行政学院福建经济管理干部学院学报，2005 (2)：42-44.

[306] 胡琴芳，张广玲，江诗松，周南．基于连带责任的供应商集群内机会主义行为治理研究——一种网络治理模式 [J]．南开管理评论，2016 (1)：97-107.

[307] 胡克敏，郭锦墉．商品契约中农户违约行为研究的文献综述 [J]．商业研究，2008 (6)：194-197.

[308] 黄程，符正平．珠江三角洲地区企业集群的分类及其特征 [J]．管理评论，2003，15 (6)：59-61.

[309] 黄光国．人情与面子 [J]．经济社会体制比较，1985，3；55-62.

[310] 黄光国，胡先缙．人情与面子：中国人的权力游戏 [M]．北京：中国人民大学出版社，2010.

[311] 贾雷，周星，朱晓倩．不信任研究脉络梳理与未来展望 [J]．外国经济与管理，2012，34 (8)：73-80.

[312] 李飞，王高，杨斌，马宝龙，林健，赵俊霞，陈浩．高速成长的营销神话——基于中国 10 家成功企业的多案例研究 [J]．管理世界，2009，2：138-151.

[313] 李怀祖．管理研究方法论 [M]．西安：西安交通大学出版社，2004.

[314] 李惠娟．我国中小企业集群的特点、存在问题及对策 [J]．经济与社会发展，2005，3 (12)：79-81.

[315] 李军训，王岳龙，彭苏秦．基于模糊综合评价法的我国纺织产业集群风险研究 [J]．科技管理研究，2013，33 (5)：159-162.

[316] 李丽君，黄小原．委托代理理论方法在产品定价中的应用 [J]．中国软科学，2003 (8)：135-137.

[317] 李双燕，万迪昉．互惠对工作要求——工作满意度曲线关系的调节作用 [J]．南开管理评论，2008，11 (6)：103-109.

[318] 李平，曹仰锋．案例研究方法：理论与实例——凯瑟琳·艾森哈特论文集 [M]．北京大学出版社，2012.

[319] 李晓凤，佘双好．质性研究方法 [M]．武汉大学出版社，2006.

[320] 李星．企业集群创新网络多主体合作创新机理研究 [D]．武汉大学博士论文，2011.

[321] 梁颖琳，向家宇．现代社会交换理论思想渊源述评 [J]．今日南国，2009，124 (5)：218-220.

[322] 刘军．一般化互惠：测量、动力及方法论意涵 [J]．社会学研究，2007 (1)：99-114.

[323] 刘善庆，叶小兰，陈文华. 基于 AHP 的特色产业集群竞争力分析——以赣、粤、闽陶瓷特色产业集群为例 [J]. 中国软科学，2005（8）：141-146.

[324] 刘学，项晓峰，林耕，李明亮. 研发联盟中的初始信任与控制战略：基于中国制药产业的研究 [J]. 管理世界，2007，(11)：90-100.

[325] 刘有贵，蒋年云. 委托代理理论述 [J]. 学术界，2006，116（1）：69-78.

[326] 刘中艳，李明生. 旅游产业集群竞争力测度的 GEMS 模型构建及应用 [J]. 经济地理，2013，33（11）：187-192.

[327] 卢杰. 家具产业集群竞争力比较研究——基于江西南康、广东顺德、四川新都家具产业集群的比较 [D]. 南昌大学，2009.

[328] 陆少波. 产业集群竞争力影响因素的理论探究 [D]. 上海交通大学，2005.

[329] 罗伯特·K. 殷. 案例研究：设计与方法 [M]. 周海涛，李永贤，李虔，译. 重庆大学出版社，2004.

[330] 罗家德. 中国商道：社会网与中国管理本质 [M]. 北京：社会科学文献出版社，2011.

[331] 吕力. 案例研究：目的、过程、呈现与评价 [J]. 科学学与科学技术管理，2012，33（6）：30-35.

[332] 马飞，赵予新. "订单"模式下的农户机会主义行为的分析和治理 [J]. 农村经济与科技，2008，19（7）：32-33.

[333] 马林诺夫斯基. 西太平洋的航海者 [M]. 梁永佳，李绍明，译. 北京：华夏出版社，2002.

[334] 马歇尔·萨林斯. 石器时代经济学 [M]. 张经纬，郑少雄，张帆，译. 北京：生活·读书·新知三联书店，2009.

[335] 毛基业，李晓燕. 理论在案例研究中的作用——中国企业管理案例论坛（2009）综述与范文分析 [J]. 管理世界，2010，2：113-140.

[336] 张霞. 案例研究方法的规范性及现状评估——中国企业管理案例论坛（2007）综述 [J]. 管理世界，2008，4（1）：115-121.

[337] 孟令国. 声誉的隐性激励效应分析 [J]. 经济与社会发展，2005，3（2）：35-38.

[338] 邱学文. 中国农村集群型企业的特点、趋势及推广条件 [J]. 中国农村经济，2002（8）：53-57.

[339] 任星耀，朱建宇，钱丽萍，王鹏. 渠道中不同机会主义的管理：合同的双维度与关系规范的作用研究 [J]. 南开管理评论，2006，15（3）：12-21.

[340] 宋镇照. 社会学 [M]. 台北：五南图书出版社，1997.

[341] 栗志坤，零售连锁分店店长的激励与约束——一个委托代理理论分析 [D]，山东大学，2010

[342] 陶建平，谭偲凤. 新型农业经营主体联保贷款的机制设计：基于多任务委托代理理论的分析 [J]. 金融经济学研究, 2016, 31 (5): 106-116.

[343] 涂国平，冷碧滨. 基于博弈模型的"公司+农户"模式契约稳定性及模式优化 [J]. 中国管理科学, 2010, 18 (3): 148.

[344] 王爱群，夏英. 合同关系与农业垂直一体化应用比较研究 [J]. 农业经济问题, 2006 (7): 38-40.

[345] 王发明，周颖，周才明. 基于组织生态学理论的产业集群风险研究 [J]. 科学学研究, 2006, 24 (8): 79-82.

[346] 王缉慈. 关于我国服装业的地方集群战略研究 [J]. 江苏纺织, 2002 (11): 5-11.

[347] 王剑，陈运森. 委托代理理论抑或行为科学？——相对业绩评价理论基础的实证检验 [J]. 经济管理, 2011, 33 (10): 58-69.

[348] 王铭铭. 西方人类学名著提要 [M]. 南昌：江西人民出版社, 2004.

[349] 王文莉，孙倩，胡平仍. 农村信用社最优股权结构问题研究——基于双重委托代理理论的实证分析 [J]. 宏观经济研究, 2015 (11): 93-105.

[350] 王文亮，孟丽莎，冯军政. 民营科技企业集群生命周期特点与战略选择 [J]. 经济经纬, 2005 (3): 116-119.

[351] 魏江，周泯非. 产业集群治理：理论来源、概念与机制 [J]. 管理学家：学术版, 2009 (6): 50-59.

[352] 魏钧，陈中原，张勉. 组织认同的基础理论、测量及相关变量 [J]. 心理科学进展, 2007, 15 (6): 948-955.

[353] 温忠麟，张雷，侯杰泰，刘红云. 中介效应检验程序及其应用 [J]. 心理学报, 36 (5): 614-620.

[354] 吴海平，宣国良. 价值网络的本质及其竞争优势 [J]. 经济管理, 2002, (24): 11-17.

[355] 吴继红. 基于社会交换理论的双向视角员工——组织关系研究 [D]. 四川大学, 2006.

[356] 吴明隆. 结构方程模型——AMOS 的操作与应用（第 2 版）[M]. 重庆：重庆大学出版社, 2010.

[357] 吴明隆，涂金堂. Spss 与统计应用分析 [M]. 大连：东北财经大学出版社, 2012.

[358] 向希尧，朱伟民. 基于资源基础理论的产业集群竞争优势分析 [J]. 经济与管理, 2005, 19 (11): 16-19

[359] 肖斌卿，黄金，瞿慧. 产业集群关联度、集群企业信贷可得与风险传染 [J]. 产业经济研究, 2016 (2): 74-86.

[360] 谢清隆. 社会交换理论视域下的运动员学习成效研究——以台湾地区大专院校甲组体育运动员为例 [D]. 苏州大学，2011.

[361] 徐占忱，何明升. 论企业集群的生产力属性及其特点 [J]. 生产力研究，2005 (5)：66-68.

[362] 薛薇. 统计分析与 spss 的应用 [M]. 北京：中国人民大学出版社，2011.

[363] 姚小涛，席酉民. 社会网络理论及其在企业研究中的应用 [J]. 西安交通大学学报（社会科学版），2004，23 (3)：22-27.

[364] 伊志宏，宋华，于亢亢. 基于资源整合的技术创新模式：神华集团的案例研究 [J]. 管理案例研究与评论，2008，1 (1)：1-13.

[365] 张闯. 渠道权力结构的过度倾斜与权力失效_ 基于农产品营销渠道的研究 [J]. 财经论丛，2006，125 (5)：96-101.

[366] 张闯，张涛，庄贵军. 渠道关系强度对渠道权力应用的影响——关系嵌入的视角 [J]. 管理科学，2012，25 (3)：56-68.

[367] 张广玲，胡琴芳. 连带责任治理在供应商集群中的有效性研究 [J]. 管理科学，2014，27 (4)：23-32.

[368] 张江华. 卡里斯玛、公共性与中国社会有关差序格局的再思考 [J]. 社会，2010，30 (5)：1-24.

[369] 张新安，何惠，顾锋. 家长式领导行为对团队绩效的影响：团队冲突管理方式的中介作用 [J]. 管理世界，2009，3：121-133.

[370] 张维迎，邓峰. 信息、激励与连带责任——对中国古代连坐、保甲制度的法和经济学解释 [J]. 中国社会科学，2003，141 (3)：99-111.

[371] 张伟，刘兴坤. 国外团体贷款激励研究述评 [J]. 外国经济与管理，2012，34 (4)：11-28.

[372] 郑风田，郎晓娟. 小额信贷"株连制"模式研究述评 [J]. 经济学动态，2009 (4)：127-132.

[373] 郑胜利. 经济体制转轨时期中国产业集群研究 [D]. 福建师范大学，2003.

[374] 郑志刚. 经济学视角下的古代连坐和保甲制度——对《信息、激励与连带责任》一文的评论 [J]. 学术界，2004，107 (4)：257-260.

[375] 周立群，曹利群. 农村经济组织形态的演变与创新 [J]. 经济研究，2001 (1)：69-75.

[376] 周立群，邓宏图. 为什么选择了"准一体化"的基地合约——来自塞飞亚公司与农户签约的证据 [J]. 中国农村观察，2004，(3)：2-11.

[377] 周泯非. 集群治理与集群学习间关系及共同演化研究 [D]. 浙江大学，2011.

[378] 周荣华，张明林. 绿色食品生产中农户机会主义治理分析 [J]. 农村经济，2013 (1)：119-122.

[379] 周志娟，金国婷. 社会交换理论综述 [J]. 中国商界，2009 (1)：281.

[380] 朱方伟，王莉莹，王国红. 基于成长特性的高新技术产业集群风险研究 [J]. 研究与发展管理，2004，16 (4)：8-13.

[381] 朱小斌，林庆. 中小企业集群竞争优势来源的演化差异——基于浙江绍兴纺织业集群的案例研究 [J]. 管理世界，2008 (10)：75-86.

[382] 庄贵军，徐文，周筱莲. 关系营销导向对于企业营销渠道控制行为的影响 [J]. 管理工程学报，2008，22 (3)：5-10.

[383] 庄贵军，周筱莲. 权力、冲突与合作：中国工商企业之间渠道行为的实证研究 [J]. 管理世界，2002，102 (3)：117-124.

[384] 邹文篪，田青，刘佳. "投桃报李" —— 互惠理论的组织行为学研究述评 [J]. 心理科学进展，2012，20 (11)：1879-1888.

# "连带责任治理模式的生成逻辑与作用机制"研究访谈提纲

## 一、访谈目的

通过深度访谈初步了解：（1）被访谈企业实施连带责任治理模式的背景和原因；（2）被访谈企业实施连带责任治理模式的具体方式；（3）在被访谈企业实施连带责任治理模式前后，集群内供应商机会主义行为的表现对比；（4）连带责任治理模式实施效果产生的原因；（5）连带责任治理模式实施效果的重要影响因素。

## 二、访谈形式

本次访谈以一对一的深度访谈形式进行，每位被访者受访时间为 30~150 分钟不等。

每组访谈人数为 4 人，具体包括主要负责访谈的人员 1 人，负责协调控制和配合补充访谈的人员 1 人，负责记录谈话内容的人员 2 人。

## 三、访谈对象

本研究主要以企业决策者、具体负责实施连带责任治理模式的企业管理人员、连带责任小组的供应商组长、连带责任小组内供应商、已退出连带责任小组的供应商为访谈对象。具体来说访谈对象主要由如下五类人组成：

第一类是 HH 茶业和 BM 茶业两家企业中负责引入和决策推行连带责任治理模式的高管（如 CEO 或总经理）；

第二类是专门负责对连带责任治理模式的实施过程和实施效果进行管理的企业中层管理人员（如区域经理）；

第三类是与两家企业合作的集群供应商代表，其中以连带责任小组的供应商组长为主；

第四类是加入连带责任小组内的供应商成员；

第五类是当前已退出连带责任小组的供应商成员。

## 四、访谈时间

访谈实施时期：2013 年 2 月 21 日至 2013 年 5 月 7 日；
每天访谈时间：8：30-12：00，14：00-17：00。

## 五、访谈内容

| 内容一：实施连带责任治理模式的背景和原因 | 时间（天） |
|---|---|
| | 15 |

- 联系被访谈企业的负责人
- 告知访谈目的：告知前往实地访谈者的身份、访谈时间，介绍访谈的主题是"连带责任治理模式的生成逻辑与作用机制"，访谈目的是为进行国家自科基金的科研工作获取第一手资料。
- 告知访谈规则：所有的资料都会保密，只用于统计研究，鼓励被访者积极踊跃地发言。意见无错对之分，每一条意见都很重要，鼓励受访者说出不同的想法和意见。
- 需要对方回答的问题：1. 介绍企业总体情况，尤其是关于对供应商集群采取的传统治理方式；2. 实施连带责任治理模式的具体原因；3. 毛茶供应商愿意接受连带责任治理的原因。

| 内容二：实施连带责任治理模式的具体方式 | 时间（天） |
|---|---|
| | 10 |

- 实施连带责任治理模式的起始时间。
- 与企业合作的连带责任小组的总数，所涉及的毛茶供应商数目、茶园面积总数以及地区。
- 毛茶供应商加入连带责任小组的方式，是自愿还是企业强势规定？
- 毛茶供应商加入连带责任小组的资质要求有哪些？
- 在对同一个连带责任小组的管理方面，企业制定了哪些具体的规定，将毛茶供应商的利益绑定在一起？
- 对于违反企业相关规定的毛茶供应商，企业采取了哪些惩罚措施？

| 内容三：实施连带责任治理模式前后，集群内供应商机会主义行为的表现对比 | 时间（天） |
|---|---|
| | 10 |

针对企业方的访谈对象：
- 实施连带责任治理模式之前，与本企业合作的毛茶供应商有多少？以一年度为限，这些毛茶供应商采取违约行为的次数总计有多少？对企业造成的经济损失是多大？
- 实施连带责任治理模式之后，与本企业合作的毛茶供应商有多少？以一年度为限，这些毛茶供应商采取违约行为的次数总计有多少？对企业造成的经济损失是多大？

| 内容三：实施连带责任治理模式前后，集群内供应商机会主义行为的表现对比 | 时间（天） |
|---|---|
| | 10 |

- 实施连带责任治理模式之前，毛茶供应商的违约行为具体包括哪些？实施连带责任治理模式之后，毛茶供应商的违约行为具体包括哪些？

针对供应商组长：

- 在企业实施连带责任治理模式之前，本组违约成员有哪些？一年内的违约次数总计为多少次？集体违约方式有哪些？
- 在本连带责任小组成立后一年内，本组违约成员有哪些？违约次数总计为多少次？集体违约方式有哪些？

| 内容四：连带责任治理模式实施效果产生的原因 | 时间（天） |
|---|---|
| | 18 |

针对企业方的访谈对象：

- 您认为连带责任治理模式能够成功抑制供应商机会主义行为的原因是什么？（请举例说明）

针对供应商方的访谈对象：

- 您为什么会遵守与企业签订合同内的相关规定？
- 您会违反与企业签订合同内的相关规定吗？为什么？
- 如果违反与企业签订合同内的相关规定，会给您带来什么结果？
- 为了防止本组内成员违反与企业签订合同内的相关规定，您平时会有什么表现？
- 对于本组内违反与企业签订合同内的相关规定的成员，您会如何对待？

| 内容五：连带责任治理模式实施效果的重要影响因素 | 时间（天） |
|---|---|
| | 25 |

针对企业方的访谈对象：

- 在与贵企业合作的连带责任小组中，有没有在遵守合同规定方面表现特别好的小组？请举例说明，并详细列出该组所有毛茶供应商的基本信息，包括姓名、年龄、性别、民族、受教育程度、茶园面积、家庭住址、家庭人数等，以及供应商成员之间的私交关系（如亲戚、邻居等）及其质量（如关系密切程度、有无私人矛盾等）。
- 在与贵企业合作的连带责任小组中，有没有在遵守合同规定方面表现特别不好的小组？请举例说明，并详细列出该组所有毛茶供应商的基本信息，包括姓名、年龄、性别、民族、受教育程度、茶园面积、家庭住址、家庭人数等，以及供应商成员之间的私交关系（如亲戚、邻居等）及其质量（如关系密切程度、有无私人矛盾等）。

针对供应商方的访谈对象：

- 您所在连带责任小组内，供应商成员之间的私交关系总体如何？请举例说明。
- 对于与您私交关系特别密切的供应商成员，若对方采取违约行为，您会怎么办？请举例说明。
- 对于与您私交关系一般的供应商成员，若对方采取违约行为，您会怎么办？请举例说明。
- 对于与您私交关系不好的供应商成员，若对方采取违约行为，您会怎么办？请举例说明。

▶附录二

## 关于连带责任治理模式的调查问卷

尊敬的先生/女士：您好！

　　非常感谢您在百忙之中抽出时间配合这项调查工作。我们是武汉大学经济与管理学院的研究生，目前正在做一项关于营销渠道关系治理方面的研究。您的回答对我们的研究工作非常重要。您填的所有信息仅限于本研究使用，我们会严格保密。再次感谢您的大力支持！

调研小组

## 第一部分

1. 小组名称：＿＿＿＿＿＿＿

2. 小组成立时间：＿＿＿＿＿＿＿

3. 供应商数目：＿＿＿＿＿＿＿

4. 小组内是亲戚关系（三代以内直系亲属）的供应商成员所占比例＿＿＿＿＿＿。
（1）＜10%　　（2）＜30%　　（3）约50%　　（4）＞70%　　（5）＞90%

5. 小组内每个供应商成员的季度毛茶产出量总表

| 成员 | 毛茶产出量<br>（公斤/季） | 成员 | 毛茶产出量<br>（公斤/季） | 成员 | 毛茶产出量<br>（公斤/季） |
|---|---|---|---|---|---|
| A | | B | | C | |
| D | | E | | F | |
| G | | H | | I | |
| J | | K | | L | |

6. 本组成员使用禁用农药的次数＿＿＿＿＿＿。

# 第二部分

（一）请根据本组内部所有成员的总体表现，对下列相关描述进行判断，并在符合实际情况的数字上画"√"。

| 1 | 2 | 3 | 4 | 5 |
|---|---|---|---|---|
| 从不 | 偶尔 | 有时 | 经常 | 总是 |

7-1. 本组成员相互访问以观察具体用药情况。 1 2 3 4 5

7-2. 如果有成员违反合同用药规定，本组其他成员会当面指出来。 1 2 3 4 5

7-3. 本组会聚在一起讨论各位成员在用药方面的表现。 1 2 3 4 5

7-4. 如果有成员违反合同用药规定，本组其他成员会向企业或组长举报。 1 2 3 4 5

7-5. 如果有成员违反合同用药规定，本组其他成员会互相通告。 1 2 3 4 5

（二）请根据企业的具体表现，对下列相关描述进行判断，并在符合实际情况的数字上划"√"。

| 1 | 2 | 3 | 4 | 5 |
|---|---|---|---|---|
| 从来没有 | 几个月一次 | 一月一次 | 半个月一次 | 几天一次 |

8-1. 企业经常派人来监督本组成员的用药情况。 1 2 3 4 5

8-2. 企业经常派人来检查本组成员的茶叶质量。 1 2 3 4 5

（三）请根据本组内部所有成员之间的关系情况，对下列相关描述进行判断，并在符合实际情况的数字上划"√"。

| 1 | 2 | 3 | 4 | 5 |
|---|---|---|---|---|
| 非常不同意 | 不同意 | 不确定 | 同意 | 非常同意 |

9-1. 本组成员很乐意加入本组。 1 2 3 4 5

9-2. 本组是所有供应商小组中最好的小组之一。 1 2 3 4 5

9-3. 本组成员感觉自己是这个小组的一部分。 1 2 3 4 5

10. 本组成员对组长的依赖程度很高。 1 2 3 4 5

11-1. 本组成员会为需要的成员提供帮助,即使对方不能马上回报。 1 2 3 4 5

11-2. 本组的成员之间会不加任何条件地相互付出。 1 2 3 4 5

11-3. 本组成员相互之间的关心程度超过被关心成员所能给予的回报。 1 2 3 4 5

12-1. 本组成员相互之间的关心程度与被关心者所能提供的利益相当。 1 2 3 4 5

12-2. 对本组成员而言,成员的努力程度与他获得的回报一致非常
重要。 1 2 3 4 5

12-3. 表现超过本组要求的会得到奖励,没有达到本组要求的会受
到惩罚。 1 2 3 4 5

13-1. 本组成员相互之间会做一些损害利益的事情。 1 2 3 4 5

13-2. 本组成员只关心自己的利益,而从不考虑其他成员的利益。 1 2 3 4 5

13-3. 本组成员不会相互之间提供帮助,除非那样做对他自己有利
可图。 1 2 3 4 5

# 后 记

本书是在我的博士学位论文的基础上修改而成，从最初选题到现在成书，俯仰之间，三载已过。它凝聚着师友、家人的殷殷期望和自己的辛勤汗水，此时此刻，停笔回首，满心感恩。

首先，向我的博士生导师张广玲教授致以由衷的敬意和感激。忆及初次见到张老师，她热情而不失温婉，大方而不失细腻，使我如沐春风、雨润心田，向学之心甚笃。正式归入师门后，学业上，张老师对我尽心点拨、倾囊相授；生活上，亦是嘘寒问暖、关怀备至。其兰心蕙性之为人、敏锐洞察之为学，给踽踽独行于求学之路上的我以信心，以勇气，以无限温暖。自读博开始到现在，但凡我有半点成长和进步，都与她的辛勤培养和关爱息息相关。

其次，我要衷心感谢武汉大学市场营销与旅游管理系的汪涛教授、黄静教授、黄敏学教授、曾伏娥教授、寿志钢教授。作为学术前辈，诸位教授非独在市场营销研究领域筚路蓝缕、以启山林，而且奖掖后进、指点迷津。读博期间，乃至博士毕业之后，只要我有问题请教，他们都会不厌其烦地释疑解惑、悉心引导，使我得以入学术之堂奥、享科研之魅力。

我要对香港城市大学市场营销学系的周南教授、苏晨汀教授、杨志林教授表达我诚挚的感恩之情。在香港城市大学市场营销学系做研究助理期间，有幸得到三位教授的耳提面命、引导与鞭策，让我感念至深、难忘师恩。三位教授所表现出来的宽厚仁慈、淡泊名利与知行合一的精神，以及敬畏学术精益求精的学术德行，尽显古已有之而今世稀有的鸿儒之风。对于后辈来说，可谓是"高山仰止，景行行止，虽不能至，然心向往之"。

在这里，我还要衷心感谢我的硕士生导师——湘潭大学商学院的王启云教授。十三年前，若不是王老师的知遇之恩，我就不会萌生继续求学的念头，更不可能有机会被推荐免试攻读本校的硕士学位研究生。读研期间，正是王老师的耐心引导，把懵懂迷茫的我领入了学术的大门，让我对科研工作产生了浓厚的兴趣，为我之后的学术生涯之路打下了良好基础。

此外，我还要感谢武汉大学工商管理系的江诗松老师、张三保老师、王罡老师，他们以亦师亦友的身份给我以知无不言言无不尽的指点和启发，使我在求学路上少绕弯；感谢师姐王辉，自始至终给予我学业上的帮助与生活上的照顾，尤其是伴我走过读博期间那一段最艰难的日子；感谢师兄戴军、胡查平、胡海燕、晋向东、宋锋森，时时给予我兄长般的鼓励与关心，让我有更大的勇气应对学习与生活中的困难；感谢陈晶、惠丽丽、金珞欣、陈莹、周立君、王可、胡兵、熊晓明、刘锦、叶云龙、肖邦明、许志炜等同学，以及刘晨晨、王凤玲、易澄、朱晓丽、黄姗、李丹丹、黄娜、彭闺媛等师妹，给予我纯真友情，使我的求学时光变得快乐、充盈而美好。

最后，我要特别感谢我最深爱的家人。衷心感谢我善良敦厚的父母，他们不仅让我懂得了生命的可贵，更是用默默无闻的无私付出和踏实勤劳给我诠释了这世界上最朴实的做人做事的道理，让善良、温厚、坚毅的品性深入我骨髓，使我受益一生；衷心感谢我的爱人邓绍华先生，为了让我安心做科研，他在努力工作的同时，还全力承担起家庭责任，在生活上给予我体贴入微的照顾，在学术问题上亦与我切磋琢磨，并适时给我以鼓励和忠告，让我深刻领会到夫妻同心其利断金的真谛。面对家人的无私奉献，我唯有继续勇敢向前、奋斗不息，才是对他们最好的回报！

要感谢的人太多太多，无法一一列举。笔拙纸穷情未尽……

人生易逝，恩情难得，且行且珍惜。

胡琴芳
于湖南株洲
2017 年 8 月